国家社会科学基金特别委托项目
（项目号 22@ZH004）成果

纲鉴易知录评注

一

国务院参事室　中央文史研究馆　编

中华书局

图书在版编目（CIP）数据

纲鉴易知录评注/国务院参事室,中央文史研究馆编;邓小南主编;肖永明等评注. —北京:中华书局,2024.6
ISBN 978-7-101-16637-8

Ⅰ.纲… Ⅱ.①国…②中…③邓…④肖… Ⅲ.中国历史-古代史-编年体 Ⅳ.K204.3

中国国家版本馆 CIP 数据核字(2024)第 108640 号

书　　名	纲鉴易知录评注(全八册)	
编　　者	国务院参事室　中央文史研究馆	
主　　编	邓小南	
评　　注	肖永明　闫建飞等	
责任编辑	胡　珂　刘　明	
文字编辑	陈若一　蔡鹃名　任超逸　王志涛　郭睿康	
	孟念慈　汪　煜　田苑菲　李芃蓓	
封面设计	毛　淳	
责任印制	陈丽娜	
出版发行	中华书局	
	(北京市丰台区太平桥西里 38 号　100073)	
	http://www.zhbc.com.cn	
	E-mail:zhbc@zhbc.com.cn	
印　　刷	河北新华第一印刷有限责任公司	
版　　次	2024 年 6 月第 1 版	
	2024 年 6 月第 1 次印刷	
规　　格	开本/920×1250 毫米　1/32	
	印张 105¾　插页 16　字数 2940 千字	
印　　数	1-6000 册	
国际书号	ISBN 978-7-101-16637-8	
定　　价	498.00 元	

一、组织委员会：

主　　任： 高　雨　袁行霈

副 主 任： 冯　远　王卫民　赵　冰　张彦通　郑宏英
　　　　　　徐　畅

办公室主任： 张彦通（兼）

二、编纂委员会：

主　　编： 邓小南

副 主 编： 耿识博　肖启明　肖永明

编　　委： 卜宪群　徐　俊　尹　涛　张继海　俞国林
　　　　　　杨文军　郭小霞

编务办公室： 张　璐　刘　明　胡　珂

三、学术委员会：

主　　任： 陈祖武

委　　员： 柴剑虹　何　晋　陈苏镇　楼　劲　黄正建
　　　　　　李华瑞　张　帆　万　明　杨振红　高纪春
　　　　　　彭　勇

前　言

"史者，所以明夫治天下之道也。"党的十八大以来，习近平总书记反复强调，要尊崇历史、研究历史，确立历史思维。他指出，治理国家和社会，今天遇到的很多事情都可以在历史上找到影子，历史上发生过的很多事情也都可以作为今天的镜鉴。当代中国是历史中国的延续和发展，新时代坚持和发展中国特色社会主义，更加需要系统研究中国历史和文化，需要对我国古代治国理政的探索和智慧进行积极总结，在对历史的深入思考中汲取经验、走向未来。

中国历代积累下来的史料卷帙浩繁、简牍盈积，对于非专业治史的一般人来说难免望而生畏，无法卒读。清代康熙年间吴乘权等人编辑的《纲鉴易知录》，以"纲目"方式呈现历史"镜鉴"，希望能够贯通古今而简明易读。

该书作为一本以中国传统纂史体裁编就的古代通史，以107卷、180万字左右的篇幅，梳理了中国自上古至明末上下数千年纷繁复杂的历代史事，构建了一个相对清晰的历史框架，简而有法，略而有序。同时，作为《古文观止》一书的编者，吴乘权在编纂《纲鉴易知录》时延续了其简明扼要、清晰雅正的语言风格，让读者在感知原汁原味史料的同时还能体会到古文的韵味之美，对于普及和提高读者的传统文化水平也有很大帮助，可以说是中国传统史籍通俗化尝试的成功范例，对当代读者而言仍具有独特的优势和吸引力。

该书问世后饱受赞誉，其后二百余年中刊刻了二十余次，并译成外文传播海外。民国时期许多著名的前辈学人像梁启超、吕思勉、林语堂、胡适等，在青少年时代都以此书作为史学启蒙。毛泽东主席少年时也在他的私塾老师毛麓钟的指导下点读了《纲鉴易知录》，并由此形成了对中国历史的持久感情。

但《纲鉴易知录》本是辑录各方史料而成，编者在汇编转录时产生了若干谬误自不待言，许多舆地乃至名物注释也已不合时用，因受时代和阶级局限，书中的史论部分更是过于陈腐，应予批判。这就要求后人在重新整理《纲鉴易知录》时要推陈出新，去芜存菁，在删去其中错误的观点外，更要用全新的、符合马克思唯物史观的评论来重新阐释这些史实。

国务院参事室、中央文史研究馆于 2021 年底主持启动《纲鉴易知录》评注项目编纂工作，对《纲鉴易知录》进行重新校注评议，在扫除原书讹误、规范更新注释、删去错误史论的同时，重新选取有代表性的史实加以点评，挖掘其中的治国理政智慧以资今用。这是国务院参事室、中央文史研究馆在新的历史起点上，贯彻习近平文化思想，遵循"两个结合"的根本要求，发挥崇文鉴史职能，传承发展中华优秀传统文化，守正创新，赓续历史文脉，助力坚定文化自信的重要举措。

项目承蒙原国务院参事邓小南先生俯允担任主编；延请国内多所高校及研究院所的知名断代史专家担任学术委员会委员；依托中国通史教学与研究人员齐备、阵容厚实的湖南大学岳麓书院开展具体研究和编撰工作；委托在整理出版古籍和学术著作方面享誉海内外的中华书局承担相关的校对、出版工作。

自立项以来，项目各方于新冠疫情期间克服种种困难和不利因素，坚持按计划有序推进工作直至按期付梓。整个编纂工作要求评注学者和评审专家坚持历史唯物主义的立场、观点、方法，注重学术性和普及性的有机结合，用中国道理总结好中国经验，力求最终形成一本可信、可用，有鲜明中国特色、中国风格、中国气派和思想穿透力的中国古代通史。

对有兴趣读史的普通读者来说，我们希望这套重新整理出版的评注版《纲鉴易知录》，能够成为一把入门的钥匙、一个登堂的阶梯。其中简明的注释，可以扫除读者的阅读障碍，以便系统、科学地了解中国古代历史的发展脉络；新增精要的评析，又能启发读者思考，进而挖掘史实背后的治国理政智慧，以史为鉴，获得教益和启发。

由于本书体量较大，其中难免有疏漏之处，恳请广大读者朋友不吝赐教！

高雨

2024 年 6 月

出版说明

　　《纲鉴易知录》从《三皇纪》到《元纪》共九十二卷,别有《明纪》(亦称《明鉴易知录》)十五卷,共计一百零七卷。上起盘古,下迄明末。其中战国至五代一千三百余年的史事,主要是辑录朱熹《通鉴纲目》而成;从战国以前上推到神话传说时期,则主要是以刘恕的《通鉴外纪》和金履祥的《通鉴前编》为蓝本。宋、元两朝是根据商辂的《续资治通鉴纲目》编就。最后的十五卷《明纪》,是朱国标等先从谷应泰的《明史纪事本末》中按年分条节抄,称为"明纪钞略",再由吴乘权根据"钞略"编辑而成。

　　《纲鉴易知录》传本很多,大多校对不精。此次评注,我们选择脱误较少的扫叶山房石印本作为底本,参校中华书局 1960 年点校本。此外,由于《纲鉴易知录》是一部钞集而成的著作,我们也将《纲鉴易知录》的相关文献作为参校依据。在校勘原则的掌握上,明显的文字讹误径改;《纲鉴易知录》的内容错误,我们不改原文,只在注释里做简要说明,以保持原书逻辑的完整性。

《纲鉴易知录》原书有注释,但覆盖面不够广,地理沿革的注释与今天的情形不相对应,存在若干讹误处,且以文言形式写成,不便读者阅读。因此我们删去原注,吸纳其中有价值的内容,重新撰写注释。注释内容包括字音、字义、日期、地名、职官、人物等方面,行文力求简明扼要,通俗易懂。

《纲鉴易知录》原书中吴存礼"序"、"先儒姓氏"、"发凡"、"书法"、"发明"、"广义"、"批"等部分,观念陈旧,错误不少,因此一并删去。新撰评论参考吸收了史学界、考古界的研究成果和最新发现,以随文评、专评、朝代评的形式,突出重点,兼顾整体。

此外,在各朝代前我们列出了朝代世系表,在各卷前我们撰写了卷首语,概述该卷所涉史事,以便读者通览,大致形成对历史的整体概念。

本书撰稿由湖南大学岳麓书院负责。具体分工如下:《纲鉴易知录》卷一至卷八,邓国军评注;卷九至卷一九,周金泰评注;卷二〇至卷二六,王勇评注;卷二七至卷三四,单敏捷评注;卷三五至卷四一,陶新华评注;卷三六至卷五二,蒲宣伊评注;卷五三至卷六〇(五代前),谢一峰评注;卷六〇(五代)至卷七七,闫建飞评注;卷七八至卷九〇(元前),黄晓巍评注;卷九〇(元)至卷九二,《明鉴易知录》卷一至卷五,于月评注;卷六至卷一五,毛海明评注;肖永明、闫建飞负责最后统稿。

本书成稿后,经中国社会科学院学部委员、中央文史研究馆馆员陈祖武先生审定,并按照朝代分别由各高校、研究机构专家修改审定:先秦、秦代部分,北京大学历史学系何晋教授、杨坤博士审定;汉代部分,北京大学历史学系陈苏镇教授、南开大学历史学系杨振红教授、北京大学历史学系陈侃理副教授、北京大学中古史研究中心李霖副教授审定；魏晋南北朝部分，中国社会科学历史研究所楼劲研究员审定；唐代部分，中国社会科学院历史研究所黄正建研究员审定；五代、北宋部分，浙江大学敦和讲席教授李华瑞、北京邮电大学马克思主义学院高纪春副教授审定；南宋部分，北京大学历史学系张帆教授、高纪春副教授审定；元代部分，张帆教授审定；明代部分，中国社会科学院历史研究所万明研究员、中央民族大学历史学院彭勇教授、内蒙古师范大学邓闳旸博士审定。中华书局编审柴剑虹先生审阅全书并提出编辑方面的建议。

在全书撰写过程中，国家清史办原主任卜键研究员、清华大学历史学系张国刚教授、中国社会科学院历史研究所梁满仓研究员、中国人民大学历史学院孟宪实教授、北京航空航天大学人文与社会高等研究院刘后滨教授、北京大学中古史研究中心罗新教授、北京大学历史学系党宝海教授、北京大学中古史研究中心韩巍副教授、中国人民大学历史学院李全德教授等专家均给予了有益意见，在此一并致谢。

限于水平和时间，我们的工作一定存在很多不足，恳望读者朋友们不吝赐正。

《纲鉴易知录评注》编委会

2024 年 6 月

凡　例

一、本书以中华书局图书馆藏扫叶山房石印本《纲鉴易知录》为底本，参
　　校中华书局 1960 年点校本及相关文献。

二、本书遇有底本字讹，径改；遇有《纲鉴易知录》原书错误，不改原文，
　　在注释中说明"应作"及依据。

三、本书新撰注释，涉及字音、字义、日期、地名、职官、人物等，力求简明。
　　原书注释不再保留，其内容去粗取精，融入新撰注释。

四、本书新撰评论，有随文评、专评、朝代评，力求全面。原书最前的吴存
　　礼序、"发凡"、"先儒姓氏"表，正文中的"书法"、"发明"、"广义"、
　　"批"等与本书旨趣无涉，概予删去。

五、本书各朝代前冠以该朝世系，各卷前冠以卷首语，裨读者开卷了然。

目　录

纲鉴易知录卷二

纲鉴易知录卷四

周纪

纲鉴易知录卷五

周纪

纲鉴易知录卷三七

纲鉴易知录卷三八

纲鉴易知录卷三九

纲鉴易知录卷四九

唐纪

纲鉴易知录卷五〇

唐纪

纲鉴易知录卷五一

唐纪

纲鉴易知录卷五二

唐纪

纲鉴易知录卷五三

唐纪

纲鉴易知录卷五四

唐纪

纲鉴易知录卷五五

唐纪

纲鉴易知录卷六九

宋纪

纲鉴易知录卷七〇

宋纪

纲鉴易知录卷七一

宋纪

纲鉴易知录卷七二

宋纪

纲鉴易知录卷七三

宋纪

纲鉴易知录卷七四

宋纪

纲鉴易知录卷八二

南宋纪

纲鉴易知录卷八三

南宋纪

纲鉴易知录卷八四

南宋纪

纲鉴易知录卷八五

南宋纪

纲鉴易知录卷八六

南宋纪

纲鉴易知录卷八七

南宋纪

纲鉴易知录卷八八

南宋纪

明鉴易知录卷一二

明鉴易知录卷一三

明鉴易知录卷一四

明鉴易知录卷一五

纲鉴易知录卷一

卷首语:本卷起盘古氏,止夏帝相,所记为三皇五帝至夏代早期的历史。传说盘古开天辟地,燧人氏教民钻燧取火,伏羲氏教民结网驯服鸟兽,神农氏教民播种五谷。炎、黄部落在涿鹿之战中打败蚩尤部落。尧制作历象,授民以时。舜命禹征三苗。禹因治水有功,舜禅位于禹。涂山之会,禹建立中国历史上第一个王朝——夏朝。禹死后,传位于启。至太康时,有穷氏后羿攻破夏都,太康失国。之后后羿又被其大臣寒浞所杀。

三皇纪

盘古氏

纲 盘古氏首出御世①。

纪 太极生两仪②，两仪生四象③，四象变化而庶类繁矣。相传首出御世者曰盘古氏，又曰浑敦氏。

天皇氏

纲 天皇氏，继盘古氏以治。

纪 一姓十三人，继盘古氏以治。澹泊无为而俗自化。始制干支之名，以定岁之所在，十干曰阏(yān)逢、旃(zhān)蒙、柔兆、强圉(yǔ)、著雍、屠维、上章、重光、玄黓(yì)、昭阳。十二支曰困敦、赤奋若、摄提格、单阏(chán yè)、执徐、大荒落、敦牂(zāng)、协洽、涒(tūn)滩、作噩、阉茂、大渊献④。兄弟各一万八千岁。

---

① 御：治理。
② 两仪：阴、阳。
③ 四象：太阳、少阳、太阴、少阴。
④ 干：十天干，即甲(阏逢)、乙(旃蒙)、丙(柔兆)、丁(强圉)、戊(著雍)、己(屠维)、庚(上章)、辛(重光)、壬(玄黓)、癸(昭阳)。支：十二地支，即子(困敦)、丑(赤奋若)、寅(摄提格)、卯(单阏)、辰(执徐)、巳(大荒落)、午(敦牂)、未(协洽)、申(涒滩)、酉(作噩)、戌(阉茂)、亥(大渊献)。

地皇氏

纲 地皇氏,继天皇氏以治。

纪 一姓十一人,继天皇氏以治。爰定三辰①,是分昼夜,以三十日为一月。兄弟各一万八千岁。

人皇氏

纲 人皇氏,继地皇氏以治。

纪 一姓九人,继地皇氏以治。相厥山川,分为九区,人居一方,故又曰居方氏。当是时也,万物群生,淳风沕(wù)穆②,主不虚王③,臣不虚贵,政教君臣所自起,饮食男女所自始。亦号九皇氏,兄弟合四万五千六百年。

有巢氏

纲 有巢氏构木为巢。

纪 太古之民,穴居野处,与物相友,无有姤(hài)伤之心④。逮后人民机智⑤,而物始为敌,爪牙角毒概不足以胜禽兽。有巢氏作,构木为巢,教民居之,以避其害。未知稼穑,食草木之实。未有火化,饮禽兽之血而茹其毛⑥。先取其皮蔽前,后取而蔽后。号曰有巢氏之民。

---

① 三辰:日、月、星。
② 沕穆:精微深远的样子。
③ 虚:徒然。
④ 姤:嫉妒。
⑤ 逮:等到。
⑥ 茹:食,吃。

燧人氏

纲 燧人氏钻木取火。

纪 自有巢氏教民巢居,然犹未知熟食也。燧人氏作,观星辰而察五行,知空有火,丽木则明①,于是钻木取火,教民以烹饪,而民利之,故号燧人氏。以为燧者②,火之所生也,乃别五木以改火③,顺四时而遂天之意④,由是火之功用洽矣⑤。时未有文字,燧人氏始作结绳之政。立传教之台,兴交易之道,人情以遂,故又谓之遂皇。有四佐焉,曰:明由、必育、成博、陨丘。

五帝纪

太昊伏羲氏

纲 太昊伏羲氏,以木德王。

纪 太昊之母居于华胥之渚⑥,生帝于成纪⑦。以木德继天而王,故风姓。有圣德,象日月之明,故曰太昊。

---

① 丽:附着。
② 燧:取火之木。
③ 五木:五种取火的木材,即榆柳、枣杏、桑柘、柞楢、槐檀。
④ 遂:合乎。
⑤ 洽:普及。
⑥ 华胥:据载在今陕西蓝田县一带。渚:水中小块陆地。
⑦ 成纪:据载在今甘肃秦安县北一带。

纲 作都于陈①。

纲 教民佃(tián)渔畜牧②。

纪 人生之始也,与禽兽无异,知有母而不知其父,知有爱而不知其礼。卧则呿(qū)呿③,起则吁吁④,饥则求食,饱则弃余,茹毛饮血而衣皮革。太昊始作网罟(gǔ),以佃以渔,以赡民用,故曰伏羲氏。养牺牲⑤,以充庖厨⑥,故又曰庖牺氏。

纲 画八卦,造书契⑦。

纪 太昊德合上下,天应以鸟兽文章⑧,地应以龙马负图,于是仰观象于天,俯观法于地,中观万物之宜,始画八卦。卦有三爻,因而重之为卦六十有四,以通神明之德。作书契,以代结绳之政。书制有六⑨:一曰象形⑩;二曰假借⑪;三曰指事⑫;四曰会意⑬;五曰转注⑭;六曰谐声⑮。

---

① 陈:据载在今河南周口市淮阳区一带。
② 佃:同"畋",狩猎。
③ 呿呿:卧声,卧息。
④ 吁吁:无所知貌。
⑤ 牺牲:供祭祀用的纯色牲畜。
⑥ 庖:宰杀之所。厨:烹饪之所。
⑦ 书契:文字。
⑧ 文章:错杂的色彩和花纹。
⑨ 书制:造字方法。
⑩ 象形:根据物体的形象描绘而成文字的造字法。
⑪ 假借:某些字有音无字形,而借用同音字来表达的造字法。
⑫ 指事:因无具体形象,以象征性的符号来表示意义的造字法。
⑬ 会意:指合成两个以上的字表示一个意义的造字法。
⑭ 转注:由一形衍化,音近义同,可以辗转相注的造字法。
⑮ 谐声:意符和声符并用的造字法。

使天下义理必归文字,天下文字必归六书。

纲 作甲历①,定四时。

纪 起于甲寅,支、干相配为十二辰,六甲而天道周矣。岁以是纪而年不
乱,月以是纪而时不易,昼夜以是纪而人知度,东西南北以是纪而方
不惑。

纲 制嫁娶。

纪 上古男女无别,太昊始制嫁娶,以俪皮为礼②。正姓氏,通媒妁,以重
人伦之本,而民始不渎③。

纲 以龙纪官。

纪 太昊时有龙马负图出于河之瑞④,因而名官,始以龙纪,号曰龙师。命
朱襄为飞龙氏,造书契;昊英为潜龙氏,造甲历;大庭为居龙氏,治屋
庐;浑沌为降龙氏,驱民害;阴康为土龙氏,治田里;栗陆为水龙氏,繁
滋草木,疏导泉源。又命五官:春官为青龙氏,又曰苍龙;夏官为赤龙
氏;秋官为白龙氏;冬官为黑龙氏;中官为黄龙氏。于是共工为上相,
柏皇为下相,朱襄、昊英常居左右,栗陆居北,赫胥居南,昆连居西,葛
天居东,阴康居下,分理宇内,而政化大洽。

纲 造琴瑟。

纪 太昊作荒乐,歌《扶徕》,咏网罟,以镇天下之人,命曰《立基》。斫(zhuó)

---

① 甲历:用甲子记载岁时的历法。
② 俪皮:成对的鸟兽皮。
③ 渎:亵渎,轻慢。
④ 图:河图。

桐为琴①，绳丝为弦。弦二十有七，命之曰离徽，以通神明之贶（kuàng）②，以合天人之和。絙（gēng）桑为三十六弦之瑟③，以修身理性，反其天真，而乐音自是兴焉。

纲 帝崩，葬于陈，神农氏继世践位。

炎帝神农氏

纲 炎帝神农氏，以火德王。

纪 少典氏之君娶于有蟜（jiǎo）氏之女曰安登，生二子焉，长曰石年，育于姜水④，故以姜为姓。以火德代伏羲氏治天下，故曰炎帝。

纲 都陈，迁于曲阜。

纲 初艺五谷⑤。尝百草，制医药。

纪 古者，民茹草木之实，食禽兽之肉，未知耕稼，炎帝因天时，相地宜，斫木为耜（sì），揉木为耒（lěi），始教民艺五谷，而农事兴焉。民有疾病，未知药石，炎帝始味草木之滋，察其寒、温、平、热之性，辨其君、臣、佐、使之义⑥，尝一日而遇七十毒，神而化之，遂作方书以疗民疾，而医道自此始矣。复察水泉甘、苦，令人知所避就。由是斯民居安食

---

① 斫：砍、削。
② 贶：赐予，加惠。
③ 絙：缠绕。
④ 姜水：即岐水，源出陕西宝鸡市凤翔区北岐山，东南流经姜氏城。
⑤ 艺：种植。
⑥ 君、臣、佐、使之义：指药物起主治、辅佐、兼治、引导等作用。

力,而无夭札之患①,天下宜之,故号曰神农氏。

纲 始为日中之市。

纪 炎帝之世,其俗朴重端悫(què)②,不忿争而财足,始列廛(chán)于国③,日中为市,致天下之民,聚天下之货,交易而退,各得其所。

纲 以火纪官。

纪 因火德王,故以火纪官,为火帝。春官为大火,夏官为鹑火,秋官为西火,冬官为北火,中官为中火。

纲 帝崩于长沙茶乡④。传八世,至榆罔而亡⑤,有熊氏继世而立。

黄帝有熊氏

纲 黄帝有熊氏,以土德王。

纪 初,神农氏母弟世嗣少典为诸侯。帝榆罔之世,少典国君之妃曰附宝者,感电光绕斗而有娠,生帝于轩辕之丘⑥,因名轩辕,姓公孙。轩辕生而神灵,弱而能言,幼而徇齐⑦,长而敦敏,成而聪明。国于有熊⑧,故号有熊氏。长于姬水,故又以姬为姓。

---

① 夭札:遭疫病而早死。
② 悫:诚实。
③ 廛:集市。
④ 长沙茶乡:据载在今湖南茶陵县。
⑤ 榆罔:古帝名,传说为神农氏后裔。
⑥ 轩辕之丘:据载在今河南新郑市一带。
⑦ 徇齐:敏捷聪慧。
⑧ 有熊:据载在今河南新郑市一带。

纲 及炎帝战于阪泉①。

纪 神农氏衰，诸侯相侵伐，炎帝榆罔弗能征。于是轩辕习用干戈，以征不享②，诸侯咸来宾从。榆罔欲侵陵诸侯，诸侯益叛之。轩辕修德振兵，教熊、罴、貔（pí）、貅（xiū）、貙（chū）、虎，以与榆罔战于阪泉之野。三战，然后得其志。

纲 诛蚩尤于涿鹿③。

纪 蚩尤姜姓，炎帝之裔也。好兵喜乱，作刀戟大弩以暴虐天下。轩辕乃征师诸侯，与蚩尤战于涿鹿之野。蚩尤能作大雾，军士昏迷。轩辕为指南车，以示四方，遂擒蚩尤戮之。

纲 诸侯尊帝为天子，代神农氏以治天下。

纪 轩辕自涿鹿诛蚩尤还，天下诸侯共尊为天子，以代神农氏治天下。因其有土德之瑞，故号曰黄帝。

纲 以云纪官。

纪 帝初受命，适有云瑞之应，因以云名官，号为云师。春官为青云，夏官为缙（jìn）云④，秋官为白云，冬官为黑云，中官为黄云。

纲 立六相暨史官。

纪 黄帝得六相而天地治，神明至。风后明乎天道，太常察乎地利，苍龙

① 阪泉：据载在今河北涿鹿县一带，一说在今山西运城市一带。
② 享：进贡。
③ 涿鹿：据载在今河北涿鹿县一带。
④ 缙：赤色。

辨乎东方,祝融辨乎南方,大封辨乎西方,后土辨乎北方。帝命仓颉为左史,沮诵为右史。仓颉见鸟兽之迹,体类象形而制字①。

纲 立占天官。

纪 帝受河图,得其五要,乃设灵台②,立五官以叙五事。命鬼臾蓲(qiū)占星,斗苞授规③,正日月星辰之象,于是乎有星官之书。命羲、和占日④,尚仪占月,车区占风。

纲 命大挠作甲子⑤。

纪 帝命大挠探五行之情,占斗纲所建,始作甲子。

纲 命容成作盖天及调历⑥。

纪 帝命容成作盖天,以象周天之形。综六术⑦,以定气运。问鬼臾蓲上下周纪,以作调历,岁纪甲寅,日纪甲子,而时节定。是岁己酉朔旦,日南至,而获神策⑧,得宝鼎。鬼臾蓲曰:“是谓得天之纪,终而复始。”乃迎日推策⑨,造十六神历,积邪分以置闰,配甲子而设蔀(bù)⑩。于是

---

① 体类:依照事物的形体。
② 灵台:测气候和天文的建筑。
③ 规:观测天象的器物。
④ 羲、和:羲氏、和氏,负责观测天象、制定历法。
⑤ 作甲子:以十干配十二支,作为六十甲子。
⑥ 调历:古历法名。
⑦ 六术:占日、占月、占星、造律吕、作算数、作甲子。
⑧ 策:蓍草。
⑨ 推策:根据蓍草推算节气、历法。
⑩ 蔀:古历法专名。古代在十九年中设置七个闰月,为一章,四章为一蔀,二十蔀为一纪,六十蔀为一元。

时惠而辰从矣①。

纲命隶首作数②。

纪帝命隶首定数，以率其羡③，要其会，而律、度、量、衡，由是而成焉。

纲命伶伦造律吕。

纪帝命伶伦取竹嶰(xiè)溪之谷④，以生空窍厚钧者，断两节间吹之，以为黄钟之宫。又制十二筒以象凤凰之鸣，而别十二律，其雄鸣为六，雌鸣亦六，以比黄钟之宫，生六律、六吕，候气之应，以立宫、商、角、徵、羽之声，治阴阳之气，节四时之变，推律历之数，起消息⑤，正闰余。

纲命荣猨(yuán)作十二钟。

纪帝命荣猨铸十二钟，协月筒以和五音，立天时，正人位焉。

纲命大容作《咸池》之乐。

纪帝命大容作《承云》之乐，是为《云门》《大卷》，命曰《咸池》。

纲作冕旒(miǎn liú)，正衣裳。

纪帝作冕，垂旒充纩(kuàng)⑥。为玄衣黄裳，以象天地之正色。旁观翚翟(huī dí)、草木之华⑦，乃染五采为文章，以表贵贱，于是衮(gǔn)冕衣

---

① 惠：顺。

② 数：算数。

③ 羡：余。

④ 嶰溪之谷：即嶰谷，昆仑山北谷名。

⑤ 消息：消长。

⑥ 垂旒：帝王冠冕前后的装饰，以丝绳系玉串而成。充纩：冠冕两旁的绵制饰物。

⑦ 翚翟：指有五彩花纹的雉鸡。

裳之制兴。

纲 作器用。

纪 帝命甯封为陶正,赤将为木正,以利器用。挥作弓,夷牟作矢,以威天下。

纲 作舟车。

纪 帝命共鼓、化狐刳(kū)木为舟①,剡(yǎn)木为楫②,以济不通。邑夷法斗之周旋③,作大辂以行四方④,由是车制备。服牛乘马,引重致远,而天下利矣。

纲 作合宫⑤。

纪 帝广宫室之制,遂作合宫,祀上帝,接万灵,布政教焉。

纲 作货币。

纪 范金为货⑥,制金刀⑦,立五币⑧,以制国用,而货币行矣。

纲 作《内经》⑨。

————————————

① 刳:从中间破开再挖空。
② 剡:削、刮。
③ 斗:北斗。
④ 大辂:天子车名。
⑤ 合宫:宣明政教的地方。黄帝曰合宫,尧曰衢室,舜曰总章,夏曰世室,殷曰明馆,周曰明堂。
⑥ 范金为货:把金属用模子铸成货币。
⑦ 金刀:古代的货币。
⑧ 五币:珠、玉为上,黄金为中,刀、布为下。
⑨《内经》:即《黄帝内经》,今所传《内经》是战国秦汉医家托名岐伯与黄帝讨论医学的医书。

纪 帝以人之生也，负阴而抱阳，食味而被色，寒暑荡之于外，喜怒攻之于内，夭昏凶札，君民代有。乃上穷下际，察五气①，立五运②，洞性命，纪阴阳，咨于岐伯③，而作《内经》。复命俞跗（fū）、岐伯、雷公察明堂④，究脉息；巫彭、桐君处方饵⑤，而人得以尽年。

纲 命元妃西陵氏教民蚕。

纪 西陵氏之女嫘（léi）祖为帝元妃⑥，始教民育蚕，治丝茧以供衣服，而天下无皴瘃（cūn zhú）之患⑦，后世祀为先蚕。

纲 画野分州，经土设井⑧。

纪 帝画野分州，得百里之国万区。命匠营国邑，置左右太监监于万国，万国以和。遂经土设井以塞争端，立步制亩以防不足。使八家为井，井开四道，而分八宅。井一为邻，邻三为朋，朋三为里，里五为邑，邑十为都，都十为师，师十为州。分之于井而计于州，则地著而数详⑨。

纲 屈轶生于庭，凤凰巢于阁，麒麟游于囿。

纪 有草生于庭，佞人入则指之，名曰屈轶。凤凰巢于阿阁⑩，麒麟游于苑

---

① 五气：温、凉、寒、燥、湿。
② 五运：金、木、水、火、土五行的运行。
③ 岐伯：古名医。
④ 明堂：人体的经络血脉。
⑤ 处方饵：制定药方。
⑥ 元妃：帝王或国君的嫡妻。
⑦ 皴瘃：皮肤开裂，生冻疮。
⑧ 经：度量、规划。
⑨ 地著：安居于一方。
⑩ 阿阁：四面有檐的楼阁。

囿焉。

纲帝崩于荆山之阳①,葬桥山②。子玄嚣(xiāo)践位。

纪帝采首山之铜③,铸三鼎于荆山之阳。鼎成,崩焉,其臣左彻取衣、冠、几、杖而庙祀之。

少昊金天氏

纲少昊金天氏,以金德王。

纪名挚,姓己,黄帝之子玄嚣也。母曰嫘祖,感大星如虹下临华渚之祥而生帝④。黄帝之世,降居江水,邑于穷桑⑤,故号穷桑氏。国于青阳⑥,因号青阳氏。以金德王天下,遂号金天氏。能修太昊之法,故曰少昊。

纲徙都于曲阜。

纲凤鸟来集,以鸟纪官。

纪少昊之立也,凤鸟适至,因以鸟纪官。凤鸟氏,历正也;玄鸟氏,司分者也;伯赵氏⑦,司至者也;青鸟氏,司启者也;丹鸟氏,司闭者也;祝鸠氏,司徒也;雎鸠氏,司马也;鸤(shī)鸠氏,司空也;爽鸠氏,司寇也;

---

① 荆山:据载在湖北南漳县一带,一说在甘肃灵台县一带。阳:山之南。
② 桥山:据载在今陕西黄陵县一带,一说在今河北涿鹿县一带。
③ 首山:首阳山,据载在今河南偃师市一带。
④ 华渚:华胥之渚。
⑤ 穷桑:据载在今山东曲阜市一带。
⑥ 青阳:据载在今安徽青阳县一带。
⑦ 伯赵:伯劳,夏至鸣,冬至止。

鹘鸠氏,司事也。五鸠,鸠民者也①。五雉为九工正②,利器用,正度量,夷民者也③。九扈为九农正④,扈民无淫者也⑤。

纲 作《大渊》之乐。

纪 时诸福之物毕至,作《大渊》之乐以谐人神,和上下,是曰《九渊》。

纲 帝崩,葬于曲阜,高阳氏践位。

纪 葬于云阳⑥,故又曰云阳氏。

颛顼高阳氏

纲 颛顼高阳氏以水德王,色尚赤。

纪 帝姬姓,祖黄帝,父昌意。初,昌意娶蜀山氏女曰昌仆,是为女枢,感瑶光贯月之祥生帝于若水⑦。年十岁佐少昊,年二十即帝位,以水德绍金天氏政⑧。初国高阳⑨,故号高阳氏。

纲 都于帝丘⑩。

纲 命五官。

---

① 鸠:聚集。
② 五雉:相传少昊时掌工务的五个官名的合称。
③ 夷民:安定百姓。
④ 九扈:相传为少昊时主管农事的官名。
⑤ 扈:止。
⑥ 云阳:据载在今山东曲阜市一带。
⑦ 若水:今雅砻江及其与金沙江合流后的一段。
⑧ 绍:继承,接续。
⑨ 高阳:据载在今河南杞县一带,一说在河北高阳县一带。
⑩ 帝丘:据载在今河南濮阳市一带。

[纪] 以少昊之四子重、该、修、熙实能金、木及水,乃俾重为木正①,曰句(gōu)芒;该为金正,曰蓐(rù)收;修、熙相代为水正,曰玄冥;又以炎帝之子句龙为土正;而帝之孙黎为火正,曰祝融,是为五官。

[纲] 改作历象,以建寅月为历元②。

[纪] 帝制历,以孟春为元。是岁正月朔旦立春,五星会于天,历营室③,冰冻始泮(pàn)④,蛰虫始发,鸡始三号,鸟兽万物,莫不应和,故帝为历宗。

[纲] 作《承云》之乐。

[纪] 帝命飞龙氏会八风之音⑤,为《圭水》之曲。以召气而生物,浮金效珍⑥,于是铸为之钟,作《五基》《六英》之乐,以调阴阳,享上帝,朝群后,名曰《承云》。

[纲] 帝崩,葬于濮阳,高辛氏践位。

帝喾高辛氏

[纲] 帝喾高辛氏,以木德王,色尚黑。

[纪] 帝姬姓,名夋(qūn)。祖曰少昊,父曰蟜极。生而神灵。年十五,佐颛帝,受封于辛。年三十,以木德代高阳氏为天子。以其肇基于辛⑦,

---

① 俾:使。
② 历象:历法、天文。历元:岁首。
③ 营室:室宿,二十八宿之一。
④ 泮:融解。
⑤ 八风:东明庶,东南清明,南景,西南凉,西阊阖,西北不周,北广莫,东北条。
⑥ 浮金效珍:水中出金,山中出宝。
⑦ 肇基:始创基业。

故号高辛氏。

纲都于亳①。

纲作《六英》之乐。

纪帝命咸黑典乐,为声歌,名曰《六英》。

纲帝崩,葬于顿丘②,子挚践位。

纪帝普施利物,不私其身。聪以知远,明以察微。顺天之义,知民之急。仁而威,惠而信,修身而天下服。其色郁郁③,其德嶷(nì)嶷④。其动也时⑤,其服也士⑥。帝既执中而遍天下,日月所照,风雨所至,莫不服从。帝元妃有邰(tái)氏女曰姜嫄(yuán),与帝禋祀上帝而生弃⑦,为舜后稷⑧,其后为周。次妃有娀(sōng)氏女曰简狄,祈于高禖(méi)⑨,有飞燕之祥而生契(xiè)⑩,为舜司徒,其后为商。三妃陈锋氏女曰庆都,有赤龙之祥而生尧,是为陶唐氏。四妃娵訾(jū zī)氏女曰常仪,生挚。帝崩,子挚嗣立。

——————————

① 亳:据载在今河南洛阳市偃师区一带。
② 顿丘:据载在今河南清丰县,一说在今河南浚县。
③ 郁郁:肃静恭谨。
④ 嶷嶷:德行高尚。
⑤ 时:应天时。
⑥ 服也士:衣裳如士服。
⑦ 禋祀:祭天神之礼。弃:周人的始祖。
⑧ 后稷:农官。
⑨ 高禖:求子所祭的神。
⑩ 契:殷人的始祖。

纲 帝挚尸位九年而废①,诸侯尊弟放勋践位。

纪 挚在位九年,荒淫无度,不修善政,诸侯于是废之,而推尊尧为天子。

帝尧陶唐氏

纲 甲辰,唐帝尧元载,帝自唐侯践天子位于平阳②,以火德王。

纪 帝姓伊耆,名放勋,帝喾高辛氏之子,帝挚之弟,黄帝轩辕氏之曾孙也。帝母陈锋氏女,曰庆都,为高辛氏妃,感赤龙之祥,孕十有四月而生尧于丹陵,育于母家伊侯之国,后徙耆③,故曰伊耆氏。年十有三佐帝挚封植,受封于陶④;年十有五复封于唐⑤,为唐侯,故又号陶唐氏。挚在位九年,天人厌弃,诸侯尊帝为天子。年十有六,践天子之位于平阳。以火德王,以建寅之月为岁首。

纲 命羲、和作历象,以授民时。

纲 乙巳,二载,命羲、和置闰法,定四时成岁。

纲 戊申,五载,南夷越裳氏来朝⑥,献大龟。

纪 南夷有越裳氏重译来朝⑦,献神龟,盖千岁,方三尺余,背有科斗文,记开辟以来,尧命录之,谓之《龟历》。

---

① 尸位:空居职位而不尽职守。
② 平阳:据载在今山西临汾市一带。
③ 耆:据载在今山西长治市一带。
④ 陶:据载在今山东菏泽市。
⑤ 唐:据载在今山西临汾市一带。
⑥ 越裳:据载为古南海国名。
⑦ 重译:辗转翻译。

尧之庭有草生焉,曰蓂荚(míng jiá)①,十五之前日生一叶,十五之后日落
　　一叶,小余则一叶厌(yā)而不落②,观之可以知旬朔,故又名历草。

|纲|庚戌,七载,麒麟游于郊薮(sǒu)③,凤凰巢于阿阁。

|纲|乙卯,十有二载,巡狩方岳。

|纲|癸巳,五十载,游于康衢,观于华④。

|纪|帝治天下五十载,游于康衢,儿童歌曰:"立我烝民⑤,莫匪尔极⑥,不
　　识不知,顺帝之则。"有老人击壤而歌于路曰:"日出而作,日入而息,
　　凿井而饮,耕田而食,帝力何有于我哉!"观于华,华封人祝曰⑦:"使
　　圣人富、寿、多男子。"帝曰:"辞⑧,多男子则多惧,富则多事,寿则多
　　辱。"封人曰:"天生万民,必授之职。多男子而授之职,何惧之有?富
　　而使人分之,何事之有?天下有道,与物皆昌;天下无道,修德就闲。
　　千岁厌世,去而上仙,乘彼白云,至于帝乡,何辱之有?"

|纲|癸卯,六十载,虞舜以孝闻。

|纪|舜母死,瞽瞍(gǔ sǒu)更娶妻而生象,象傲。瞽瞍爱后妻子,常欲杀舜,
　　舜避逃,及有小过,则受罪。顺适不失子道,孝而慈于弟,日以笃谨。

――――――――――

① 蓂荚:古代传说中的瑞草名。
② 小余:遇月小则剩一荚。厌:压、伏。
③ 郊薮:杂草丛生的湖泽。
④ 华:华山。
⑤ 烝民:百姓。
⑥ 极:至,指大德。
⑦ 封人:掌疆界的官员。
⑧ 辞:不接受。

年二十,以孝闻。耕历山①,历山之人皆让畔②。渔雷泽③,雷泽之人皆让居。陶河滨④,河滨之器不苦窳(yǔ)⑤。作什器于寿丘⑥,就时于负夏⑦。所居一年成聚,二年成邑,三年成都。

纲 甲辰,六十有一载,洪水为害,咨四岳⑧,举鲧(gǔn),命为司空,俾乂(yì)⑨。

纲 壬子,六十有九载,鲧治水,绩用弗成。

纲 癸丑,七十载,征虞舜登庸⑩,二女嫔于虞⑪。

纪 尧之子丹朱不肖,乃求贤自代,访诸四岳,岳曰:"有鳏民曰虞舜⑫,瞽瞍之子。父顽⑬,母嚚(yín)⑭,弟傲,舜以孝道谐其家,使不至于恶。"帝曰:"我其试哉。"乃召用,命以位,以二女妻舜。

纲 帝试舜以事。

———————

① 历山:据载在山西南部垣曲县一带,一说在今山西永济市一带。
② 畔:田界。
③ 雷泽:据载在今山西永济市一带。
④ 陶:烧制陶器。
⑤ 苦窳:器物中空而不结实。
⑥ 寿丘:据载在今山东曲阜市一带。
⑦ 就时:经营商业。负夏:据载在今山东夏津县一带。
⑧ 四岳:官名,四方诸侯之长。
⑨ 乂:治理。
⑩ 征:召。登庸:进用。
⑪ 嫔:女子出嫁。
⑫ 鳏:无妻。
⑬ 顽:愚妄。
⑭ 嚚:奸诈。

纪尧将逊位于舜,先试之以事,以观其才德。乃使之慎徽五典①,五典
克从。纳于百揆②,百揆时叙③。宾于四门④,四门穆穆⑤。纳于大
麓⑥,烈风雷雨弗迷。

纲舜举十六族。

纪高阳氏有才子八人,曰苍舒、隤敳(tuí ái)、梼戭(táo yǎn)、大临、尨
(méng)降、庭坚、仲容、叔达,天下谓之"八恺"。高辛氏有才子八
人,曰伯奋、仲堪、叔献、季仲、伯虎、仲熊、叔豹、季狸,天下谓之"八
元"。此十六族也,世济其美⑦,不陨其名。舜举"八恺",使主后
土,以揆百事⑧;举"八元",使布五教于四方。

纲甲寅,七十有一载,舜流四凶族。

纪帝鸿氏有不才子,号曰"浑沌";少昊氏有不才子,号曰"穷奇";颛顼
氏有不才子,号曰"梼杌"(táo wù);缙云氏有不才子,号曰"饕餮"
(tāo tiè),天下谓之"四凶"。舜皆投之四裔⑨。

纲乙卯,七十有二载,舜使禹平水土,益掌火,弃教民播种,契为司徒,

---

① 徽:使完美、完善。
② 百揆:总领国政的长官。
③ 时叙:承顺,顺当。
④ 宾:迎接宾客。四门:都城东南西北四方之门。
⑤ 穆穆:端庄恭敬和睦。
⑥ 大麓:广大的山林。
⑦ 济:补益。
⑧ 揆:掌管。
⑨ 四裔:四方边远之地。

敷五教①。

纲 丙辰,七十有三载,春正月,帝荐舜于天。舜受终于文祖②。

纲 己未,七十有六载,制五刑③。

纲 庚申,七十有七载,作《大章》乐。

纲 辛酉,七十有八载,舜巡狩方岳。

纲 神龟负文出于洛④。

纲 癸亥,八十载,禹治水成功,因定九州贡赋⑤,秉玄圭入觐告成⑥。

纲 甲子,八十有一载,肇十有二州⑦,封十有二山,浚川。

纲 癸未,一百载,帝崩于阳城⑧。

纪 帝之为君也,其仁如天,其智如神,就之如日,望之如云,富而不骄,
　　贵而不舒。黄收纯(zhǔn)衣⑨,彤车白马⑩,茅茨不剪⑪,朴桷(jué)不

---

① 敷:传布。五教:父义、母慈、兄友、弟恭、子孝五种伦理道德的教育。
② 受终:尧终帝位,舜受帝位。文祖:尧始祖之庙。
③ 五刑:墨、劓、刖、宫、大辟。
④ 文:指洛书。
⑤ 九州:荆、梁、雍、豫、徐、扬、青、兖、冀。
⑥ 玄圭:一种黑色的玉器,上尖下方。告成:禹将治水成功之事禀告于舜。
⑦ 肇:开始。十有二州:舜以冀、青地广,从冀州中分出幽州、并州,从青州分出营州,
　　与原来的九州,合为十二州。
⑧ 阳城:据载在今河南登封市告城镇一带。
⑨ 收:古冠名。纯:黄黑色。
⑩ 彤:赤色。
⑪ 茅茨不剪:茅草覆盖屋顶不加修剪。

斫①，素题不枅(jī)②，大路不画③，越席不缘④，太羹不和⑤，粢(zī)食不毇(huǐ)⑥。藜藿(lí huò)之羹⑦，饭于土簋(guǐ)⑧，饮于土铏(xíng)⑨。金银珠玉不饰，锦绣文绮不展，奇怪异物不视，玩好之器不宝，淫泆之乐不听⑩，宫垣室屋不垩(è)色⑪。布衣掩形，鹿裘御寒，衣履不敝尽不更为也。

【纲】乙酉，一百有二载，舜避尧之子居于南河之南。天下不归尧之子而归舜，舜于是践天子位。

帝舜有虞氏

【纲】丙戌，虞帝舜元载，春正月元日，帝格于文祖⑫，践天子位于蒲阪⑬，以土德王。

【纪】帝姚姓，名重华，瞽瞍之子。帝尧登庸而禅以帝位，摄政二十有八载。尧崩，丧毕，始践天子之位于蒲阪。以土德王，仍以建寅之月

---

① 朴桷：未经加工过的方形椽子。
② 素题不枅：梁柱的端头不加彩饰。
③ 大路不画：天子所乘的车朴素无纹饰。
④ 越席不缘：用蒲草编织的席子不镶边加饰。
⑤ 太羹不和：祭祀时所用的肉汁不用盐等调和。
⑥ 粢：黍稷。毇：舂米。
⑦ 藜藿：野菜、豆叶，泛指粗劣的饭菜。
⑧ 簋：古代盛食物的器具。
⑨ 铏：羹器。
⑩ 淫泆：恣纵逸乐。
⑪ 垩色：用白泥涂色。
⑫ 格：至，到。
⑬ 蒲阪：据载在今山西永济市一带。

为岁首。

纲在璇玑玉衡，以齐七政①。

纲命九官。

纪禹为司空，弃为后稷，契为司徒，皋陶（gāo yáo）为士，垂为共工，益为虞，伯夷为秩宗②，后夔（kuí）典乐，龙作纳言，是所谓九官也。

纲封朱于丹③，以奉先祀。

纲帝朝于瞽瞍，封弟象于有庳（bì）④。

纲禹、皋陶、益、稷相与陈谟⑤。

纲巡狩四岳八伯⑥。

纲丁亥，二载，求贤才，纳谏，立诽谤木。

纪帝广视听，求贤才以自辅。欲纳谏，以闻其失。立诽谤之木，使天下得攻其过。置敢谏之鼓，使天下得尽其言。

纲造五弦琴。

纪帝弹五弦之琴，歌《南风》之诗曰："南风之薰兮⑦，可以解吾民之愠

① 在：观察。璇玑玉衡：王者正天文的仪器，一说北斗七星。七政：日、月、金、木、水、火、土。
② 秩宗：官名，主管祭祀、宗庙。
③ 朱：尧之子。
④ 有庳：据载在今湖南道县一带。
⑤ 陈谟：陈献谋划。
⑥ 八伯：相传尧、舜时设置的京畿外八州的最高长官，分别掌管四方诸侯。
⑦ 薰：温和。

兮。南风之时兮①，可以阜吾民之财兮②。"

纲戊子，三载，考绩。

纲庚寅，五载，作《箫(xiāo)韶》乐九成，凤凰来仪③。

帝以夔为乐正，命夔为二十三弦之瑟。夔修《九招》《六列》《六英》以明帝德④，正六律，和五音，以通八风。重、黎欲益求人，帝曰："一夔足矣。"

纲甲午，九载，三考，黜陟幽明。

纲己亥，十有四载，帝庸作歌。

纪时景星出⑤，卿云兴⑥，百工相和而歌。帝乃倡之曰："卿云烂兮，纠缦缦兮⑦，日月光华，旦复旦兮。"八伯咸进稽(qǐ)首曰⑧："明明上天，烂烂星陈，日月光华，弘于一人。"

纲丁巳，三十有二载，帝命禹摄政总师⑨。

纲戊午，三十有三载，春正月朔旦，禹受命于神宗⑩，率百官，若帝之初⑪。

---

① 时：及时。
② 阜：多。
③《箫韶》：舜乐之总名。九成：多次演奏，音乐奏完一曲叫一成。来仪：来舞。
④ 招：同"韶"。
⑤ 景星：也称瑞星、德星。
⑥ 卿云：亦作"庆云"，古人以为祥瑞。
⑦ 缦缦：广阔的样子。
⑧ 稽首：磕头至地，古代九拜之礼中最恭敬的礼仪。
⑨ 总师：总率百官。
⑩ 神宗：尧庙。
⑪ 若帝之初：如帝舜受命之初。

纲 帝命禹叙《洪范》九畴①。

纲 复九州。

纲 庚申,三十有五载,命禹征有苗。

纪 时有苗弗率②,帝命禹徂征③。三旬,苗民逆命④,禹班师。帝乃诞敷文德⑤,舞干、羽于两阶⑥,七旬,有苗格。

纲 癸酉,四十有八载,帝南巡狩,崩于苍梧之野⑦。

纲 乙亥,五十载,禹避舜之子,居于阳城。天下不归舜之子而归禹,禹于是践天子位。

评三皇五帝时代:

　　三皇五帝关乎中华文明的起源与发展。追溯中国远古时代,探究古代文明进程,这一时期有重要意义。该时期是中华物质文明、制度文明和精神文明的发轫时期。三皇五帝一直被当作中华民族的共同祖先,尤其是炎黄二帝,成为中华各民族共同的历史记忆和文化象征符号,具有很强的向心力和凝聚力。

　　传说时代的"三皇五帝"系统,是经过战国秦汉数次对古史传说的

---

① 九畴:泛指治理天下的大法。
② 弗率:不循教令。
③ 徂:去,往。
④ 逆命:不听命。
⑤ 诞:大。文德:文命德教。
⑥ 干、羽:古代舞者所执的舞具。文舞执羽,武舞执干。两阶:宾主之阶。
⑦ 苍梧之野:在今湖南九嶷山一带,有舜帝陵。

综合整理而形成的。近代历史学,尤其是考古学的发展,揭示出所谓"三皇五帝",有些并非实有其人,然而附着于伏羲、神农的明显技术进步,确曾在中华大地发生过。近年来,中华文明探源工程实证了我国五千多年的文明史,揭示了中华文明起源、形成、发展的历史脉络,增强了中华民族的历史认同与文化自信。

夏　纪

夏朝世系表

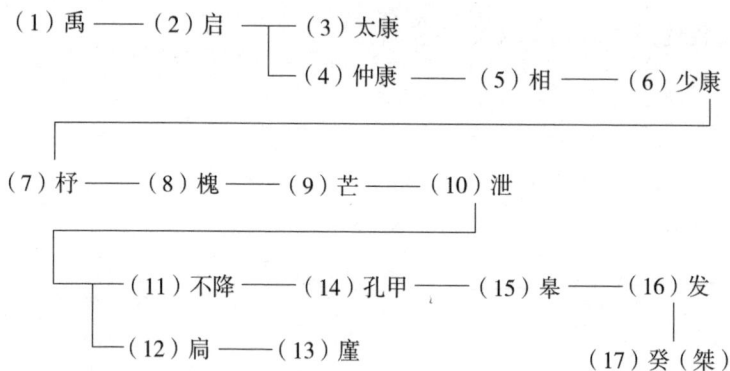

大禹

纲 丙子,夏后禹元岁,春正月,禹践天子之位于韩。以金德王,仍以寅月为岁首,改"载"曰"岁"①。

纪 帝姒(sì)姓,名文命,崇伯鲧之子,黄帝轩辕氏之玄孙也。母有莘氏女,曰修已,生禹。长九尺二寸。帝舜举禹,使续父业。居外八年,陆行乘车,水行乘船,泥行乘橇(qiāo),山行乘檋(jú)。以开九州,通九道②,陂九泽③,度九山④。至是受帝舜之禅,践天子之位于安邑⑤,即韩国也。

———————————

① 载:唐虞曰载,夏曰岁,商曰祀,周曰年,四者名异实同。
② 九道:九州之道。
③ 九泽:九州之泽。
④ 九山:九州之山。
⑤ 安邑:据载在今山西夏县一带。

以金德王,仍有虞以建寅之月为岁首。色尚黑,牲用玄,以黑为徽号①。

〔涂山之会标志夏王朝的正式建立〕

纲 巡狩,会诸侯于涂山②。

纪 禹南巡狩,会诸侯于涂山,执玉帛者万国。

初,禹娶涂山氏女,名曰憍(jiāo),生子启,辛、壬、癸、甲③,启呱呱而泣④,禹弗子⑤,惟荒度土功⑥。

纲 作《大夏》乐。建旗、旐(zhào)以辨等级。

纪 禹命皋陶为《夏籥(yuè)》九成,昭其成功也。

初,黄帝作车,少昊加牛,奚仲加马,禹命奚仲为车正,建旌旗、斿(liú)旒⑦,以别尊卑等级。

悬钟、鼓、磬、铎、鞀(táo)⑧,以待四方之士,曰:"导以道者击鼓,谕以义者击钟,告以事者振铎,启以忧者击磬,有狱讼者摇鞀。"常曰:"吾不恐四海之士留于道路,恐其留吾门也。"一馈而十起⑨,一沐三握发,以劳天下之民。

———————

① 徽号:旗帜上的标识,指图式、颜色。
② 涂山:亦名当涂山,据载在今安徽怀远县一带。
③ 辛壬癸甲:指四日。
④ 呱呱:泣声。
⑤ 弗子:不顾念其子。
⑥ 荒:大。度:忖度。土功:治水土之工程。
⑦ 旌:用牦牛尾或兼五彩羽毛饰竿头的旗子。旗:画有熊虎图案的旗帜。斿:旌旗的下垂物,类似飘带。旒:上画龟蛇的旗帜。
⑧ 鞀:有柄摇鼓。
⑨ 馈:食、吃。

古有醴酪①,禹时仪狄作酒,禹饮而甘之,遂疏仪狄,绝旨酒,曰:"后世必有以酒亡其国者。"

是时天雨(yù)金三日②。

纲丁丑,二岁,皋陶薨。帝荐益于天。

纲己卯,四岁,铸九鼎。

纪禹收九牧之金铸九鼎,象九州。

评禹铸九鼎:

鼎最初为陶质食器,后演化为青铜礼器,从夏代开始被赋予神圣色彩。传说夏朝的创立者大禹为了显示天下一统,以九州长官所贡之铜,在荆山下铸造了象征九州的九鼎。九鼎由此成为统治权力的象征,与政权的建立与变更产生了密切联系,在夏商周时代一直被视为传国重器。

纲庚辰,五岁,巡狩。

纪禹出,见罪人,下车问而泣之。左右曰:"罪人不顺道,君王何为痛之?"禹曰:"尧、舜之人皆以尧、舜之心为心。寡人为君,百姓各自以其心为心,是以痛之。"

禹以历山之金铸币,赎民之无饘(zhān)卖子者③。

禹济江,黄龙负舟,舟中人惧。禹仰天叹曰:"吾受命于天,竭力以劳万民。生,寄也;死,归也,予何忧于龙焉?视龙犹蝘(yǎn)蜓④!"须

---

① 醴:甘酒。酪:乳浆。
② 金:铜。
③ 饘:稠粥。
④ 蝘蜓:壁虎。

臾,龙俯首低尾而逝。

纲癸未,八岁,巡狩江南,会诸侯,戮防风氏。帝崩于会稽①。

纪初,禹到大越②,上茅山③,大会计④,爵有德,封有功,更名茅山曰会
　　稽。会稽者,会计也。至是禹巡狩江南,致群臣于会稽之山,防风氏
　　后至,禹杀而戮之。禹崩于会稽,因葬焉。

帝启

[启践天子位,标志着王位世袭制取代了禅让制]

纲甲申,夏后启元岁,诸侯奉嗣子践天子位。

纲乙酉,二岁,伯益归政就国。帝亲政,大飨于诸侯。

纪伯益归政就国于箕山之阴⑤,启亲政,乃即钧台以飨于诸侯⑥。

纲丙戌,三岁,有扈氏大战于甘⑦。

纪时有扈氏无道,威侮五行⑧,怠弃三正⑨,启召六卿征之⑩,大战于
　　甘。不胜,六卿请复之。启曰:"今兹不胜,是吾德薄而教不善

---

① 会稽:据载在今浙江绍兴市一带。
② 大越:据载在今浙江绍兴市一带。
③ 茅山:即会稽山。
④ 大会计:大会诸侯,计功行赏。
⑤ 箕山:据载在今河南登封市一带。
⑥ 钧台:一名夏台,据载在今河南禹州市南一带。
⑦ 有扈:据载在今陕西西安市鄠邑区一带。甘:据载在今陕西西安市鄠邑区一带。
⑧ 威侮:凌虐侮慢。五行:五行之盛德。
⑨ 三正:天、地、人三才之正道。
⑩ 六卿:六军之主将。

也。"于是班师,琴瑟不张,钟鼓弗考①,不因席②,不仍味③,亲亲长长,尊贤委能,隐神期月,而有扈服,遂灭之。

纲 壬辰,九岁,王崩,子太康践位。

太康

纲 癸巳,夏太康元岁,王尸位,不修先王之政。

纲 辛亥,十有九载,王畋于洛表④,羿拒于河⑤。五弟御母以从,遂都阳夏⑥。

纪 太康畋(tián)猎于洛水之表,十旬弗归。有穷后羿⑦,因民弗忍,拒之于河,不得归国。厥弟五人,御其母以从,徯(xī)于洛之汭(ruì)⑧。五子咸怨,述大禹之戒以作歌。太康既失国,不得归,遂都阳夏。

纲 辛酉,二十九岁,王崩于阳夏,后羿立太康弟仲康。

仲康

纲 壬戌,夏仲康元岁,命胤侯掌六师⑨。

---

① 考:敲击。
② 不因席:不坐双层以上的席子。
③ 不仍味:不吃两样以上的菜肴。
④ 洛表:洛水之南。
⑤ 羿:有穷国君。
⑥ 阳夏:据载在今河南太康县一带。
⑦ 有穷:古国名。
⑧ 徯:等待。汭:水北。
⑨ 胤侯:胤国的国君。

纲 秋九月朔,辰弗集于房①。

纲 癸亥,二岁,命胤侯征羲和。

纪 惟时羲和沉乱于酒,遐弃厥司②,至于日食大变,尚罔闻知。王命胤
　　侯往征之。

纲 甲戌,十有三岁,王崩,子相践位。

　　帝相

纲 乙亥,夏后相元岁,徙都商丘。

纪 时权归后羿,相为羿所逐,居商丘,依同姓诸侯斟灌、斟鄩(xún)氏。

纲 壬午,八岁,寒浞(zhuó)杀羿。

纪 有穷后羿因夏民以代夏政。羿恃其善射,不修民事,淫于原兽。弃
　　武罗、伯因、熊髡(kūn)、龙圉而用寒浞。浞行媚于内,施赂于外,娱
　　羿于畋,外内咸叛。羿归自畋,家众杀而烹之。羿篡夏自立凡八
　　岁,至是浞复杀羿而代之,不改有穷之号。浞因羿室③,生浇(ào)及
　　豷(yì)。

纲 壬寅,二十有八岁,寒浞弑王于商丘。

──────────

① 辰:日月的交会点,即夏历一年十二个月的月朔时,太阳所在位置。房:二十八宿之
　　一。
② 遐:远。
③ 因:沿袭、承接。

纪 浞使浇灭斟灌、斟鄩而弑帝相。后缗(mín)方娠①,逃出自窦,归于有仍。夏遗臣靡奔有鬲(gé)氏②。

邓国军 评注

何 晋 杨 坤 审定

---

① 后缗:帝相后,有仍国之女。娠:怀孕。
② 遗臣:旧臣。靡:人名。有鬲:据载在今山东德州市一带。

纲鉴易知录卷二

　　卷首语:本卷起夏少康元岁,止周武王十九年,所记为夏少康至周武王这一时期的历史。少康在夏遗臣的帮助下,从东夷手中夺回王位,之后传九世到夏桀,其间王朝内乱不止。成汤率众伐夏,夏桀败走,死于南巢,夏朝灭亡。成汤登天子之位,建立起商朝。从仲丁开始,王室内部发生"九世之乱",商朝一度中衰。盘庚继位后,为挽救政治危机,迁都于殷。武丁执政时期,殷商国势达到鼎盛。之后商王朝走向衰落,至帝辛时期,统治危机加重。牧野之战,商朝灭亡。周武王登上天子之位,周朝建立,封建诸侯于天下。

夏　纪

少康

纲 癸卯,夏少康元岁,相、后缗生少康于有仍①。

纲 甲子,二十有二岁,夏少康自有仍奔虞②。

纪 少康为仍牧正③,浇使椒求之④。逃奔有虞,为之庖正⑤,虞思妻之二姚而邑诸纶⑥。有田一成⑦,有众一旅⑧,能布其德而兆其谋⑨,以收夏众⑩,抚其官职。

纲 辛巳,夏少康三十有九岁。

〔少康复国以后,夏王朝走向中兴,史称"少康中兴"〕

纲 壬午,四十岁,夏遗臣靡兴师讨浞,伏诛,奉王践天子位。王命诛浇

---

① 有仍:古国名,据传在今山东济宁市一带。
② 虞:舜后封国。
③ 牧正:掌管畜牧之官。
④ 椒:浇的臣属。
⑤ 庖正:掌管饮食之官。
⑥ 虞思:虞国之君,名思。纶:据载在今山西万荣县西荣河镇,一说在今河南虞城县一带。
⑦ 成:古代井田区划名,指方圆十里之地。
⑧ 旅:五百人。
⑨ 兆:开始。
⑩ 夏众:夏遗民。

及龡，复禹旧绩，夏道复兴，诸侯毕朝。

紀夏之旧臣靡，自有鬲氏收二国之烬①，以灭浞而立少康。使女艾灭浇于过②，使季杼(zhù)灭豷于戈③。有穷由是遂亡，少康乃归故都。于是夏道复兴，诸侯来朝。

纲癸巳，五十有二岁，封庶子无余于越④，以奉先王墓祀。

紀少康恐禹墓之绝祀，乃封其庶子于越，号曰无余，春、秋祀禹墓于会稽。

纲癸卯，六十有一岁，王崩，子季杼践位。

　　帝杼

纲甲辰，夏后杼元岁。

纲庚申，十有七岁，王崩，子槐践位。

　　帝槐

纲辛酉，夏后槐元岁。

纲丙戌，二十有六岁，王崩，子芒践位。

----

① 二国：斟灌、斟鄩。烬：指二国之遗众。
② 女艾：少康臣。过：浇封国，据载在今山东莱州市西北。
③ 季杼：少康子。戈：豷封国。
④ 无余：相传为越人的先祖。

帝芒

纲 丁亥,夏后芒元岁。

纲 甲辰,十有八岁,王崩,子泄践位。

帝泄

纲 乙巳,夏后泄元岁,命东夷①,命西羌。

纲 庚申,十有六岁,王崩,子不降践位。

帝不降

纲 辛酉,夏后不降元岁。

纲 己未,五十有九岁,王崩,弟扃(jiōng)立。

帝扃

纲 庚申,夏后扃元岁。

纲 庚辰,二十有一岁,王崩,子厪(jǐn)践位。

帝厪

纲 辛巳,夏后厪元岁。

---

① 命:颁封爵命。

纲辛丑,二十有一岁,王崩,不降之子孔甲立。

帝孔甲

纲壬寅,夏后孔甲元岁。

纲甲辰,三岁,采铁铸剑。

纲戊辰,二十有七岁,商主癸生子履。

〔成汤出生〕

纪主癸之妃扶都,见白气贯月而生汤。

纲壬申,三十有一岁,王崩,子皋践位。

帝皋

纲癸酉,夏后皋元岁。

纲癸未,十有一岁,王崩,子发践位。

帝发

纲甲申,夏后发元岁,诸夷宾于王门。

纲壬寅,十有九岁,王崩,子癸践位①。

---

① 癸:即夏桀。

桀癸

纲癸卯,夏后癸元岁。

〔公刘迁豳〕

纲甲子,二十有二岁,公刘迁国于豳(bīn)①。

纪后稷封邰(tái)②,别姓姬氏,至公刘迁于豳。公刘虽在戎、狄之间,复修后稷之业,务耕种,行地宜③,自漆、沮渡渭④,取材用,行者有资,居者有畜积,民赖其庆,百姓怀之,多从而保归焉。周道之兴自此始。

纲乙亥,三十有三岁,伐蒙山⑤,有施氏献妹喜,王嬖(bì)之。

〔夏桀宠爱妹喜,纵欲酒池肉林,最终走向亡国〕

纪桀能申钩索铁,负恃其力,不务德而武伤百姓⑥。有赵梁者,教为无道,劝以贪很。伐蒙山有施氏,有施氏进女妹喜,桀嬖之,所言皆听。为之为琼室、象廊、瑶台、玉床,行淫纵乐。为肉山、脯林,酒池可以运舟,一鼓而牛饮者三千人,以为戏剧。

───────

① 豳:故地在今陕西旬邑县。
② 邰:故地在今陕西武功县。
③ 行:巡视。
④ 漆、沮:漆、沮二水,亦合称漆沮水。渭:渭水。
⑤ 蒙山:古国名,一说地名,其地今不详。
⑥ 武伤百姓:尚武勇而伤害百姓。

纲 丁丑，三十有五岁，商主癸薨，子履嗣位①。

纲 商汤始居亳。

纪 自契封商至于成汤凡八迁，汤始居亳，从先王所居。

纲 戊寅，三十有六岁，商汤始用师征葛②。

纲 己卯，三十有七岁，商汤遣使以币聘伊尹于有莘③。

纲 商汤进伊尹于夏王桀。

纪 伊尹适夏，告以尧、舜之道，桀不听。

纲 壬午，四十岁，伊尹复归于亳。

纲 甲申，四十有二岁，夏王桀囚商汤于夏台④，既而释之。

纪 是时田者张网⑤，四面合围，以殄天物，于是成汤出田，命去网三面，曰："欲左者左，欲右者右，惟不用命者乃入吾网。"汉南诸侯闻之曰："汤仁及禽兽，而况于人乎？"皆归心焉。桀疾其大得诸侯和也，召之，囚于重泉夏台，已而释之。

纲 癸巳，五十有一岁，太史令终古出奔商。

纪 夏桀凿池为夜宫，男女杂处，三旬不朝。太史令终古执其图法泣

---

① 履：即成汤。
② 葛：古国名，据载在今河南宁陵县一带。
③ 有莘：古国名，据载在今山东曹县一带，一说在今河南开封市一带。
④ 夏台：夏王朝的监狱名，据载在今河南禹州市一带。
⑤ 田者：狩猎的人。

谏，不听；终古出奔商。

大费之裔曰费昌①，见二日东出，焰西沉。问于冯夷，夷曰："西夏东商。"费昌乃归汤。

纲 甲午，五十有二岁，杀谏臣关龙逢（páng）。

纪 关龙逢进谏曰："人君谦恭敬信，节用爱人，故天下安而社稷宗庙固。今王侈靡嗜杀，民惟恐君之后亡矣！人心已去，天命不祐，盍少悛（quān）乎②？"不听。龙逢立而不去，桀怒，遂杀之。

纲 夏亡。

是时，两日斗，众星殒，泰山崩，地震，伊、洛竭③。

右夏十七主，计四百三十九年。

评夏朝：

夏朝是中国历史上第一个王朝，它的建立标志着中国历史进入了"家天下"时代。根据文献记载，夏朝统治者建立军队、配置职官、征收赋税，制定刑法、设立监狱，奠定了后世国家结构的基本框架。夏朝的统治中心在今河南西部和山西南部，疆域由此向外延伸，但并不稳定。与周边族群长期交往，促进了多元文化的融合。夏朝重视冶铸、酿酒、制陶、建筑等行业的发展，推动了夏文明的进步。夏文明作为中华文明的源头，为商周两代文明的进展奠定了基础。不过，由于时代久远、资料缺乏以及考古工作的局限，今天我们对于夏朝历史的了解还相当有限。

---

① 费：古国名。舜赐伯益嬴姓，他的次子叫若木，即费氏，费昌是其裔孙。
② 悛：悔改。
③ 伊、洛：伊水、洛水。

商　纪

商朝世系表

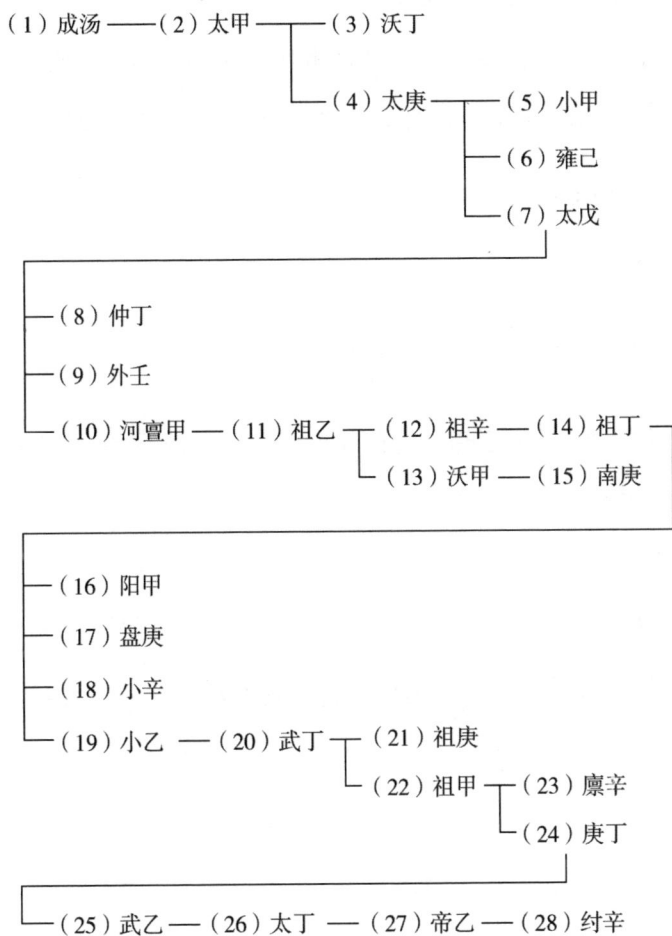

成汤

纲 乙未,商王成汤十有八祀。

纲 王誓师伐夏桀,放之于南巢①。

纪 桀暴戾不悛,王乃誓师伐桀。伊尹相汤,费昌为御,与桀战于鸣条②,桀师败绩③,汤遂放桀于南巢。桀曰:"吾悔不遂杀汤于夏台!"

纲 仲虺(huǐ)作诰以告王。

纲 王归自夏,诞告万方④。

〔成汤践天子位标志着商朝正式建立〕

纲 三月,商王践天子位于亳,定都,建国号曰商。改正朔,易服色,改岁曰祀。

纪 三月,汤归于亳,践天子位,定都焉。以建丑冬十二月为岁首。色尚白,牲用白牡,以白为徽号。

纲 王至东郊,论诸侯功罪,立禹后与古圣贤有功者之后,封孤竹等国各有差⑤。

纲 是岁大旱。

————————

① 南巢:据载在今安徽巢湖市一带。
② 鸣条:据载在今山西运城市一带。
③ 败绩:溃败。
④ 万方:天下诸侯。
⑤ 孤竹:古国名,据载在今河北卢龙县一带。

綱丙申，十有九祀，大旱。

綱丁酉，二十祀，大旱。夏桀卒于亭山①。

綱戊戌，二十有一祀，大旱，发庄山之金铸币赈民②。

綱己亥，二十有二祀，大旱。

綱庚子，二十有三祀，大旱。

綱辛丑，二十有四祀，大旱。祷于桑林，以六事自责，雨。

紀时大旱七年，汤以身祷于桑林之野，祝曰："无以予一人之不敏伤民之命。"以六事自责曰："政不节欤(yú)？民失职欤？宫室崇欤？女谒盛欤③？苞苴(jū)行欤④？谗夫昌欤⑤？"言未已，大雨方数千里。

綱作《大濩(hù)》乐。

紀时天雨岁则大熟，天下欢洽，遂作桑林之乐，名曰《大濩》。作诸器用之铭以为警戒⑥。

綱祀弃为稷⑦。

綱丁未，三十祀，王崩，嫡孙太甲践位。

————————

① 亭山：据载即今安徽和县西北历阳山，一说今安徽巢湖市卧牛山。
② 庄山：据载在今四川荥经县一带。
③ 女谒：女宠。
④ 苞苴：指用来贿赂的财物。
⑤ 谗夫：进献谗言的人。
⑥ 诸器用之铭：如盘铭之类。
⑦ 祀弃为稷：将周人的祖先弃作为稷神来祭祀。

太甲

纲 戊申,商王太宗太甲元祀,冬十有二月,伊尹祠告于先王,奉嗣王祗
(zhī)见厥祖①,百官总己以听冢宰②。伊尹乃明言烈祖之德以训
于王。

纲 王徂(cú)桐宫居忧③。

纪 王不明厥德,颠覆汤之典刑。伊尹营宫于桐,俾(bǐ)王居忧于桐宫,乃
自摄政当国以朝诸侯。

纲 己酉,二祀,王在桐宫。

纲 庚戌,三祀,冬十有二月朔,伊尹奉王归于亳。

纪 太甲居桐三年,自怨自艾,处仁迁义,伊尹乃以冕服奉太甲归于亳。
太甲增修厥德,诸侯咸归,保惠庶民,不敢侮鳏(guān)寡。

纲 伊尹既复政④,将告归⑤,乃陈戒于王。

纲 庚辰,三十有三祀,王崩,庙号太宗,子沃丁践位。

沃丁

纲 辛巳,商王沃丁元祀。

---

① 祗:敬。
② 冢宰:百官之长。
③ 桐宫:商代桐地宫室,为商王成汤葬地,故址据载在今河北临漳县。
④ 复政:还政太甲。
⑤ 告归:告老而归私邑。

纲戊子,八祀,阿衡伊尹薨①,葬于亳。咎单训伊尹事②。

纲己酉,二十有九祀,王崩,立弟太庚。

太庚

纲庚戌,商王太庚元祀。

纲甲戌,二十有五祀,王崩,子小甲践位。

小甲

纲乙亥,商王小甲元祀。

纲辛卯,十有七祀,王崩,弟雍己立。

雍己

纲壬辰,雍己元祀,商道衰,诸侯或不朝。

纲癸卯,十有二祀,王崩,弟太戊立。

太戊

纲甲辰,商王中宗太戊元祀,亳有祥③。伊陟(zhì)相王④,大修成汤之政。

----

① 阿衡:伊尹官号,师保之官。
② 咎单:商贤臣。训伊尹事:述伊尹之事以训戒王。
③ 祥:不吉利的征兆。
④ 伊陟:伊尹的儿子。

纪 太戊立,伊陟为相。亳有祥,桑、穀(gǔ)共生于朝,一暮大拱①。太戊惧,问于伊陟。陟曰:"妖不胜德。王之政其有缺与?王其修德。"太戊从之,大修先王之德,三日而祥桑枯死。

纲 丙午,三祀,诸侯毕朝。

纪 太戊侧身修行,明养老之礼,早朝晏退,问疾吊丧,三年而远方重译来朝者七十六国。又有贤臣巫咸、臣扈(hù)共辅佐之,商道复兴。命中衍为车正②。

纲 戊午,七十有五祀,王崩,庙号中宗,子仲丁践位。

仲丁

纲 己未,商王仲丁元祀。

纲 甲子,六祀,迁都于嚣③。

纲 蓝夷作寇④。

纲 辛未,十有三祀,王崩,国内乱,弟外壬立。

外壬

〔仲丁去世后商王朝内部爆发"九世之乱",国力走向了衰落〕

纲 壬申,商王外壬元祀。

---

① 桑、穀:二木名。时人以桑、穀生于朝为不吉利的象征。拱:两手抱拢。
② 中衍:伯益裔孙。车正:掌车服诸事之官。
③ 嚣:或作"隞",一作"敖",据载在今河南荥阳市敖山一带。
④ 蓝夷:商代活跃于今山东半岛东夷族的一支。

纲 丙戌,十有五祀,王崩,国内复乱,弟河亶(dǎn)甲立。

河亶甲

纲 丁亥,商王河亶甲元祀,徙都于相①。商道寖(jìn)衰②。

纲 乙未,九祀,王崩,子祖乙践位。

祖乙

纲 丙申,商王祖乙元祀,圮(pǐ)于相③,徙都于耿④。

纲 甲辰,九祀,圮于耿,徙都于邢⑤。巫贤作相⑥,商道复兴,诸侯宾服。

纲 甲寅,十有九祀,王崩,子祖辛践位。

祖辛

纲 乙卯,商王祖辛元祀。

纲 庚午,十有六祀,王崩,弟沃甲立。

沃甲

纲 辛未,商王沃甲元祀。

---

① 相:据载在今河南安阳市一带。
② 寖:逐渐。
③ 圮:指被河水冲坏。
④ 耿:据载在今山西河津市一带。
⑤ 邢:据载在今河北邢台市一带。
⑥ 巫贤:巫咸之子。

纲 乙未,二十五祀,王崩,国乱,祖辛之子祖丁立。

祖丁

纲 丙申,商王祖丁元祀。

纲 丁卯,三十有二祀,王崩,国乱,沃甲之子南庚立。

南庚

纲 戊辰,商王南庚元祀。

纲 壬辰,二十有五祀,王崩,国乱,祖丁之子阳甲立。

阳甲

纲 癸巳,商王阳甲元祀,商道复衰,诸侯莫朝。

纲 己亥,七祀,王崩,弟盘庚立。

盘庚

〔盘庚迁殷〕

纲 庚子,殷王盘庚元祀,迁都于殷①,改国号曰殷。

纪 时商道寖衰,乃谋迁都于殷。臣民皆安土重迁,盘庚作书以告谕臣
民②,遂归于亳。改商曰殷。盘庚行汤之政,商道复兴。

---

① 殷:在今河南安阳小屯村。
② 书:见于《尚书·商书·盘庚》,主要讲述迁都之利,不迁之害。

纲丁卯,二十有八祀,王崩,弟小辛立。

小辛

纲戊辰,殷王小辛元祀,殷道复衰。

纲戊子,二十有一祀,王崩,弟小乙立。

小乙

纲己丑,殷王小乙元祀。

〔古公迁岐,改国号曰周〕

纲甲寅,二十有六祀,古公亶父自豳迁于岐①,改国号曰周。

纲丙辰,二十有八祀,王崩,子武丁践位。

武丁

〔武丁在位五十余年,商王朝由衰转盛,史称"武丁中兴"〕

纲丁巳,殷王高宗武丁元祀,王宅忧②,甘盘为相。

纪武丁居丧,弗言。以甘盘为相,百官总己以听。

纲己未,三祀,免丧,弗言。得傅说(yuè),爰立作相,总百官。资学于说。

---

① 古公亶父:周文王祖父。岐:在今陕西宝鸡市凤翔区东北。
② 宅忧:居忧,为父母服丧。

纪 武丁既免丧,犹弗言,恭默思道。梦上帝赉(lài)以良弼①,乃使人以形
　旁求于天下②。说为胥靡③,筑于傅岩④,求得之,命以为相,以总百官。
　又置诸左右,朝夕纳诲⑤,以受学焉。说乃陈《说命》三篇,用训于王。

纲 壬戌,六祀,重译来朝者六国。

纪 武丁祭成汤,有飞雉升鼎耳而雊(gòu)⑥。祖己训诸王,武丁内反诸己
　以思王道,蛮夷重译来朝者六国,自是章服多用翟(dí)羽⑦。

纲 戊子,三十有二祀,伐鬼方⑧。

纪 鬼方无道,武丁伐之,三年乃克,自是内外无患,而殷道复兴。

评武丁中兴:

　　武丁在位五十余年,结束了商朝贵族争夺王位的激烈内斗,国势重
新走向强盛。"武丁中兴"的形成,一方面由于武丁自身品德优良,勤于
政业,勇于纳谏,虚心学习,以德服远;另一方面是改革了用人制度,不拘
一格,唯才是举,大胆起用贤能,身份低微的傅说因此成为历史上的中兴
名相。

纲 丁酉,四十有一祀,周古公亶父生子季历。

---

① 赉:赐予。弼:辅佐之人。
② 形:画其形象。
③ 胥靡:古代服劳役的奴隶或刑徒。
④ 傅岩:据载在今山西平陆县一带。
⑤ 纳诲:听取教诲。
⑥ 雊:雉鸣声。
⑦ 翟:山雉,尾长,五色皆备。
⑧ 鬼方:商代活跃于我国北方的少数族群。

纲乙卯,五十有九祀,王崩,庙号高宗,子祖庚践位。

祖庚

纲丙辰,殷王祖庚元祀。

纲壬戌,七祀,王崩,弟祖甲立。

祖甲

纲癸亥,殷王祖甲元祀。

〔周文王出生〕

纲庚寅,二十有八祀,周世子季历生子昌①。

纪古公之妃太姜生少子季历,季历娶太任,皆贤妇人。太任生子昌,有
　圣瑞②,古公曰:"我后世当有兴者,其在昌乎?"

纲周古公亶父薨,少子季历嗣立。

纪古公三子:长曰太伯;次曰仲雍,一名虞仲;少曰季历。太伯、虞仲知
　古公欲立季历以传昌。古公病,二人托名采药,遂之荆蛮③,国民君
　事之,号为句吴。

纲乙未,三十有三祀,王崩,子廪(lǐn)辛践位。

---

① 世子:诸侯的嫡子。昌:即周文王。
② 圣瑞:吉祥之兆。
③ 荆蛮:指吴越一带。

廪辛

纲 丙申,殷王廪辛元祀。

纲 辛丑,六祀,王崩,弟庚丁立。

庚丁

纲 壬寅,殷王庚丁元祀。

纲 壬戌,二十有一祀,王崩,子武乙践位。

武乙

纲 癸亥,殷王武乙元祀,迁都于河北①。

纲 丙寅,四祀,王出畋,崩于河、渭之间,子太丁践位。

纪 武乙无道,为偶人②,谓之天神。与之博,令人为行。天神不胜,乃僇(lù)辱之③。为革囊,盛血,仰射之,命曰"射天"。畋猎于河、渭之间,为暴雷震死。

太丁

纲 丁卯,殷王太丁元祀,周公季历伐燕京之戎。

---

① 河北:武乙之都,据载在今河南卫辉市一带。
② 偶人:以土木等为材料所制成的人像。
③ 僇辱:侮辱。

纲 己巳,三祀,王崩,子帝乙践位。

帝乙

纲 庚午,殷王帝乙元祀,命周公季历为牧师①。

纪 周公季历伐始呼、翳徒之戎②,王赐之圭瓒秬鬯(jù chàng)③,为侯伯。

纲 丙子,七祀,周公季历薨,世子昌嗣立。

纲 丁丑,八祀。

纲 辛巳,十有二祀,周西伯治岐,发政施仁。

纪 西伯行于野,见枯骨,命瘗(yì)之④。吏曰:"此无主矣。"西伯曰:"有天下者天下之主,有一国者一国之主。吾即其主。"遂葬之。天下闻之曰:"西伯泽及枯骨,况于人乎!"西伯笃仁、敬老、慈少、礼下贤者,日中不暇食以待士,士以此归之。太颠、闳夭、散宜生、鬻(yù)子、辛甲,皆往归焉。

纲 凤凰鸣于岐山⑤。

纲 甲申,十有五祀,岐周地震。

纪 西伯寝疾,五日而地震,东西南北不出郊圻(qí)⑥。西伯曰:"天之见

① 牧师:殷代地方长官。
② 始呼、翳徒:两支戎族的名称。
③ 圭瓒:玉礼器。秬鬯:黑黍和香草合酿的酒。
④ 瘗:掩埋。
⑤ 岐山:在今陕西宝鸡市凤翔区东北。
⑥ 郊圻:都邑的疆界。

妖以罚有罪,率德改行,其可免乎?"未几疾愈。

纲 壬辰,二十有三祀,周西伯昌生子发。

纪 初,昌为世子,娶于有莘氏,曰太姒。太姒不忌妒,生十子,长曰伯邑考,蚤卒①;次曰发,性慈和,有圣德,西伯以为世子;次曰旦,旦师于虢叔,仁圣多材艺,西伯任以政事。

纲 癸巳,二十有四祀,命西伯昌距昆夷②,备猃狁(xiǎn yǔn)③。

纲 丙午,三十有七祀,王崩,子辛践位④。

纪 帝乙妾生微子,又生仲衍,已而为后,生辛。帝乙及后以微子贤,欲立为太子。太史据法争曰:"有妻之子,不可立妾之子。"乃立纣为后。

纣辛

纲 丁未,殷王纣辛元祀,王拒谏、崇侈、嗜酒色。

纪 纣资辩捷疾,闻见甚敏;材力过人,手格猛兽⑤;智足以拒谏,言足以饰非;矜人臣以能,高天下以声,以为皆出己之下。

纣性汰侈,好酒色,始为象箸(zhù)⑥。箕子叹曰:"今为象箸,必为玉杯。玉杯、象箸,必将食熊蹯(fán)⑦、豹胎,他又将称是。王求足欲,

---

① 蚤:通"早"。
② 昆夷:即犬戎,古戎人的一支,商周时期游牧于泾渭流域。
③ 猃狁:即猃狁,西周时期活跃于我国北方的少数族群。
④ 子辛:商纣王。
⑤ 格:击、打。
⑥ 箸:筷子。
⑦ 蹯:兽掌。

天下殆哉!"

纲 甲寅,八祀,伐有苏氏,获妲己,嬖之①。纵淫乐,重刑辟,百姓颤怨②。

纪 纣伐有苏氏,有苏氏以妲己女焉。妲己有宠,其言是从,所好者贵之,所恶者诛之。于是使师涓作朝歌北鄙之音③,北里之舞,靡靡之乐。造鹿台④,为琼室玉门,台广三里,高千尺,七年乃成。厚赋敛以实鹿台之财,盈巨桥之粟⑤。益收狗马、奇物,充牣宫室⑥。益广沙丘苑台。大聚乐戏于沙丘,以酒为池,悬肉为林,男女裸相逐其间,宫中九市,为长夜之饮。诸侯有叛者,妲己以为罚轻诛薄,故威不立。乃重为刑辟,为熨斗以火烧热,使人举之,手烂。更为铜柱,以膏涂之,加于炭火之上,使有罪者缘之⑦,足滑坠火中,与妲己观之,大乐,名曰炮烙之刑。天下颤怨。

纲 丁巳,十有一祀,醢(hǎi)九侯⑧。鄂侯谏,脯之⑨。囚西伯于羑(yǒu)里⑩。

纪 纣以西伯昌、九侯、鄂侯为三公⑪。九侯有女人之纣。女不喜淫,纣怒

---

① 嬖:宠爱。
② 颤:惊恐、颤抖。
③ 朝歌:纣王时殷都。
④ 鹿台:在今河南淇县境内。
⑤ 巨桥:古仓名,据载在今河南浚县境内,一说在今河北曲周县东北。
⑥ 充牣:充满。
⑦ 缘之:循柱而过。
⑧ 醢:剁成肉酱。
⑨ 脯:制成干肉。
⑩ 羑里:据载在今河南汤阴县北。
⑪ 三公:太师、太傅、太保。

杀之,而醢九侯。鄂侯争之强,辩之疾,并脯鄂侯。又剖孕妇视其胎,斫(zhuó)朝涉之胫,视其髓①。西伯闻之窃叹,崇侯虎知之以告纣②,纣乃囚西伯于羑里。

纲 戊午,十有二祀,周西伯演《易》于羑里③。

纲 己未,十有三祀,释西伯。西伯因献洛西之地,请除炮烙之刑,从之。遂赐西伯弓矢鈇(fū)钺④,使得专征伐。

纪 西伯之臣散宜生、闳夭之徒患之,乃求有莘氏美女、骊戎之文马、有熊之九驷及奇怪之物,因殷嬖臣费仲而献之。纣大悦曰:"此一物足以释西伯⑤,况其多乎!"乃赦西伯。西伯因献洛西之地,请除炮烙之刑。纣大喜,许之,赐之弓矢鈇钺,使专征伐。

纲 庚申,十有四祀,虞、芮质成于周⑥。

纪 虞、芮之君相与争田,久而不平,乃相与朝周。入其境,耕者让畔,行者让路。入其邑,男女异路,班白者不提挈(qiè)。入其庙,士让为大夫,大夫让为卿。二国之君感而相谓曰:"我等小人,不可以履君子之庭!"乃相让,以其所争之田为闲田而退。天下闻之而归者,四十余国。

---

① 斫:斩、砍。
② 崇侯虎:崇国国君,名虎。
③ 《易》:指《易》之六十四卦。
④ 鈇钺:斫刀和大斧。
⑤ 一物:指美女。
⑥ 虞、芮:二国名,据载虞在今山西平陆县一带,芮在今山西芮城县一带;一说虞在陕西陇县南,芮在陕西大荔县东南。质:评断。

綱 辛酉,十有五祀,周西伯得吕尚①,立为师。

紀 吕尚者,其先祖尝为四岳②,佐禹平水土,虞、夏之际封于吕,姓姜氏,尚其苗裔也。西伯将出猎,卜之曰:"非龙,非彨(chī),非熊,非罴,非虎,非貔,所获霸王之辅。"果遇吕尚于渭水之阳,与语,大悦。曰:"自吾先公太公曰:'当有圣人适周,周因以兴。'子真是耶!吾太公望子久矣!"故号之曰"太公望",载与俱归,立为师,谓之"师尚父"。

綱 乙丑,十有九祀,西伯伐崇③,因作丰邑④,徙都之。

綱 周西伯立灵台。

綱 丙寅,二十祀,周西伯昌薨(hōng)。世子发嗣。

紀 西伯寝疾,谓世子曰:"见善勿怠,时至勿疑,去非勿处:此三者,道之所以止也。"世子再拜受教。西伯薨,葬于毕⑤。

綱 丁卯,二十有一祀。

綱 癸酉,二十有七祀,周西伯发生元子诵⑥。

紀 西伯纳吕尚之女曰邑姜,邑姜贤,立未尝倚,坐未尝倨,怒未尝厉,是年生子诵。

---

① 吕尚:姜太公。
② 四岳:主管四方诸侯事务的长官。
③ 崇:国名,据载在今陕西西安市鄠邑区一带。
④ 丰邑:在今陕西西安市长安区沣河西。
⑤ 毕:今陕西咸阳市西北毕原。
⑥ 元子:天子和诸侯的嫡长子。

纲 丁丑，三十有一祀，周西伯东观兵①，戡(kān)黎②。

纪 西伯上祭于毕。东观兵于盟津③。渡河中流，白鱼跃入王舟中，王俯取以祭。既渡，有火自上复于下，至于王屋，流为乌④，其色赤，其声魄⑤。是时诸侯皆畔殷归周，不期而会盟津者八百。皆曰："纣可伐矣！"王曰："汝未知天命，未可也。"乃引师还。

黎为不道，西伯举兵伐之。既戡黎，祖伊恐，奔告于王。王曰："我生不有命在天！"弗听。

纲 戊寅，三十有二祀，微子谏，不听，去之。箕子谏，被囚，因佯狂为奴。比干固争，死之。

纪 纣有贤臣梅伯，性忠直，数谏诤，纣怒，杀而醢之。有雷开者，阿佞进谀言，纣赐金玉而封之，赏以夏田。微子数谏不听，遂去。箕子谏，亦不听。人或曰："可以去矣！"箕子曰："为人臣谏不听而去，是彰君之恶而自说于民⑥，吾不忍为也！"乃被发佯狂而为奴，遂隐而鼓琴以自悲，传之曰《箕子操》。比干极谏，陈先王艰难，天命不易，国家将亡之明征，请王洗心易行。伏于象魏之门⑦。纣大怒曰："比干自以为圣人，吾闻圣人之心有七窍。"遂剖视之。

纲 商亡。

---

① 观兵：检阅军队，以示兵威。

② 戡：用武力平定叛乱。黎：国名，在今山西长治市一带。

③ 盟津：亦作"孟津"，在今河南孟州市一带。

④ 流：变化之意。乌：乌鸦。

⑤ 魄：安定的声音。

⑥ 说：通"悦"。

⑦ 象魏：古代天子、诸侯宫门外的一对高建筑，亦叫"阙"或"观"，为悬示教令的地方。

右商二十八主,计六百四十四年。

评商朝:

　　殷商时期是中华文明形成与发展的重要时期。殷商文明上承史前和夏文明,下启周文明。甲骨文、青铜器、商代都邑城址的发现,反映了殷商时期汉字文明、青铜文明、城市文明的长足发展。殷商王朝创造出了不逊色于世界任何其他早期文明的绚丽画卷,在都城规划营建、礼仪制度形成、丧葬制度建立、青铜礼器和玉器制作、文字使用等诸多方面的成就,均为中华文明早期的巩固和发展奠定了坚实基础。

周　纪

西周世系表

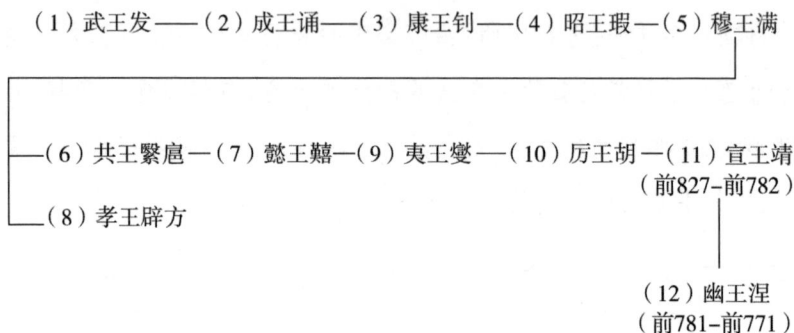

（1）武王发——（2）成王诵——（3）康王钊——（4）昭王瑕——（5）穆王满

——（6）共王繄扈—（7）懿王囏—（9）夷王燮——（10）厉王胡—（11）宣王靖
　　　　　　　　　　　　　　　　　　　　　　　　　　　　　　（前827—前782）
　　（8）孝王辟方

（12）幽王涅
（前781—前771）

武王

纲 己卯,周武王十有三年,冬一月癸巳,周王发帅师会诸侯伐商,告于皇
　天后土、所过名山大川。

纪 王闻纣暴虐滋甚,杀王子比干,囚箕子,微子抱其祭器奔周,于是遍告
　诸侯曰:"殷有重罪,不可以不伐!"遂东伐纣。

〔牧野之战,商朝灭亡,周朝建立〕

纲 春正月,周王大会诸侯于孟津,誓师伐商。二月癸亥,周王陈师于商
　郊。甲子,商受帅其旅会战于牧野①。

————————

① 受:商纣王之名。牧野:在今河南淇县一带。

纲　商师溃,受反奔鹿台自燔(fán)死①。王即位,国号周,复商旧政。

纪　纣闻武王来,亦发兵七十万人拒武王。武王使师尚父与百夫致师②,
以大卒驰纣师。纣师虽众,皆无战心,倒兵以战③,以开武王。武王
驰之,纣兵皆崩畔。纣反走,登鹿台之上,衣珠玉,自燔而死。武王斩
妲己。于是封比干之墓④,表商容之闾(lú)⑤,发巨桥之粟,散鹿台之
财,归顷宫之女。殷人咸喜曰:"王之于仁人也,死者封其墓,况于生
者乎? 王之于贤人也,亡者表其闾,况于在者乎? 王之于财也,聚者
散之,况于复籍乎⑥? 王之于色也,在者归其父母,况于复征乎⑦?"

纲　封纣子武庚为殷侯,使管叔、蔡叔、霍叔监殷。

纲　夏四月,王来自商,诸侯受命于周。

纪　诸侯尊王为天子,王始改正朔⑧,以建子月为岁首,改祀曰年。色尚
赤,服以冕。
归马华山之阳,放牛桃林之野⑨,倒载干戈,包之虎皮,车甲衅(xìn)而
藏之府库,示天下不复用。

———————————

① 燔:烧。
② 致师:挑战。
③ 倒兵以战:掉转武器向己方攻击。
④ 封:聚土。
⑤ 表:显扬。商容:殷贤人,为纣所贬。闾:里巷的大门。
⑥ 复:免除。籍:赋税。
⑦ 征:征召。
⑧ 正朔:夏以建寅月为正,平旦为朔。殷以建丑月为正,鸡鸣为朔。周以建子月为正,
夜半为朔。
⑨ 桃林:今黄河及渭水南岸河南灵宝市以西,至陕西渭南市一带皆其地。

纲 大封建诸侯于天下①。

纪 王追思元圣，封神农之后于焦②，黄帝之后于祝③，帝尧之后于蓟(jì)④，帝舜之后于陈⑤，大禹之后于杞⑥。于是封功臣谋士，而师尚父为首，封于营丘⑦，曰齐；封周公于曲阜，曰鲁；召公奭(shì)于北燕⑧；毕公高于毕；叔鲜于管⑨；叔度于蔡⑩；叔振铎于曹⑪；叔武于郕(chéng)⑫；叔处于霍⑬；康叔封于卫⑭。兄弟之国十有五人，同姓者四十余人。班赐宗彝⑮，分殷之器物于诸侯。

纲 祀于周庙，追王太王、王季、文王，因定谥法⑯。

纪 祀于太庙，始定祀先之礼。讳名立谥⑰，贱不诔(lěi)贵⑱，幼不诔长，惟天子称天以诔之，诸侯不得相诔。追王古公亶父曰太王，季历曰王

———————————

① 封建：封邦建国。
② 焦：在今安徽亳州市一带。
③ 祝：在今山东肥城市一带。
④ 蓟：在今北京市西南隅。
⑤ 陈：今河南周口市淮阳区。
⑥ 杞：在今河南杞县一带。
⑦ 营丘：在今山东昌乐县一带。
⑧ 北燕：在今北京琉璃河一带。
⑨ 管：在今河南郑州市一带。
⑩ 蔡：在今河南上蔡县一带。
⑪ 曹：在今山东菏泽市一带。
⑫ 郕：在今山东宁阳县一带。
⑬ 霍：在今山西洪洞县一带。
⑭ 卫：在今河南淇县一带。
⑮ 宗彝：宗庙彝器。
⑯ 谥法：指追谥的准则，即帝王、诸侯等死后，根据其生前事迹及品德给予称号。
⑰ 讳名：避忌死者之名。
⑱ 诔：累述死者功德以示哀悼。

季,文考曰文王。

纲 柴于上帝①,望于山川②,大告武成③。

纲 王受丹书之戒,为铭以自警④。

纪 王践阼(zuò)三月⑤,召士大夫而问焉,曰:"恶有藏之约,行之博,万世可以为子孙恒者乎?"师尚父对曰:"在丹书,有之曰:'敬胜怠者吉,怠胜敬者灭,义胜欲者从,欲胜义者凶。'凡事不强则枉,弗敬则不正;枉者灭废,敬者万世。藏之约,行之博,可以为子孙恒者,此言之谓也。"王闻书之言,惕然恐惧,退而为戒,书于席之四端及几、鉴、盥盘、楹、杖、带、履屦(jù)、觞豆⑥、户牖(yǒu)、剑、弓、矛,各为铭焉。

纲 王访道于箕子,箕子陈《洪范》⑦。

纪 王克殷,释箕子之囚,访问以天道,箕子以《洪范》陈之,乃封于朝鲜而不臣。

纲 殷故臣伯夷、叔齐去周,隐于首阳山,不食而死。

纪 伯夷、叔齐,孤竹君之二子也。父欲立叔齐,及父卒,叔齐逊伯夷。伯夷曰:"父命也。"遂逃去。叔齐亦不肯立而逃之,国人立其中子。及武王伐纣,夷、齐乃相与叩马陈君臣以谏⑧。左右欲兵之,太公曰:

① 柴:烧柴祭祀上帝。
② 望:望祭,遥望而祭。
③ 武成:武功告成。《尚书·周书》有《武成》篇。
④ 丹书:传说中赤雀所衔的瑞书。铭:警戒之辞。
⑤ 践阼:即位。
⑥ 觞豆:觞与豆,古代盛酒肴之具。
⑦ 《洪范》:见于《尚书·周书》。
⑧ 叩马:牵马。

"此义人也!"扶而去之。武王已平殷乱,天下宗周,而夷、齐耻之,隐于首阳山,义不食周粟,采薇而食之①。及饿且死,作歌曰:"登彼西山兮,采其薇矣,以暴易暴兮,不知其非矣。神农、虞、夏忽焉没兮,我安适归矣②? 吁嗟徂兮,命之衰矣!"遂饿死于首阳山。

纲 立彻法③。

纲 迁都于镐(hào)④。

纲 建学养老。作《大武》乐。

纲 肃慎氏来贡⑤。

纪 时九夷、八蛮,各以方物来贡。肃慎氏贡楛(hù)矢⑥、石砮(nǔ)⑦,其长尺有咫⑧。王欲昭令德之致远,铭其括曰"肃慎氏之贡矢⑨"。

纲 庚辰,十有四年,西旅献獒⑩,召公奭作书戒王。

纪 西旅底贡厥獒⑪,召公以獒非常贡,易启人主异好,不可以示诸侯,乃作书名曰《旅獒》,用训于王。

---

① 薇:蕨菜。
② 适:从、往。
③ 彻法:周代的田税制度。
④ 镐:在今陕西西安市西南。
⑤ 肃慎氏:商周时期活跃于东北一带的族群。
⑥ 楛:木名,可作箭杆。
⑦ 石砮:石箭镞。
⑧ 咫:周制八寸为咫。
⑨ 括:箭的末端受弦处。
⑩ 西旅:西部的夷族。獒:高大凶猛的犬。
⑪ 底贡:进贡。

纲 王有疾,周公旦祝告三后①,求以身代王。

纪 武王有疾,周公以王室未安,殷民未服,根本易摇,故请命太王、王季、文王,欲以身代王死。史录其册祝之文,藏于金縢(téng)之匮(guì)②。王翼日乃瘳(chōu)③。

纲 辛巳,十有五年,春,巡狩方岳,祀百神,朝诸侯。

纲 壬午,十有六年,夏,箕子来朝。

纪 箕子朝周,过故殷墟,伤宫室毁圮,禾黍生焉,欲哭不可,欲泣则为近妇人,故作《麦秀之歌》曰:"麦秀渐渐兮④,禾黍油油兮⑤,彼狡童兮⑥,不与我好兮!"殷之遗民闻之,莫不流涕。

纲 乙酉,十有九年,冬十有二月,王崩,世子诵践位⑦。周公旦位冢宰,正百工⑧。

邓国军 评注

何　晋　杨　坤　审定

---

① 三后:太王、王季、文王。
② 金縢之匮:指金属制的带子所封存的收藏书契的柜子。
③ 翼日:明日。瘳:痊愈。
④ 渐渐:麦芒的形状。
⑤ 油油:光亮的样子。
⑥ 狡童:指纣王。
⑦ 诵:即周成王。
⑧ 百工:百官。

纲鉴易知录卷三

　　卷首语:本卷起周成王元年,止周庄王十五年(前682),所记为西周王朝初创、鼎盛、转衰、灭亡以及春秋早期部分史实。成王即位,周公辅政,平定三监之乱,营建东都洛邑,周王朝走向兴盛。昭王南征而不复,穆王西征犬戎,夷王烹杀齐哀公,周王朝走向了衰落。厉王继位,好利宠佞,导致国人暴动。宣王薄伐猃狁、料民于太原。幽王嬖宠褒氏,废申后及太子宜臼,导致犬戎弑幽王,西周灭亡。平王东迁,周王室势力衰落,发生周郑交质。管仲相齐,齐国走向强盛。之后发生长勺之战,齐国战败。

周　纪

成王

纲 丙戌,周成王元年,周公旦相王,践阼而治。

纪 成王幼,不能莅(lì)阼①,周公摄政,践阼而治,南面负扆(yǐ)②,以朝诸侯。

抗世子法于伯禽③,欲令成王之知父子、君臣、长幼之道也。成王有过,则挞(tà)伯禽,所以示成王世子之道也。

纲 周公旦作诰以告召公奭。

纪 时召公为三公,自陕以西召公主之④,自陕以东周公主之。成王既幼,周公摄政,当国。召公疑之,周公作《君奭》⑤,于是召公乃说。

纲 夏六月,葬武王于毕。

纲 王冠。

纪 既葬武王,冠成王,而朝于祖以见诸侯。周公命祝雍作颂⑥,曰:"祝

---

① 莅阼:指登位执政。
② 负:背靠。扆:古代宫殿内设在门和窗之间的大屏风。
③ 抗:举示。
④ 陕:在今河南三门峡市陕州区一带。
⑤ 《君奭》:见于《尚书·周书》。
⑥ 祝雍:祝史名雍。

王辞达而已,勿多也。"祝雍辞曰:"使王近于民,远于佞,啬于时①,惠于财,亲贤而任能。"其颂曰:"令月吉日②,王始加元服③,去王幼志服衮(gǔn)职④。钦若昊天⑤,六合是式⑥,率尔祖考,永永无极!"

纲 命周公元子伯禽代就封于鲁。

〔周公以吐哺之事,告诫其子伯禽要礼贤下士〕

纪 周公谓伯禽曰:"我文王之子,武王之弟,今王之叔父,吾于天下不贱矣。然我一沐三握发,一饭三吐哺,起以待士,犹恐失天下之贤人。子之鲁,慎无以国骄人!"

纲 管叔及蔡叔、霍叔流言⑦,周公居东⑧。

纪 管叔及其群弟流言于国曰:"公将不利于孺子⑨!" 王疑周公,周公乃避位居东,取《易》之三百八十四爻,各系以辞。

纲 丁亥,二年,王听政。周公居东,罪人斯得⑩。

――――――――――

① 啬:爱惜。
② 令:善。
③ 元服:古称行冠礼为加元服。
④ 衮职:指帝王的职事。
⑤ 钦:尊敬。若:顺从。
⑥ 六合:天地四方。式:效法。
⑦ 流言:散布没有根据的话。
⑧ 居东:避居国都之东部。
⑨ 孺子:指成王。
⑩ 罪人斯得:指这时才得知流言出自管、蔡等人。

纲 戊子,三年,周公居东,作诗以贻王,名之曰《鸱鸮》(chī xiāo)①。

纲 秋,大雷风。王迎周公于东,出郊,雨,反风。

纪 秋,大熟,未获,天大雷电以风,禾尽偃②,大木斯拔。王大恐,与大夫尽弁(biàn)③,以启金縢之匮,见周公请代武王之事,执书以泣。乃出郊迎周公,天乃雨,反风,禾尽起,岁则大熟。

纲 管叔及蔡叔、霍叔与武庚叛④,奄、淮夷、徐戎皆叛⑤。

纪 成王既迎周公归,三叔惧,遂与武庚及淮夷等叛。

纲 命周公东征,周公作《大诰》于天下⑥。

纲 鲁侯伯禽帅师伐淮夷、徐戎。

纲 讨武庚诛之,封微子启于宋⑦,以绍殷后⑧。

纲 致辟管叔于商⑨,囚蔡叔于郭邻⑩,降霍叔于庶人。

遂定奄及淮夷,东土以宁。

---

① 鸱鸮:恶鸟,以其破巢取卵,比喻武庚之害管、蔡而欲毁王室。

② 偃:倒下。

③ 弁:古代穿礼服时戴的帽子。

④ 武庚:殷纣王之子,名禄父。

⑤ 奄:古国名,在今山东曲阜市一带。淮夷:古代居于淮河流域的部族。徐戎:古族名,东夷之一,居于今淮河中下游。

⑥《大诰》:见于《尚书·周书》。

⑦ 微子启:帝乙长子,纣王之兄。宋:在今河南商丘市西南。

⑧ 绍:承继。

⑨ 致辟:诛戮。

⑩ 郭邻:地名,不详何处。

〔周公东征,平定叛乱,奠定了周朝东部疆域版图〕

纲 周公东征凯还①,作诗以劳士卒。

评周公东征:

周武王去世后,成王幼年继位,周公摄政当国,引起管叔、蔡叔等人不满。他们散布谣言,称周公将废成王以自立,联合武庚发动叛乱。图谋复商的武庚又纠合了旧日服属于商的东方诸方国、部族共同作乱。一时反周声势浩大。在稳定内部后,周公亲率大军东征。历时近三年,终于平定叛乱,并征服了卷入叛乱的大批东方方国、部族。周公东征彻底击败商朝残余势力,巩固了周朝对东部疆域的统治,将版图扩大至海滨区域。

纲 己丑,四年,王免丧②,朝先王庙,延访于群臣。

纪 周公归政于王,王中立听政,而四圣维之。周公常立于前,导天子以道。太公常立于左,辅天子之意。召公常立于右,拂(bì)天子之过③。史佚常立于后,承天子之遗忘:是以虑无失计而举无过事。

〔周公制礼乐奠定了中国礼仪之邦的文化底蕴〕

纲 辛卯,六年,董正百官④,制礼乐。

---

① 凯还:凯旋。
② 免丧:守孝期满,除去丧服。
③ 拂:纠正。
④ 董正:督察整顿。

纪周公相成王,六卿制礼、作乐、颁量①,天下大治。

纲越裳氏来朝。

纪交趾南有越裳氏②,重译而来献白雉。周公曰:"德泽不加,君子不飨
其贽。政令不施,君子不臣其人。"译曰:"吾国之黄耇(gǒu)曰③:'天
无烈风淫雨,海不扬波,三年矣,意中国有圣人乎?'于是来朝。"周公
致荐于宗庙。使者迷其归路,周公赐以軿(píng)车五乘④,皆为指南
之制,使者载之,由扶南、林邑海际,期年而至其国⑤,故指南车常为
先导,示服远人以正四方。

纲壬辰,七年,春二月,王命太保召公相宅⑥。三月,周公至洛,兴工营
筑。王至新邑,命周公留后治洛。

纪初,武王作邑于镐京,谓之宗周,是为西都。将营成周,居于洛邑⑦,而
未果。至是王欲如武王之志,定鼎于郏鄏(jiá rǔ)⑧,卜曰:"传世三十,
历年七百。"二月,使召公先相宅。三月,周公至洛,兴工营筑,谓之王
城,是为东都。曰:"此天下之中,四方入贡道里均也。"周公又营成
周。王至洛邑,迁殷顽民于成周,留周公治洛,王复还归西都。

---

① 六卿:冢宰、司徒、宗伯、司马、司寇、司空。颁量:颁布度量衡。
② 交趾:据载在今五岭以南地区。
③ 黄耇:泛指老人。
④ 軿车:有帷幕的车子。
⑤ 期年:一整年。
⑥ 相宅:勘测建造城邑、宫室、宗庙的地址。
⑦ 洛邑:在今河南洛阳市附近。
⑧ 郏鄏:在今河南洛阳市一带。

纲 设南郊,建明堂,立大社①。

纲 癸巳,八年,周公分正东都②。

纲 王命蔡仲,复封之蔡。

纪 蔡仲,蔡叔之子也。叔没,周公以仲贤,命诸成王,复封之蔡。

纲 甲午,九年,封弟叔虞为唐侯③。

纪 王与叔虞戏,削桐叶为珪(guī)以与叔虞曰:"以此封若④。"史佚因请
　 择日立叔虞。王曰:"吾与之戏耳。"史佚曰:"天子无戏言,言则史书
　 之,礼成之,乐歌之。"于是遂封叔虞于唐,故曰唐叔虞。

纲 丙申,十有一年,周公在丰⑤,作《无逸》以戒王⑥。

纲 周公薨于丰,葬周文公于毕。

纪 周公在丰,病将殁(mò),曰:"必葬我成周,以明吾不敢离王。"周公既
　 卒,成王亦让,葬周公于毕,从文王,以明其不敢臣周公也。
　 成王以周公有勋劳于天下,赐鲁公世世祀周公以天子之礼乐。是以
　 季夏六月,以禘礼祀周公于太庙,以文王为所出之帝,而周公配之。

纲 命君陈分正东郊成周⑦。

――――――――――

① 大社:古代天子为群姓祈福、报功而设立的祭祀土神、谷神的场所。
② 正:治理。
③ 唐:在今山西翼城县一带。
④ 若:你。
⑤ 丰:丰京,在今陕西西安市长安区西南沣河以西。
⑥ 《无逸》:见于《尚书·周书》。
⑦ 君陈:周公旦之子。

纪周公既没，命君陈分正东郊成周。

纲丁酉，十有二年，巡狩，朝诸侯于方岳①，因行黜陟之典。

纲戊戌，十有三年，作九府圜(yuán)法②。

纪初，唐、虞、夏、商之治，币金有三品，至是太公望乃立九府圜法。钱圆函方③，轻重以铢④，通九府之用。布帛广二尺二寸为幅，长四丈为匹。

纲壬戌，三十有七年，夏四月，王命太保奭及群臣受顾命。

纲王崩，太子钊即位。

康王

纲癸亥，周康王元年，遍告诸侯朝于酆(fēng)宫。

纪诸侯来朝，王作《康诰》遍告之⑤，宣示文、武之功业，乃朝见诸侯于酆宫，由是诸侯率服。

纲甲戌，十有二年，夏六月，命毕公保厘东郊⑥。

纲戊子，二十有六年，太保召公奭薨。

---

① 方岳：四方之山岳。
② 九府：大府、王府、内府、外府、泉府、天府、职内、职金、职币。圜法：铸圜钱的法令。
③ 函：钱中间的孔。
④ 铢：二十四分之一两。
⑤《康诰》：见于《尚书·周书》。
⑥ 保：保护。厘：治理。

纪　初,召公治西方,甚得民和。有司请召民①,召公曰:"不劳一身而劳百姓,非吾先君文王之志也。"乃巡行乡邑,听断于棠树之下。至是卒,人思其政,不忍伐棠树,作《甘棠》之诗歌咏之②。

纲　王崩,子瑕践位。

〔周成王、康王在位年间,周朝国力最为鼎盛,史称"成康之治"〕

纪　成、康之际,天下安宁,刑错四十年不用③。

　　昭王

纲　己丑,周昭王元年。

纲　壬寅,十有四年,鲁侯弟濞(bì)弑其君幽公而自立④。

纲　己卯,五十有一年,有光五色贯紫微⑤。井水溢。王巡狩至汉,崩,子满践位。

纪　时周道渐衰,王南巡狩,反济汉,汉滨之人以胶船进王⑥,至中流,胶液船解⑦,王及祭公皆溺死⑧。

———————

① 召民:召民至庭听断。
②《甘棠》:见于今传《诗经·国风》。
③ 刑错:置刑法而不用。
④ 濞:鲁魏公。
⑤ 紫微:星名,天帝室。
⑥ 胶船:以胶黏成的船。
⑦ 液:融解。
⑧ 祭公:周公之后,为王卿士。

穆王

纲 庚辰,周穆王元年。

纲 壬午,三年,命君牙为大司徒,伯冏(jiǒng)为太仆正①。

纲 丙申,十有七年,王西征。徐戎作乱,王归征徐戎,克之。

纪 有造父者②,以善御幸于王,得八骏马,西巡狩,乐而忘反。

徐子,嬴姓,地方五百里。行仁义,得朱弓矢,自以为天瑞,乃称偃王,四方诸侯朝于徐者三十六国。王闻徐子僭(jiàn)号,造父为御,长驱而归以救乱。与楚连谋伐徐。徐子不忍斗其民,北走彭城③,百姓随之以万数。徐子将死,曰:"吾赖于文德,而不明武备,故至此!"王乃以赵城封造父④,其族由此为赵氏。

纲 甲寅,三十有五年,征犬戎。

纪 王将征犬戎,祭(zhài)公谋父谏曰:"不可! 先王耀德不观兵⑤。夫兵,戢(jí)而时动⑥,动则威;观则玩⑦,玩则无震⑧。是故,先王之制:邦内甸服⑨,

---

① 太仆正:御侍从之长官。
② 造父:古之善御者,赵人之先祖。
③ 彭城:在今江苏徐州市一带。
④ 赵城:今山西洪洞县北赵城镇一带。
⑤ 耀德:显扬德化。
⑥ 戢:收藏兵器。时动:三时务农,一时讲武。
⑦ 玩:轻慢。
⑧ 震:威严。
⑨ 邦内:天子畿内。甸服:指王畿外方五百里至千里之间的地区。

邦外侯服①,侯卫宾服②,蛮夷要服③,戎翟荒服④。甸服者祭⑤,侯服者祀⑥,宾服者享⑦,要服者贡⑧,荒服者王⑨。日祭,月祀,时享,岁贡,终王⑩。先王之训也,不祭、不祀、不享、不贡、不王,于是乎有刑罚之辟⑪,有攻伐之兵,有征讨之备,有威让之令,有文告之辞。布令、陈辞而又不至,则又增修于德,无勤民于远。是以近无不听,远无不服。今犬戎氏以其职来王,而必以不享征之,且观之兵,其无乃废先王之训,而王几顿乎⑫?"王不听,遂征之,得四白狼、四白鹿以归。自是荒服者不至。

纲　己巳,五十年,作《吕刑》诰四方⑬。

纲　甲戌,五十有五年,王崩于祗(zhī)宫,子繄(yī)扈践位。

纪　初,穆王欲肆其心⑭,周行天下,将皆必有车辙马迹焉。祭公谋父作《祈招》之诗以止王心⑮,其诗曰:"祈招之愔愔(yīn)⑯,式昭德

————————

① 邦外:邦畿之外。侯服:侯国之服,甸服外四面又各五百里的区域。
② 宾服:侯服外四面又各五百里的区域。
③ 要服:宾服外四面又各五百里的区域。
④ 荒服:要服外四面又各五百里的区域。
⑤ 祭:指日祭。
⑥ 祀:指月祀。
⑦ 享:指时享。
⑧ 贡:指岁贡。
⑨ 王:朝见天子表示臣服。
⑩ 终王:旧王驾崩后前来朝嗣王。
⑪ 辟:惩罚。
⑫ 顿:毁坏,败落。
⑬ 《吕刑》:见于《尚书·周书》。
⑭ 肆:放纵。
⑮ 祈招:祈父,周司马之官,招为其名。
⑯ 愔愔:安和的样子。

音①,思我王度②,式如玉③,式如金④。形民之力⑤,而无醉饱之心!"
王以是获没于祗宫。

共王

纲 乙亥,周共王元年。

纲 丁丑,三年,王游于泾上。

纪 王游于泾上,密康公从⑥,有三女奔之。其母曰:"必致之于王。夫兽三
为群,人三为众,女三为粲。粲,美物也,汝何德以堪之? 王犹不堪,况
尔小丑乎⑦! 小丑备物,终必亡!"康公私而不献。一年,王灭密。

纲 丙戌,十有二年,王崩,子囏(jiān)践位。

懿王

纲 丁亥,周懿王元年,徙都于槐里⑧。

纲 戊子,二年,王室衰微,诗人作刺⑨。

纲 辛亥,二十有五年,王崩,共王之弟辟方立。

————————————

① 式:用。
② 度:指行为规范。
③ 如玉:像玉一样坚硬。
④ 如金:像金一样沉重。
⑤ 形:使用。
⑥ 密:密须国,在今甘肃灵台县一带。
⑦ 小丑:地位低下的一类人物。
⑧ 槐里:在今陕西兴平市境内。
⑨ 作刺:作诗以讥讽时政。

孝王

纲 壬子,周孝王元年。

纲 甲子,十有三年,封非子为附庸,邑之秦①。

纪 恶来革之后有非子者,好马,善养息之。王命主马汧(qiān)、渭之间②,马大蕃息。王封为附庸之君,邑于秦,使续伯翳后③。

纲 大雨雹,牛马死,江、汉冰。

纲 丙寅,十有五年,王崩,诸侯复立懿王太子燮(xiè)。

夷王

纲 丁卯,周夷王元年,天子始下堂见诸侯,觐(jìn)礼废④。

纲 己巳,三年,命虢公伐太原之戎⑤。

纪 时荒服不至,命虢公帅六师以伐太原之戎,至俞泉⑥,获马千匹。

纲 甲戌,八年,楚子熊渠伐庸、扬粤⑦,至于鄂⑧。

---

① 秦:周孝王所封之秦,在今甘肃张家川回族自治县一带。
② 汧:汧水,出今陕西陇县岍山,东南流至宝鸡市入渭。
③ 伯翳:即伯益,秦人之祖。
④ 觐礼:周代诸侯朝见天子之礼。
⑤ 太原:在今山西太原市一带,一说在今宁夏固原市北。
⑥ 俞泉:在今山西太原市,一说在宁夏固原市。
⑦ 庸:古国名,在今湖北竹山县西南。扬粤:或作"扬越",古族名,百越的一支。
⑧ 鄂:在今湖北武汉市武昌区一带。

纲 壬午,十有六年,王崩,子胡践位。

纲 杀齐侯不辰,立其弟静。王暴虐,诗人作刺。

厉王

纲 癸未,周厉王元年,楚子自去其僭号①。

纲 癸巳,十有一年,淮夷入寇,命虢仲帅师征之。

纲 辛丑,十有九年,齐公子山弑其君胡公而自立②。

纲 齐侯徙治临菑③。

纲 壬子,三十年,以荣夷公为卿士。

〔周厉王好利且用人不当,不听劝谏,最终导致国人暴动〕

纪 王好利,近荣夷公,大夫芮良夫谏曰:"荣公好专利而不知大难。夫利,百物之所生也,天地之所载也,而或专之,其害多矣。夫王人者,将导利而布之上下者也④,使神人百物无不得其极,犹日怵惕惧怨之来也。今独专利,其可乎?匹夫专利,犹谓之盗,王而行之,其归鲜矣。荣公若用,周必败!"王不听,卒以荣公为卿士,诸侯不享。

---

① 僭号:所僭王号。
② 山:哀公同母少弟,是为献公。
③ 临菑:在今山东淄博市境内。
④ 上:神。下:人与物。

纲 乙卯,三十有三年,使人监谤,杀言者。

纪 厉王虐,国人谤王。召公告曰:"民不堪命矣!"王怒,得卫巫①,使监谤者②。以告,则杀之。国人莫敢言,道路以目③。王喜,告召公曰:"吾能弭谤矣④。"召公曰:"是障之也⑤! 防民之口,甚于防川。川壅而溃⑥,伤人必多,民亦如之。是故为川者决之使导⑦,为民者宣之使言⑧。夫民虑之于心而宣之于口,成而行之⑨,胡可壅也? 若壅其口,其与能几何⑩!"王弗听,于是国人莫敢出言。

纲 丙辰,三十有四年,召公作诗讽王。

纲 凡伯作诗,切责僚友,因以讽王。

纲 丁巳,三十有五年,王暴虐滋甚,芮伯作诗刺之。

纲 国人作诗刺王。

纲 己未,三十有七年,国人叛,王出居彘(zhì)⑪。太子靖匿于召公家。

纪 王心戾虐,万民弗忍,乃相与叛,袭王,王出奔于彘。太子靖匿于召公

---

① 卫巫:卫国之巫。
② 监:侦察。
③ 以目:以眼神示意。
④ 弭:消除。
⑤ 障:堵塞。
⑥ 壅:堵塞。
⑦ 为:治理。导:疏通。
⑧ 宣:放开。
⑨ 成:成其美。
⑩ 其与能几何:赞同者又能有几人呢。
⑪ 彘:在今山西洪洞县东北。

之家,国人乃围之。召公曰:"昔吾骤谏王,王不从,以及此难也。今杀王太子,王其以我为仇而怼怒乎①? 夫事君者,险而不怼,怨而不怒,况事王乎!"乃以其子代王太子,太子竟得脱。

评周厉王弭谤:

　　周厉王贪财好利,引起政局动荡。他不接受大臣芮良夫的规谏,任用荣夷公为卿士,推行"专利"政策,垄断山林川泽物产等资源,不准一般贵族和平民染指。这些贵族和平民,即史书中的"国人"。为压制舆论的不满情绪,厉王不听召公劝谏,专门派人"监谤",发现有异议者则杀之,结果人人自危,不敢议论,"道路以目"。公元前841年,周朝发生国人暴动,厉王被逐出都城,奔于彘,周王朝由此进入了"共和行政"时期。

〔共和元年(前841)是中国历史上确切纪年的开始〕

纲庚申,三十有八年(前841),春,王在彘,召公、周公行政,号共和。

纪召公、周公二相,以太子靖幼,相与和协,共理国事,号曰"共和"。

纲癸酉,五十有一年(前828),王死于彘。周公、召公奉太子靖即位。

宣王

纲甲戌,周宣王元年(前827),周公、召公辅政。

纪周公、召公辅王修政,法文、武、成、康之遗风,任申伯、仲山甫、张仲、

_____

① 怼怒:怨怒。

85

诸侯复宗周。

纲命秦仲为大夫，讨西戎。

纲命尹吉甫帅师北伐玁狁。

纲乙亥，二年（前826），旱。

纲命方叔将兵南征荆蛮。

纲遣召穆公虎帅师伐淮南之夷。

纲王自将亲征淮北徐夷。

纲己卯，六年（前822），大旱，王侧身修行。

纪宣王承厉王之烈①，内有拨乱之志，遇灾而惧，侧身修行，欲消去之。
　　天下喜于王化复行，百姓见忧，故仍叔作诗以美之。

纲乙酉，十有二年（前816），鲁侯来朝，以其二子括、戏见王②，王命戏为
　　鲁世子。

纲王不藉千亩③。

纪王不藉千亩。虢文公谏曰："夫民之大事在农，上帝之粢（zī）盛于是乎
　　出④，民之蕃庶于是乎生⑤，事之共给于是乎在，和协辑睦于是乎兴，

---

① 烈：业。
② 括：长子。戏：少子。
③ 藉：指行藉田礼。
④ 粢盛：供祭祀用的谷物。
⑤ 蕃庶：滋生，繁衍。

财用蕃殖于是乎始,敦庞(máng)纯固于是乎成①。是故稷为大官,惟农是务,无有求利于其官以干农功②。三时务农③,而一时讲武④,故征则有威,守则有财。若是则能媚于神而和于民,享祀时至而布施优裕也。今天子欲修先王之绪而弃其大功,匮神乏祀而困民之财,将何以求福用民?"王弗听。

纲 乙未,二十有二年(前 806),王后姜氏脱簪珥谏王⑤,王勤政中兴。

纪 王尝晏起⑥,姜后脱簪珥待罪于永巷⑦,使其傅母通言于王曰⑧:"妾不才,至使君王乐色而忘德,失礼而晏朝。夫苟乐色必好奢,好奢必穷乐。穷乐者乱之所兴也,原乱之兴自婢子始,敢请罪!"王曰:"寡人不德,实自生过,非夫人之罪也。"自是勤于政事,早朝晏罢,卒成中兴之名。

纲 癸卯,三十年(前 798),有马化为人。

纪 时有马化为人,有兔舞于镐京。

纲 壬子,三十有九年(前 789),伐姜戎⑨,战于千亩⑩,王师败绩。

---

① 敦庞纯固:指敦厚纯朴的风尚。
② 干:妨碍。
③ 三时:春、夏、秋。
④ 一时:冬。
⑤ 珥:用珠子或玉石做的耳环。
⑥ 晏:晚。
⑦ 永巷:宫中狱名。
⑧ 傅母:女师。
⑨ 姜戎:西戎别种,四岳之后。
⑩ 千亩:在今山西介休市南。

纲 癸丑,四十年(前788),料民于太原①。

纪 王既丧南国之师,乃料民于太原。仲山甫谏曰:"民不可料也!夫古者不料民而知其多少,司民协孤终②,司商协民姓③,司徒协旅④,司寇协奸⑤,牧协职⑥,工协革⑦,场协入⑧,廪协出⑨。是则少多死生出入往来者,皆可知也。于是又审之以事,王治农于藉⑩,蒐于农隙(xì)⑪,耨(nòu)获亦于藉⑫,狝(xiǎn)于既烝⑬,狩于毕时⑭。是皆习民数者也,又何料焉?且无故而料民,天所恶也,害于政而妨于后嗣!"王弗听。

纲 丙辰,四十有三年(前785),杀大夫杜伯,左儒争,死之。

纪 王将杀杜伯而非其罪,伯之友左儒争之于王,九复之而王不许。王曰:"汝别君而异友也。"儒曰:"君道友逆⑮,则顺君以诛友;友道君

---

① 料民:统计人口。
② 司民:官名,掌万民之数。协:核计。孤:孤儿。终:死。
③ 司商:官名,掌赐族授姓之官。
④ 司徒:官名,掌管土地、人民、教化,负责藉田和征伐徒役事务。
⑤ 协奸:核计死刑之数。
⑥ 牧:司牧,核计物色之数。
⑦ 工:司工,核计牛马羊之皮革。
⑧ 场:司场,知谷入之数。
⑨ 廪:司廪,知谷出之数。
⑩ 藉:藉田。
⑪ 蒐:春猎。农隙:仲春耕种完毕后一段时间。
⑫ 耨:锄草。
⑬ 狝:秋猎。既烝:秋收。
⑭ 狩:冬猎。毕:农时完毕。
⑮ 道:有道。逆:反道。

逆,则顺友以违君。"王怒曰:"易而言则生①,不易则死!"儒曰:"士不枉义以从死,不易言以求生。臣能明君之过,以正杜伯之无罪。"王杀杜伯,左儒死之。

纲 己未,四十有六年(前782),王崩,太子涅立。

幽王

纲 庚申,周幽王元年(前781)。

纲 壬戌,三年(前779),王嬖宠褒氏。

纪 初,褒人有罪,请入女子于王以赎罪,是为褒姒。幽王三年,之后宫,见而爱之,生子伯服。

纲 西周三川皆震②。泾、渭、洛竭,岐山崩。

纪 西周泾、渭、洛三川皆震。伯阳父曰:"周将亡矣!夫天地之气不失其序,若过其序,民乱之也。阳伏而不能出,阴迫而不能烝③,于是有地震。今三川实震,是阳失其所而镇阴也。阳失而在阴,川源必塞。源塞,国必亡。夫水土演而民用足也④。土无所演,民乏财用,不亡何待!昔伊、洛竭而夏亡,河竭而商亡。今周德若二代之季矣,其川源又塞,塞必竭。夫国必依山川,山崩、川竭,亡之征也。川竭山必崩,若国亡,不过十年,数之纪也。夫天之所弃,不过其纪。"是岁也,三川

---

① 而:你。
② 西周:西都,即镐京。
③ 烝:升。
④ 演:湿润。

皆竭,岐山崩。十一年幽王乃灭,周乃东迁。

纲癸亥,四年(前778),卫侯和作诗悔过,因以讽王。

纲群臣作诗刺诮,因以讽王。

纲诗人伤时之乱,征役不息,作诗以刺时政。

纲乙丑,六年(前776),冬十月朔,日有食之。

纲丙寅,七年(前775),用尹氏,家父作诗刺之。

纲丁卯,八年(前774),以郑伯友为司徒①。

纲戊辰,九年(前773),夏六月,陨霜。

纲王废申后及太子宜臼,以褒姒为后,其子伯服为太子。宜臼奔申②。

〔烽火戏诸侯〕

纪王废申后及太子宜臼,宜臼奔申。太史伯阳曰:"祸成矣,无可奈何!"
褒姒不好笑。王欲其笑,万方,故不笑。王与诸侯约,有寇至,举烽火
为信,则举兵来援。王欲褒姒笑,乃无故举火,诸侯至而无寇,褒姒大
笑。褒姒好闻裂缯(zēng)声③,王发缯裂之以适其意。虢石父为人
佞,善谀,好利,王以为卿,用事,国人皆怨。

---

① 友:郑桓公,宣王庶弟。
② 申:姜姓国,故地在今甘肃平凉市一带。
③ 缯:帛,丝织品的总称。

〔犬戎弑幽王，西周灭亡〕

纲 庚午，十有一年（前771），伐申。申侯与犬戎入寇，戎弑王于骊山
下①，郑伯友死之。晋、卫、秦以兵来援，平戎，与郑世子掘（wù）
突②，共立故太子宜臼。

纪 王欲杀故太子宜臼，求之于申。申侯弗予，王伐之。申侯与鄫（zēng）
人召西夷犬戎伐王③。王举烽火征兵，兵莫至；犬戎遂弑王于骊山
下，虏褒姒，并杀郑桓公，尽取周宝赂而去。晋文侯、卫武公、秦襄公
将兵救周，平戎，与郑世子掘突即申国，共立故太子宜臼，是为平王，
而西周遂亡。

评西周王朝：

　　西周时期是中华礼乐文明传统价值观念形成的关键时期。西周王
朝在血缘网络和分封制度的基础上建构起了由周王室和大小诸侯国组
成的层级社会，奠定了华夏国家的基本格局。这一时期形成的青铜文
化、礼乐传统和"敬德保民"观念，构成了西周文明的基本底色。此外，
随着周公东征的胜利以及分封制的推行，西周王朝境内各个族群与部落
不断融合，尤其是殷遗民被分封至各地，非华夏各族内徙，这些族群渐渐
接受了周人的风俗习惯和思想文化，华夏民族在此期间初步形成，奠定
了中华民族共同体的基础。

---

① 骊山：山名，在今陕西西安市临潼区东南。
② 掘突：郑武公。
③ 鄫：西周封国，据载在今陕西宝鸡市一带。

东周世系表

（1）平王宜臼 ── （2）桓王林 ── （3）庄王佗 ── （4）釐王胡齐 ── （5）惠王阆
（前770-前720） （前719-前697） （前696-前682） （前681-前677） （前676-前652）

（6）襄王郑 ── （7）顷王壬臣 ┬ （8）匡王班（前612-前607）
（前651-前619） （前618-前613） │
└ （9）定王瑜（前606-前586）── （10）简王夷
（前585-前572）

（11）灵王泄心 ── （12）景王贵 ── （13）敬王匄 ── （14）元王仁
（前571-前545） （前544-前520） （前519-前476） （前475-前469）

（15）贞定王介 ── （16）考王嵬 ── （17）威烈王午 ── （18）安王骄
（前468-前441） （前440-前426） （前425-前402） （前401-前376）

（19）烈王喜
（前375-前369）

（20）显王扁 ── （21）慎靓王定 ── （22）赧王延
（前368-前321） （前320-前315） （前314-前256）

平王

纲 辛未,周平王元年(前770),迁都于东都洛邑。

〔平王东迁,开启了东周的时代〕

纪 平王立,东迁于洛邑,避戎寇也。是时周室衰微,诸侯强并弱,齐、楚、秦、晋始大,政由方伯①。

────────────

① 方伯:诸侯之长。

纲 命秦襄为诸侯,赐以岐、丰之地①。

纪 王东徙洛邑,秦襄公以兵送王。王封襄公为诸侯,赐之岐、丰之地。
　　襄公于是始国,而与东诸侯通使聘享之礼。

纲 命卫侯和为公,锡晋侯仇命②。

纲 秦祀上帝于西畤(zhì)③。

纲 癸酉,三年(前768),以郑掘突为司徒。

纲 己卯,九年(前762),秦东徙汧、渭之会。

纲 癸未,十有三年(前758),卫武公薨,子扬嗣④。

纪 初,武公年九十有五,犹箴儆(zhēn jǐng)于国⑤,曰:"自卿以下,至于师长
　　士,苟在朝者,无谓我老耄(mào)而舍我,必交戒训导我。在舆有旅贲之
　　规⑥,位宁(zhù)有官师之典⑦,倚几有诵训之谏,居寝有亵御之箴⑧,临
　　事有瞽史之道⑨,宴居有师工之诵⑩。史不失书,蒙不失诵⑪,以训御之。"

---

① 岐、丰之地:岐邑到丰水一带的地方。
② 锡:通"赐",赐予。
③ 畤:祭祀天、地、五帝的地方。
④ 扬:卫庄公。
⑤ 箴儆:规诫。
⑥ 旅贲:卫士。
⑦ 宁:门屏之间,人君视朝所伫立处。官师:小师。
⑧ 亵御:近侍。箴:规劝。
⑨ 瞽史:乐师与史官。
⑩ 师工:乐师与讽诵箴言之盲人。
⑪ 蒙:指盲人。

于是乎作《懿戒》以自警①。及其没也,谓之叡(ruì)圣武公②。

纲 乙酉,十有五年(前756),秦作鄜(fū)畤。

纪 秦文公梦黄蛇自天下属地,其口止于鄜衍③。文公问史敦,敦曰:"此
上帝之征,君其祠之。"于是作鄜畤,用三牲郊祭白帝焉。

纲 己丑,十有九年(前752),遣畿内之民戍申。

纲 辛卯,二十有一年(前750),秦伯大败戎师,收岐西之地。自岐以东
归于王。

纲 壬辰,二十有二年(前749),王室衰微,诸侯背叛。

纲 甲午,二十有四年(前747),宗周宫室圮④,诗人作《黍离》⑤。

纲 秦初有三族之罪⑥。

纲 丙申,二十有六年(前745),晋侯封其叔父成师于曲沃⑦。

纲 戊午,四十有八年(前723),鲁初请郊庙之礼。

纪 鲁惠公使宰让请郊庙之礼于天子,王使史角往鲁,公止之⑧,其后在

---

① 《懿戒》:今本《诗经》无《懿戒》,一般认为指《诗经·大雅·抑》。
② 叡:明智。
③ 衍:山陵之间。
④ 宗周:西都镐京。
⑤ 《黍离》:见于今传《诗经·王风》。
⑥ 三族:父族、母族、妻族。
⑦ 曲沃:在今山西曲沃县境内。
⑧ 止:留。

鲁,于是有墨翟(dí)之学①。鲁之用郊始于此。

纲鲁惠公薨,国人立其子息姑②。

纲己未,四十有九年(前722),春王正月。

〔《春秋》为中国现存最早的编年体史书〕

纪是时天子微弱,诸侯放恣,赏罚不行。故孔子因鲁史修《春秋》,以寓

王法,托始于此年,首书"春王正月"。

纲秋七月,王使宰咺(xuān)锡鲁惠公仲子之赗(fèng)③。

纲辛酉,五十有一年(前720),春二月己巳,日有食之。

纲三月,王崩,孙林践位。

纲秋,武氏如鲁求赙(fù)④。

纲郑祭足帅师入寇。

〔周郑交质〕

纪郑武公、庄公为平王卿士,王贰于虢⑤,郑伯怨王,王曰:"无之。"故周、郑

交质,王子狐为质于郑,郑公子忽为质于周。王崩,周人将畀(bì)虢公政⑥。

———————————

① 墨翟:即墨子,墨家学派的创始人。

② 息姑:鲁隐公。

③ 赗:送给丧家助葬的车马等物。

④ 赙:以货财助人办丧事。

⑤ 贰于虢:分政于虢公。

⑥ 畀:给与。

夏四月,郑祭足帅师取温之麦①。秋,又取成周之禾。

桓王

纲 壬戌,周桓王元年(前 719),春二月,卫州吁弑其君桓公而自立②。

纲 丙寅,五年(前 715),春三月,郑伯使宛归祊(bēng)田于鲁③。

纲 己巳,八年(前 712),冬十一月,鲁公子轨弑其君隐公而自立④。

纪 羽父请杀桓公,将以求太宰⑤。隐公曰:"为其少故也,吾将授之矣。使营菟(tú)裘⑥,吾将老矣。"羽父惧,反谮(zèn)公于桓公而请弑之⑦。壬辰,羽父使贼弑公于寪(wěi)氏⑧,立桓公。

纲 庚午,九年(前 711),春三月,郑伯以璧假鲁许田⑨。

纪 桓公即位,修好于郑。郑人请复祀周公,卒易祊田。公许之,郑伯以璧假许田,为周公祊故也。

纲 甲戌,十有三年(前 707),秋,蔡人、卫人、陈人从王伐郑。

纪 初,王夺郑伯政,郑伯不朝。王以诸侯伐郑,郑伯御之,战于繻(xū)葛⑩。

---

① 温:在今河南温县西南。
② 州吁:桓公庶弟。
③ 祊田:郑祭祀泰山之邑,在今山东费县。
④ 鲁公子轨:鲁桓公。
⑤ 求:求官。
⑥ 菟裘:据载在今山东新泰市西楼德镇。
⑦ 谮:诬陷。
⑧ 寪氏:鲁大夫。
⑨ 许田:周公汤沐之邑,在今河南许昌市东北。
⑩ 繻葛:春秋郑地,在今河南长葛市北。

蔡、卫、陈皆奔,王卒大败。祝聃(dān)射王中肩,王亦能军,祝聃请从之①。郑伯曰:"君子不欲多上人,况敢陵天子乎?苟自救也②,社稷无陨多矣!"郑伯使祭足劳王,且问左右。

纲 甲申,二十有三年(前697),春二月,王使家父如鲁求车。

纲 三月,王崩,子佗践位。

庄王

纲 乙酉,周庄王元年(前696)。

纲 丁亥,三年(前694),春正月,鲁侯会齐侯于泺(luò)③,鲁侯与夫人姜氏遂如齐。夏四月,齐侯杀鲁桓公,立其子同④。

纪 鲁侯将有行,与姜氏如齐。申繻曰:"女有家,男有室,无相渎也⑤,谓之有礼。易此必败。"公会齐侯于泺,遂及文姜如齐,齐侯通焉。公谪(zhé)之⑥,以告⑦。夏,享公⑧,使公子彭生乘公⑨,公薨于车⑩。齐人立其子同。

纲 秋,周公黑肩谋弑王,伏诛。王子克奔燕。

---

① 从:追。
② 苟:暂且。
③ 泺:水名,在今山东济南市历城区东北,即小清河。
④ 同:鲁庄公。
⑤ 渎:轻慢、不庄重。
⑥ 谪:责备。
⑦ 以告:指文姜告齐侯鲁桓公责骂之事。
⑧ 享公:指齐侯宴请鲁桓公。
⑨ 乘公:助鲁桓公登车。
⑩ 公薨:指彭生拉公胁而杀死桓公。

纪 周公黑肩欲弑庄王而立王子克,辛伯告王①,遂与王杀周公。王子克奔燕。初,子仪有宠于桓王,王属(zhǔ)诸周公②。辛伯谏曰:"并后匹嫡③,两政耦(ǒu)国④,乱之本也!"周公弗从,故及⑤。

纲 戊子,四年(前693),夏,单(shàn)伯送王姬。秋,鲁筑王姬之馆于外。冬,王使荣叔如鲁,锡桓公命,王姬归于齐。

纲 甲午,十年(前687),夏四月,辛卯夜,恒星不见。夜中,星陨如雨。

纲 乙未,十有一年(前686),冬十一月,齐无知弑其君诸儿⑥。

纪 僖公之母弟曰夷仲年,生公孙无知,有宠于僖公,襄公绌之⑦。公使连称、管至父戍葵丘⑧。瓜时而往⑨,曰"及瓜而代⑩"。朞(jī)戍⑪,请代,弗许。二人遂因无知以作乱,弑襄公而立无知。初,襄公立,无常。鲍叔牙曰:"君使民慢,乱将作矣!"奉公子小白奔莒⑫。乱作,管夷吾、召忽奉公子纠奔鲁⑬。

———————————

① 辛伯:周大夫。
② 属:嘱托。
③ 并后匹嫡:意即妾并同于后,庶子匹敌于嫡子。
④ 两政耦国:臣子等同于君,封邑与国都抗衡。
⑤ 及:及于难。
⑥ 诸儿:齐襄公名。
⑦ 绌:同"黜",贬退。
⑧ 葵丘:在今山东淄博市境内。
⑨ 瓜时:瓜熟之时。
⑩ 及瓜:到明年瓜熟之时。
⑪ 朞:一整年。
⑫ 小白:僖公庶子,即齐桓公。莒:姜姓国,在今山东莒县。
⑬ 夷吾:管仲字。纠:小白庶兄。

纲 丙申,十有二年(前685),春,齐人杀无知。鲁侯及齐大夫盟于蔇(jì)①。

纲 夏,鲁侯伐齐纳纠。齐小白入于齐。

纲 秋八月,鲁及齐师战于乾时②,鲁师败绩。

纲 九月,齐公子小白立。齐人取子纠于鲁,杀之。

纪 鲍叔帅师言于鲁曰:"子纠,亲也,请君讨之。管、召,仇也,请受而甘心焉③。"乃杀子纠于生窦④。召忽死之,管仲请囚。

纲 齐侯以管夷吾为相。

纪 初,桓公自莒反于齐,使鲍叔为宰,辞曰:"君加惠于臣,使不冻馁,则君之赐也。若必治国家,则非臣之所能也,其管夷吾乎!臣所不若夷吾者五:宽惠柔民,弗若也;治国家不失其柄,弗若也;忠信可结于百姓,弗若也;制礼义可法于四方,弗若也;执枹(fú)鼓立于军门⑤,使百姓加勇焉,弗若也。"桓公曰:"夫管夷吾射寡人中钩⑥,是以滨于死⑦。"鲍叔曰:"夫为其君动也⑧,君若宥而反之⑨,夫犹是也。"桓公于是请诸鲁。庄公以问施伯,对曰:"此非欲戮之也,欲用其政也。夫管子天下之才

① 蔇:鲁地,今山东枣庄市峄城区西有蔇亭。
② 乾时:齐地,在今山东淄博市临淄区西北一带。
③ 受:通"授",指交给齐国。甘心:指大快心意地杀掉他们。
④ 生窦:鲁地,在今山东菏泽市北。
⑤ 枹:击鼓槌。
⑥ 钩:衣带钩。
⑦ 滨:临近。
⑧ 夫:指管仲。
⑨ 宥:宽恕,赦免。反之:使他回齐国。

也,所在之国,则必得志于天下。令彼在齐,则必长为鲁忧矣! 请杀而以其尸授之。"庄公弗听,使束缚以予齐使。比至①,桓公亲逆于郊,解其缚而与之坐,问焉。公曰:"成民之事若何?"对曰:"四民者勿使杂处②,杂处则其言哤(máng)③,其事易④。昔圣王之处士也,使就闲燕⑤;处工,就官府⑥;处商,就市井;处农,就田野。少而习焉,其心安焉,不见异物而迁焉。是故其父兄之教不肃而成,其子弟之学不劳而能。"公曰:"定民之居若何?"对曰:"制国以为二十一乡,工、商之乡六,士、农之乡十五。公帅十一乡焉,国子帅五乡焉,高子帅五乡焉⑦。"公曰:"吾何以富国?"对曰:"唯官山、海为可耳⑧。谨盐策与铁官之数⑨,其余轻重准此而行,然则举臂胜事,无不服籍者⑩。"公曰:"吾欲从事于诸侯,为之奈何?"对曰:"作内政而寄军令⑪,于是制国。五家为轨,轨为之长;十轨为里,里置有司;四里为连,连为之长;十连为乡,乡有良人焉。以为军令,五家为轨,故五人为伍,轨长帅之。十轨为里,故五十人为小戎,里有司帅之。四里为连,故二百人为卒,连长帅之。十连为乡,故二千人为旅,乡良人帅之。五乡一帅,

---

① 比至:等到达。
② 四民:士、农、工、商。
③ 哤:言语杂乱,指互相干扰。
④ 易:变易,指无法专心本业。
⑤ 闲燕:清静之所。
⑥ 官府:指官营作坊。
⑦ 国子、高子:皆齐上卿。
⑧ 官:官府经营。山、海:指山铸钱、海煮盐,盐铁之利。
⑨ 谨:严禁,严守。盐策:指征收盐税的政策法令。
⑩ 籍:收税。
⑪ 内政:国家内部的政治事务。寄:寓。

故万人为一军,五乡之帅帅之。春以蒐振旅,秋以狝治兵。是故卒伍整于里,军旅整于郊。内教既成,令勿迁徙。伍之人,祭祀同福,死丧同恤,祸灾共之。人与人相畴①,家与家相畴,世同居,少同游,故夜战声相闻,足以不乖;昼战目相视,足以相识。其欢欣足以相死,居同乐,行同和,死同哀,是故守则同固,战则同强。君有此士也三万人,以方行天下②,以诛无道,以屏周室③,天下大国之君莫之能御也!"桓公悦,于是任管仲为相,号曰"仲父。"

纲 丁酉,十有三年(前684),春正月,鲁侯败齐师于长勺④。

纪 齐师伐鲁,战于长勺。庄公将鼓之⑤,曹刿(guì)曰:"未可。"齐人三鼓,刿曰:"可矣。"齐师败绩,公将驰之,刿曰:"未可。"下视其辙,登轼而望之⑥,刿曰:"可矣。"遂逐齐师。既克,公问其故,对曰:"夫战,勇气也。一鼓作气,再而衰,三而竭。彼竭我盈,故克之。夫大国,难测也,惧有伏焉。吾视其辙乱,望其旗靡,故逐之。"

纲 己亥,十有五年(前682),冬十月,王崩,子胡齐践位。

邓国军 评注

何　晋　杨　坤　审定

---

① 相畴:彼此在一起。
② 方:广。
③ 屏:护卫。
④ 长勺:鲁地,在今山东济南市莱芜区东北。一说在今曲阜市北。
⑤ 鼓之:击鼓进击。
⑥ 轼:车前横木。

纲鉴易知录卷四

卷首语:本卷起周釐王元年(前681),止周威烈王二十三年(前403),所记为春秋早期至战国早期共二百七十九年间历史。北杏之会,开启春秋盟会之先河。管仲相齐,齐桓公霸业初创。葵丘之会,齐桓公成为首任霸主。城濮之战,晋文公称霸。邲之战,楚庄王称霸。之后晋楚相继衰落,吴越先后争霸。勾践灭吴,成为春秋最后一位霸主。东周王朝最终分为东、西二国,周天子寄居在东周国。

周　纪

釐(xī)王

〔春秋时期会盟之政始于北杏之会〕

纲 庚子,周釐王元年(前681),春,齐侯、宋人、陈人、蔡人、邾人会于北杏①。夏六月,齐人灭遂②。

纪 会于北杏,以平宋乱③。遂人不至,齐人灭遂而戍之。

纲 冬,鲁侯会齐侯盟于柯④。

纪 齐桓公伐鲁,鲁将师败,鲁庄公请献遂邑以平。桓公许与鲁柯而盟⑤。鲁将盟,曹沫以匕首劫桓公于坛上,曰:"反鲁之侵地!"桓公许之。已而曹沫去匕首,北面就臣位。桓公后悔,欲无与鲁地,而杀曹沫。管仲曰:"许之而倍信⑥,杀之愈一小快耳,而弃信于诸侯,失天下之援,不可!"于是与曹沫三败所亡地于鲁。诸侯闻之,皆信齐而欲附焉。

纲 辛丑,二年(前680),冬,晋曲沃伯称灭晋,弑其君缗。

---

① 北杏:春秋齐邑,在今山东东阿县境内。
② 遂:亦作"隧",国名,在今山东肥城市一带。
③ 宋乱:宋万弑闵公。
④ 柯:春秋齐邑,在今山东阳谷县东北阿城镇。
⑤ 鲁:据《史记》,"鲁"字下缺"会"字。
⑥ 倍:通"背"。

纲 癸卯,四年(前678),冬,十二月,王使虢公命曲沃伯以一军,为晋侯①。

纲 甲辰,五年(前677),春,王崩,子阆践位。

惠王

纲 乙巳,周惠王元年(前676)。

纲 丙午,二年(前675),秋,五大夫以王子颓作乱。颓出奔温,复奔卫。卫人、燕人立颓。

纪 初,庄王爱少子子颓,欲立为太子而不克②。至是大夫边伯等五人怨王,作乱,奉子颓以伐王。不克,出奔温,苏子奉子颓奔卫。卫师、燕师伐周。冬,立子颓。

纲 丁未,三年(前674),春,郑伯执燕仲父。王处于栎(lì)③。

纪 郑伯和王室不克,执燕仲父。夏,郑伯遂以王归,王处于栎。

纲 戊申,四年(前673),春,虢公、郑伯胥命于弭④,奉王归于王城,杀子颓及五大夫。王赐郑伯虎牢以东⑤。

纲 己酉,五年(前672),春,晋人伐骊戎⑥,获骊姬以归。

---

① 晋侯:晋武公。
② 克:能,成。
③ 栎:郑别都,在今河南禹州市境内。
④ 弭:春秋郑地,在今河南新密市境内。
⑤ 虎牢:春秋郑邑,在今河南荥阳市一带。
⑥ 骊戎:国名,都今陕西西安市临潼区一带。

纲 陈人杀其太子御寇,公子完与颛孙奔齐①。

纪 陈厉公生子完,字敬仲。及宣公②,有嬖(bì)姬生子款,欲立之,乃杀其太子御寇。御寇素爱厉公之子完,完惧祸及,于是与颛孙奔齐。齐侯使敬仲为卿,辞曰:"羁旅之臣③,幸若获宥免于罪戾④,君之惠也,敢辱高位,以速官谤⑤!请以死告⑥!"使为工正⑦。饮(yìn)桓公酒⑧,乐。公曰:"以火继之。"辞曰:"臣卜其昼,未卜其夜,不敢!"

纲 辛亥,七年(前670),冬,郭亡⑨。

纪 齐桓公之郭,问父老:"郭何故亡?"曰:"以其善善而恶恶⑩。"公曰:"若子言,乃贤君也,何至于亡?"父老曰:"郭君善善不能用,恶恶不能去,所以亡也。"

纲 甲寅,十年(前667),夏,王使召伯廖赐齐侯命。

纲 己未,十有五年(前662),秋七月,鲁公子牙卒。八月,鲁庄公卒,子般立⑪。

---

① 颛孙:御寇的党羽。
② 宣公:陈厉公的弟弟。
③ 羁旅:寄居他乡。
④ 宥:宽仁、宽待。
⑤ 速:招致。
⑥ 死告:昧死告免。
⑦ 工正:掌百工之官。
⑧ 饮:请……喝酒。
⑨ 郭:国名,都今山东聊城市一带。
⑩ 善善:亲近善人。恶恶:憎恶恶人。
⑪ 般:鲁庄公太子。

冬十月,鲁庆父弑般①,启方立②。

纪 鲁庄公疾,问后于叔牙③,对曰:"庆父材。"问于季友④,对曰:"臣以死
奉般!"公曰:"乡(xiàng)者⑤牙曰'庆父材'。"成季使以君命鸩叔
牙⑥,曰:"饮此,则有后于鲁国。不然,死且无后。"饮之卒,立叔孙
氏。公薨,子般立。冬,庆父使圉(yǔ)人荦(luò)贼子般⑦,成季奔陈,
立闵公。

纲 公子庆父如齐。

纲 庚申,十有六年(前661),春正月,齐人救邢⑧。

纪 狄人伐邢,管仲言于齐侯曰:"戎狄豺狼,不可厌也,诸夏亲暱(nì)⑨,
不可弃也。宴安鸩毒⑩,不可怀也。"齐人救邢。

纲 秋八月,鲁季子归于鲁⑪。

纲 晋侯作二军。灭耿、霍、魏⑫。为太子申生城曲沃。封赵夙于耿,毕万
于魏。

---

① 庆父:鲁庄公大弟,即共仲。
② 启方:庄公庶子,名启,即鲁闵公。
③ 后:继承人。叔牙:桓公子,鲁庄公二弟,庆父同母弟。
④ 季友:桓公子,鲁庄公三弟,即成季。
⑤ 乡者:先时,往日。
⑥ 鸩:以毒酒杀人。
⑦ 圉人:泛指养马的人。贼:杀死。
⑧ 邢:国名,都今河北邢台市一带。
⑨ 暱:亲近。
⑩ 宴安鸩毒:指贪图安逸享乐等于饮毒酒自杀。
⑪ 鲁季子:即季友。
⑫ 魏:国名,都今山西芮城县东北。

纪　晋侯作二军。公将上军，太子申生将下军，赵夙御戎①，毕万为右②，以灭霍，灭耿，灭魏。还，为太子城曲沃。赐赵夙耿，赐毕万魏，以为大夫。士蔿(wěi)曰："太子不得立矣！分之都城③，而位以卿，先为之极④，又焉得立！不如逃之，无使罪至！为吴太伯，不亦可乎，犹有令名，与其及也⑤！"

〔庆父不死，鲁难未已〕

纲　辛酉，十有七年（前660），秋，鲁庆父弑其君闵公，季友以公子申如邾⑥。哀姜、庆父皆出奔⑦。

纲　冬，齐高子如鲁盟，鲁公子申入立。取庆父于莒，杀之。

纲　十二月，狄入卫，杀懿公。戴公立，卒，弟燬(huǐ)立⑧。

纪　狄人伐卫。卫懿公好鹤，鹤有乘轩者⑨。将战，国人受甲者皆曰："使鹤！"战于荥(xíng)泽⑩，卫师败绩，杀懿公，卫众溃。济河，立戴公，以

---

① 御戎：驾驶兵车。
② 右：车右，亦名骖乘。古代乘车之法，尊者居左，御者居中，骖乘居右，以有勇力的人担任。
③ 都：有先君之庙的城邑。
④ 极：无以复加。
⑤ 与其及：与其留而及祸。
⑥ 公子申：鲁僖公。邾：国名，都今山东曲阜市东南。
⑦ 哀姜：鲁庄公夫人，与庆父私通，并谋杀了闵公。
⑧ 燬：卫文公。
⑨ 轩：大夫所乘的车。
⑩ 荥泽：泽名，在今河南郑州市西北。

庐于曹①。卒,齐人立其弟燬。文公大布之衣②,大帛之冠③,务材训农,通商惠工,敬教劝学,授方任能,元年革车三十乘,季年乃三百乘④。

纲 壬戌,十有八年(前659),春,齐师、宋师、曹师次于聂北⑤,救邢。

纲 夏六月,邢迁于夷仪⑥,齐师、宋师、曹师城邢⑦。

纲 冬十月,鲁公子友帅师败莒师于郦⑧,获莒挐(rú)。鲁侯赐季友汶阳之田⑨,及费(bì)⑩。

纲 癸亥,十有九年(前658),春正月,诸侯城楚丘以封卫⑪。

纲 夏五月,虞师、晋师伐虢,灭下阳⑫。

纪 晋荀息以屈产之乘与垂棘之璧假道于虞以伐虢⑬,虞公许之。宫之奇谏不听,遂起师。夏,晋里克、荀息帅师会虞师伐虢,灭下阳。

---

① 庐:寄居。曹:国名,都今山东菏泽市定陶区。

② 大布:粗布。

③ 大帛:粗帛。

④ 季年:末年。

⑤ 聂北:春秋邢地,在今山东聊城市西。

⑥ 夷仪:春秋邢地,在今河北邢台市西。

⑦ 城邢:为邢国筑城。

⑧ 郦:春秋鲁地,今地不详。

⑨ 汶阳之田:在今山东泰安市东南一带。

⑩ 费:春秋鲁邑,今山东费县西南费城,为季孙氏的领地城邑。

⑪ 楚丘:春秋卫邑,在今河南滑县境内。

⑫ 下阳:春秋虢邑,在今山西平陆县境内。

⑬ 屈产之乘:春秋晋屈地所产之马。垂棘:春秋晋邑,在今山西长治市潞城区北。

纲 乙丑，二十有一年（前656），春正月，齐侯、宋公、鲁侯、陈侯、卫侯、郑伯、许男、曹伯侵蔡，蔡溃，遂伐楚。次于陉(xíng)①。楚屈完来盟于师，盟于召(shào)陵②。

纪 齐侯以诸侯之师侵蔡，蔡溃，遂伐楚。楚子使问师故，管仲对曰："昔召康公命我先君太公曰③：'五侯九伯④，女实征之⑤，以夹辅周室！'尔贡包茅不入⑥，王祭不共⑦，无以缩酒⑧，寡人是征⑨！昭王南征而不复，寡人是问！"对曰："贡之不入，罪也，敢不共给？昭王之不复，君其问诸水滨！"师进，次于陉。楚子使屈完如师，师退，盟于召陵。

纲 丙寅，二十有二年（前655），春，晋侯杀其世子申生。

纪 初，晋献公以骊姬为夫人，生奚齐，其娣生卓子。及将立奚齐，姬谓太子曰："君梦齐姜⑩，必速祭之。"太子祭于曲沃，归胙(zuò)于公⑪。公田⑫，姬置诸宫六日。公至，毒而献之。公祭之地，地坟⑬。与犬，犬

---

① 陉：春秋楚地，在今河南新郑市西南。
② 召陵：春秋楚邑，在今河南漯河市郾城区。
③ 召康公：周成王时太保召公奭。太公：姜太公。
④ 五侯：公、侯、伯、子、男五等诸侯。九伯：九州之长。
⑤ 女：通"汝"。
⑥ 包茅：成捆的菁茅。菁茅是楚地的特产，《禹贡》荆州贡菁茅。
⑦ 共：通"供"。
⑧ 缩酒：渗酒，包茅立于祭前，灌鬯酒于其上，象神饮之。
⑨ 征：责问。
⑩ 齐姜：太子申生之母。
⑪ 胙：祭祀用过的肉。
⑫ 田：打猎。
⑬ 坟：高起。

毙。与小臣,小臣亦毙。姬泣曰:"贼由太子!"太子奔新城①,公杀其
傅杜原款。或谓太子:"子辞②,君必辨焉。"太子曰:"君非骊姬,居不
安,食不饱。我辞,姬必有罪。君老矣,吾又不乐。"曰:"子其行乎?"
太子曰:"君实不察其罪,被此名也以出③,人谁纳我!"缢于新城。姬
遂谮二公子④,曰:"皆知之。"重耳奔蒲⑤,夷吾奔屈⑥。

纲 夏,齐侯、宋公、鲁侯、陈侯、卫侯、郑伯、许男、曹伯,会王世子于
首止⑦。

纪 惠王以惠后故,将废太子郑而立王子带⑧,故齐桓公帅诸侯会王世子,
以定其位。

纲 秋九月,虞大夫百里奚奔秦。秦始得志于诸侯。

纲 冬十二月,晋人灭虢,虢公丑奔京师。遂灭虞,执虞公,归其职贡于王。

纲 己巳,二十有五年(前652),冬十二月,王崩,太子郑践位。

襄王

〔葵丘之会,齐桓公成为了中原首位霸主,拉开了春秋五霸的序幕〕

纲 庚午,周襄王元年(前651),夏,宰周公会齐侯、鲁侯、宋子、卫侯、郑

---

① 新城:曲沃,在今山西闻喜县东。
② 辞:讲出事实真相。
③ 此名:欲弑君父之名。
④ 二公子:重耳、夷吾。
⑤ 蒲:春秋晋地,在今山西隰县西北。
⑥ 屈:春秋晋邑,在今山西吉县东北。
⑦ 首止:春秋卫邑,在今河南睢县东南。
⑧ 王子带:惠王少子,惠后所生。

伯、许男、曹伯于葵丘。

纪 王使宰孔赐齐侯胙，使无下拜①。对曰："天威不违颜咫尺，小白余敢
　　贪天子之命无下拜！恐陨越于下②，以遗天子羞③，敢不下拜！"下拜，
　　登受。

纲 晋献公卒，奚齐立。冬，晋里克杀其君之子奚齐④，荀息立奚齐之弟
　　卓⑤。里克弑其君卓及其大夫荀息。

纪 初，献公使荀息傅奚齐⑥。公疾，召之曰："以是藐诸孤⑦，辱在大
　　夫⑧。其若之何？"对曰："臣竭股肱之力，加之以忠贞。其济⑨，君之
　　灵也⑩；不济，则以死继之。"冬十月，里克杀奚齐于次⑪，书曰"杀其君
　　之子"，未葬也。荀息将死之，人曰："不如立卓子而辅之。"荀息立公
　　子卓，以葬。十一月，里克杀公子卓于朝，荀息死之。

纲 辛未，二年(前650)，夏四月，周公忌父、王子党会秦师及齐隰朋，立
　　晋公子夷吾为晋侯⑫。

----

① 下拜：下阶拜受。
② 陨越：跌落。
③ 遗：亦作"贻"，遗留、致使。
④ 里克：太子申生的师傅。
⑤ 荀息：奚齐的师傅。
⑥ 傅：教导，教育。
⑦ 是：奚齐。藐：幼小低贱。诸孤：奚齐以外诸子。
⑧ 辱在大夫：屈辱荀息保护之。
⑨ 济：成功。
⑩ 君之灵也：蒙君之神灵庇佑。
⑪ 次：守丧的茅屋。
⑫ 夷吾：晋惠公。

纲 壬申,三年(前649),春,王使召武公、内史过赐晋侯命。

纪 晋侯受玉,惰。过归告王曰:"晋侯其无后乎? 王赐之命,而惰于受瑞。先自弃也已,其何继之有! 礼,国之干也。敬,礼之舆也。不敬则礼不行,礼不行则上下昏,何以长世?"

纲 癸酉,四年(前648),秋,王子带奔齐。

纪 王子带以戎入寇,王讨之,王子带奔齐。齐侯使管夷吾平戎于王①,王以上卿之礼飨之②。辞曰:"臣,贱有司也,有天子之二守国、高在。若节春、秋,来承王命③,何以礼焉! 陪臣敢辞④!"王曰:"舅氏⑤,余嘉乃勋,应乃懿德,谓督不忘⑥,往践乃职⑦,无逆朕命!"管仲受下卿之礼而还。

纲 丙子,七年(前645),冬,齐大夫管仲卒。

纪 仲病,桓公问:"群臣谁可相者?"仲曰:"知臣莫如君。"公曰:"易牙如何?"对曰:"杀子以适君⑧,非人情,不可!""开方如何⑨?"曰:"倍亲以适君,非人情,难近!""竖刁如何⑩?"曰:"自宫以适君,非人情,难亲!"仲死而桓公不用其言,近用三子,三子专权。

---

① 平:讲和。
② 上卿:天子命卿,是卿中最尊贵者。
③ 若节春、秋来承王命:若春、秋朝觐周天子之时,国、高来周王室接受王命。
④ 陪臣:诸侯之臣在天子面前的自称。
⑤ 舅氏:周天子称异姓诸侯为伯舅,故称其使为舅氏。
⑥ 督不忘:功德督厚不可忘怀。
⑦ 践:履行。
⑧ 杀子以适君:桓公欲尝蒸小儿的滋味,易牙便蒸了自己的儿子献给齐桓公。
⑨ 开方:卫公子。
⑩ 竖刁:阉宦,即寺人貂。

纲 丁丑,八年(前644),春正月,陨石于宋五,六鹢(yì)退飞过宋都①。

纲 戊寅,九年(前643),冬十二月,齐侯小白卒②,五子争立。

纪 桓公卒,五公子各树党争立,遂相攻,以故宫中空,莫敢棺桓公③。尸
　　在床上六十七日,尸虫出于户。易牙立无亏④。孝公奔宋⑤。

纲 壬午,十有三年(前639),秋,宋公、楚子、陈侯、蔡侯、郑伯、许男、曹
　　伯会于盂⑥,执宋公以伐宋。

纲 癸未,十有四年(前638),夏,王召叔带于齐⑦。

纲 冬十一月,宋公及楚人战于泓⑧,宋师败绩。

纪 郑伯如楚,宋公伐郑,楚人伐宋以救郑,宋人及楚人战于泓。宋人既
　　成列⑨,楚人未既济,司马子鱼曰:"彼众我寡,请及其未既济击之。"
　　公曰:"不可。"既济而未成列,又以告,公曰:"未可。"既陈而后击
　　之⑩,宋师败绩,公伤股,门官歼焉⑪。国人皆咎公⑫,公曰:"君子不

---

① 鹢:水鸟名,形似白鹭而大。退飞:高飞时遇到大风后往回飞。
② 齐侯:齐桓公。
③ 棺:放入棺中。
④ 无亏:桓公之子。
⑤ 孝公:公子昭,即齐孝公。
⑥ 盂:春秋宋地,在今河南睢县一带。
⑦ 叔带:王子带。
⑧ 泓:水名,古涣水支流,在今河南柘城县西北。
⑨ 成列:摆好阵式。
⑩ 陈:通"阵",即摆好阵。
⑪ 门官:护卫官。
⑫ 咎:指责。

重伤①,不禽二毛②。古之为军也,不以阻隘也③;寡人虽亡国之余④,不鼓不成列。"世笑以为宋襄之仁。

纲 甲申,十有五年(前637),秋九月,晋惠公卒,子圉嗣⑤。

纲 乙酉,十有六年(前636),春正月,晋公子重耳入于晋。

纲 王使王子虎、内史兴锡晋侯命。

纲 晋侯赏从亡之臣⑥。

纪 初,文公出奔,十九年而后反国⑦。尝馁于曹⑧,介子推割股以食之。及归,赏从亡者狐偃、赵衰(cuī)、颠颉(jié)、魏犨(chōu)而不及子推。子推之从者悬书宫门曰:"有龙矫矫,顷失其所。五蛇从之,周流天下。龙饥乏食,一蛇刲(kuī)股⑨。龙返于渊,安其壤土。四蛇入穴,皆有处所。一蛇无穴,号于中野。"公曰:"噫!寡人之过也!"使人求之不得,隐绵上山中⑩。焚其山,子推死焉,后人为之寒食⑪。文公环绵上田封之,号介山。

_____

① 重伤:不再杀伤已经受伤的敌人。
② 禽:同"擒"。二毛:头发花白之人。
③ 阻隘:险阻之地。
④ 亡国之余:亡国者的后代。宋,商之后,故宋襄公这样说。
⑤ 圉:即晋怀公。
⑥ 从亡:跟从流亡。
⑦ 反:通"返"。
⑧ 馁:饿。
⑨ 刲:割取。
⑩ 绵上:春秋晋地,在今山西介休市东南。
⑪ 寒食:禁火冷食。

纲秋,王废狄后。王子带以狄入寇,王出居于郑,告难于诸侯。

纲丙戌,十有七年(前635),夏四月,晋侯逆王入于王城,王赐之田。

纪秦伯师于河上,将纳王。狐偃言于晋侯曰①:"求诸侯莫如勤王②。诸
侯信之,且大义也。"晋侯辞秦师而下,右师围温,左师逆王。王入于
王城。取叔带于温杀之。晋侯朝王,请隧③。王弗许,曰:"王章也④。
未有代德⑤,而有二王,亦叔父之所恶也⑥。"乃赐以阳樊、温、原、攒
(cuán)茅之田⑦。

　　冬,晋侯围原,命三日之粮,原不降。命去之,谍出曰⑧:"原将降矣。"
军吏请待之,公曰:"信,国之宝也,民之所庇也。得原失信,何以庇
之? 所亡滋多⑨。"退一舍而原降⑩。

纲戊子,十有九年(前633),冬,楚人、陈侯、蔡侯、郑伯、许男围宋。

纪楚子及诸侯围宋,宋公孙固如晋告急。先轸(zhěn)曰:"报施救患⑪,
取威定霸⑫,于是乎在矣。"狐偃曰:"楚始得曹而新昏于卫。若伐曹、

① 狐偃:姬姓,字子犯,晋文公的舅舅。
② 勤王:尽力于王事。
③ 隧:墓道,天子葬礼时所用。
④ 章:王者之表章。
⑤ 代德:取代周之德行。
⑥ 叔父:天子对同姓诸侯的称呼。
⑦ 阳樊:春秋周邑,在今河南济源市西南。原:春秋周邑,在今河南济源市西北。攒茅:
　　春秋周邑,在今河南修武县西北。
⑧ 谍:间谍。
⑨ 滋:更。
⑩ 一舍:三十里。
⑪ 报施:指报答宋国当年的施舍。晋文出亡,宋襄公赠送给重耳二十乘马。
⑫ 定霸:成就霸业。

卫,楚必救之,则宋免矣。"于是蒐于被庐①,作三军。谋元帅,赵衰曰:"郤縠(xì hú)可。说礼、乐而敦《诗》《书》②。《诗》《书》,义之府也;礼、乐,德之则也;德、义,利之本也。"乃使郤縠将中军。

纲 己丑,二十年(前632),春,晋侯侵曹。晋侯伐卫,楚人救卫。

纲 三月,晋侯入曹,执曹伯畀宋人。

[城濮之战,晋胜楚败,晋文公成为继齐桓公之后的又一位霸主]

纲 夏四月,晋侯、齐师、宋师、秦师及楚人战于城濮③,楚师败绩。

纲 冬,王狩于河阳④。

纪 诸侯会于温。晋侯召王,以诸侯见,且使王狩。仲尼曰:"以臣召君,不可以训!"故书曰"天王狩于河阳"。

纲 癸巳,二十有四年(前628),冬,晋侯重耳卒,子驩(huān)嗣⑤。

[殽之战的爆发标志着秦、晋关系由友好转为世仇]

纲 甲午,二十有五年(前627),春二月,秦人入滑⑥。夏四月,晋人及姜

————————

① 被庐:晋地,其地今不详。
② 敦:喜爱。
③ 城濮:春秋卫地,在今河南开封市祥符区陈留镇,一说在今山东鄄城县西南临濮集。
④ 河阳:春秋晋邑,在今河南孟州市西。
⑤ 驩:晋襄公。
⑥ 滑:国名,都在今河南洛阳市偃师区东南,为秦所灭。

戎败秦师于殽(xiáo)①。

纲 冬十二月,鲁僖公卒,子兴嗣②。

纲 丁酉,二十有八年(前 624),春,秦人伐晋。

纪 秦伯伐晋,济河焚舟,取王官及郊③。晋人不出,遂自茅津济④,封殽尸而还⑤,遂霸西戎,用孟明也⑥。

纲 庚子,三十有一年(前 621),夏,秦穆公卒,子罃(yīng)嗣⑦。

纪 穆公卒,葬雍⑧。以子车氏之三子奄息⑨、仲行、鍼虎为殉,皆秦之良也,国人哀之,为之赋《黄鸟》⑩。

纲 壬寅,三十有三年(前 619),秋八月,王崩,子壬臣践位。

顷 王

纲 癸卯,周顷王元年(前 618),春,毛伯如鲁求金⑪。二月,鲁叔孙得臣如京师。辛丑,葬襄王。

---

① 殽:又作"崤",即崤山,在今河南渑池、洛宁两县之间。

② 兴:鲁文公。

③ 王官:春秋晋地,在今山西闻喜县南。郊:春秋晋地,在今山西闻喜县西。

④ 茅津:津渡名,在今山西平陆县西南二十里黄河北岸。

⑤ 封:埋藏。

⑥ 孟明:秦国将领,殽之战秦师主帅。

⑦ 罃:秦康公。

⑧ 雍:春秋秦国都,在今陕西宝鸡市凤翔区西南。

⑨ 子车氏:秦大夫。

⑩《黄鸟》:见于今传《诗经·秦风》。

⑪ 毛伯:为王卿士。金:葬金。

纲丁未,五年(前614),夏,邾文公卒,子貜且(jué jū)嗣①。

纪初,邾文公卜迁于绎②,史曰:"利于民而不利于君。"邾子曰:"苟利于民,孤之利也。天生民而树之君,以利之也。"左右曰:"命可长也,君何弗为?"邾子曰:"命在养民。死之短长,时也。民苟利矣,迁也,吉莫如之。"遂迁于绎。五月,邾子卒,君子曰"知命"。

纲戊申,六年(前613),春,王崩,子班践位。

匡王

纲己酉,周匡王元年(前612),冬十一月,齐侯侵鲁西鄙③,遂伐曹,入其郛(fú)④。

纪齐侯侵鲁,遂伐曹,入其郛,讨其朝鲁也。季文子曰:"齐侯其不免乎?己则无礼,而讨于有礼者。曰:'女何故行礼!'礼以顺天,天之道也。己则反天,而又以讨人,难以免矣!"

纲壬子,四年(前609),春,鲁文公卒,子赤嗣。秋,鲁公子遂弑其君之子赤及公子视⑤,立公子倭(wēi)⑥。

---

① 貜且:邾定公。
② 绎:山名,在山东邹城市东南。
③ 鄙:边境。
④ 郛:郭的别称,内城周围的外城。
⑤ 公子遂:鲁庄公之子,襄仲,名隧。
⑥ 公子倭:鲁文公次妃所生,庶出,即鲁宣公。

〔赵盾弑其君的记载,开启了史家秉笔直书的先河〕

纲 甲寅,六年(前607),秋九月,晋赵盾弑其君夷皋①,迎襄公弟黑臀于周②,立之。

纪 初,灵公不君,厚敛以雕墙③,从台上弹人而观其避丸也④。宰夫胹(ér)熊蹯不熟⑤,杀之,置诸畚(běn)⑥,使妇人载以过朝。宣子骤谏⑦,公患之,使鉏麑(chúní)贼之。晨往,寝门辟矣⑧,盛服将朝,尚早,坐而假寐⑨。麑退,叹而言曰:"不忘恭敬,民之主也。贼民之主,不忠;弃君之命,不信:有一于此,不如死也!"触槐而死。秋九月,晋侯饮赵盾酒,伏甲,将杀之,灵辄免之⑩,遂自亡也。赵穿攻灵公于桃园⑪,宣子未出境而复。太史书曰⑫:"赵盾弑其君。"以示于朝。宣子曰:"不然。"对曰:"子为正卿,亡不越境,反不讨贼,非子而谁?"宣子曰:"呜呼,'我之怀矣,自贻伊慼'⑬,其我之谓矣!"

① 夷皋:襄公之子,即晋灵公。
② 黑臀:晋成公。
③ 雕墙:雕画墙壁。
④ 丸:弹子。
⑤ 胹:煮。
⑥ 畚:草索编制而成的盛土器。
⑦ 宣子:赵盾。骤:屡次。
⑧ 辟:开。
⑨ 假寐:不解衣冠而睡。
⑩ 灵辄:人名,曾在翳桑挨饿,赵盾赐给他肉食。
⑪ 赵穿:赵盾的从父昆弟子。桃园:晋灵公的园圃。
⑫ 太史:董狐。
⑬ 怀:眷恋。贻:给。

纲 冬十月，王崩，弟瑜立。

定王

纲 乙卯，周定王元年（前 606），春，楚子伐陆浑之戎①，王使王孙满劳楚子。

〔楚庄王问鼎〕

纪 楚子伐陆浑之戎，遂至于雒（luò）②，观兵于周疆。王使王孙满劳之，楚子问鼎之大小轻重焉。对曰："在德不在鼎。昔夏之方有德也，铸鼎象物③，用能协于上下，以承天休④。德之休明⑤，虽小，重也⑥。其奸回昏乱⑦，虽大，轻也。天祚明德⑧，有所底止⑨，周德虽衰，天命未改，鼎之轻重未可问也。"

〔邲之战，晋师败绩，楚庄王称霸中原〕

纲 甲子，十年（前 597），春，楚子围郑。夏六月，晋荀林父帅师及楚子战

---

① 陆浑之戎：戎族的一支，春秋时期活跃于今伊洛一带的戎族。
② 雒：后又作"洛"，周东都。
③ 铸鼎象物：铸九鼎以象九州。
④ 协于上下以承天休：上下和协，以受天之祐。
⑤ 休明：美好光明。
⑥ 虽小重也：重，不可迁移，即便鼎小那也很重，意谓君主有德，他人无法取代。
⑦ 回：邪。
⑧ 祚：赐福。
⑨ 底止：终止。

于邲(bì)①,晋师败绩。

纲 晋屠岸贾(gǔ)杀赵朔于下宫②,灭其家。

纪 晋景公时,赵盾卒,子朔嗣。朔娶晋成公姊庄姬。屠岸贾始有宠于灵公,至景公三年,贾为司寇,乃治灵公之贼,遍告诸将曰:"盾虽不知,犹为贼首。以臣弑君,子孙在朝,何以惩罪!"遂攻赵氏于下宫,杀赵朔,灭其族。朔妻有遗腹,走公宫匿③。既免身④,生男。贾闻之,索于宫中。夫人置儿绔(kù)中⑤,祝曰:"赵宗灭乎,若号⑥;即不灭,若无声。"及索,儿无声。已脱,朔客公孙杵臼谓朔友程婴曰:"立孤与死孰难⑦?"婴曰:"死易,立孤难耳。"杵臼曰:"子强为其难者⑧,吾为其易者,请先死。"杵臼取他儿匿山中。婴出,谬曰:"与我千金,吾告赵氏孤处。"贾喜,乃使人随婴杀杵臼及儿。而赵氏真孤在,婴与俱匿山中,名曰武。

〔鲁国初税亩,按土地面积征收赋税,是我国赋税制度史上首次改革〕

纲 丁卯,十有三年(前594),秋,鲁初税亩⑨。

---

① 邲:春秋郑地,在今河南郑州市东。
② 下宫:亲庙。
③ 走:逃。
④ 免:同"娩"。
⑤ 绔:同"裤",古代指左右各一,分裹两腿的套裤。
⑥ 若:你,指裤中小儿。号:大声哭。
⑦ 立:抚育。
⑧ 强:努力。
⑨ 初税亩:初次实行按田亩征收租税。

纲 庚午,十有六年(前591),冬十月,鲁宣公卒,子黑肱嗣①。

纲 辛未,十有七年(前590),春三月,鲁作丘甲②。

纲 壬申,十有八年(前589),夏四月,卫孙良夫帅师及齐战于新筑③,卫师败绩。卫与新筑人曲县④、繁(pán)缨⑤。

纪 卫孙桓子帅师及齐师战于新筑,败绩。新筑人仲叔于奚救之,桓子是以免。卫赏之邑,辞。请曲县、繁缨以朝,许之。孔子曰:"惜也,不如多与之邑。唯器与名⑥,不可以假人。若以假人,与人政也。政亡,则国家从之。"

纲 六月,鲁季孙行父、臧孙许、叔孙侨如、公孙婴齐帅师会晋郤(xì)克、卫孙良夫、曹公子首及齐侯战于鞌(ān)⑦,齐师败绩。

纲 乙亥,二十有一年(前586),冬十一月,王崩,子夷践位。

简王

纲 丙子,周简王元年(前585),夏四月,晋迁于新田⑧。

---

① 黑肱:鲁成公。
② 丘甲:鲁成公实行的一种军赋制度,规定每丘出一甲士。
③ 新筑:春秋邑名,今河北大名县故魏县南有新筑城。
④ 曲县:县,同"悬",指诸侯使用的乐器。
⑤ 繁缨:诸侯车马上的装饰。
⑥ 器:车服。名:爵号。
⑦ 鞌:齐地,在今山东济南市内。
⑧ 新田:一名绛,又名绛阳,在今山西侯马市东南。

纲 丁丑，二年（前584），秋八月，吴入州来①。

纪 初，楚之讨陈夏氏也②，楚庄欲纳夏姬③，申公巫臣谏止之。楚令尹子反欲取之④，巫臣又谏，子反亦不敢取。夏姬，郑女也，楚庄使之归郑。及楚共即位，巫臣奉命聘齐，遂过郑取之以奔晋。子反以为卖己，遂族巫臣之家⑤。巫臣怨楚，晋、楚世为仇敌。巫臣请于晋侯，乞通吴于晋，合力以牵制楚师。于是晋侯使巫臣聘吴，吴子寿梦说之，巫臣乃教吴车战，使之伐楚。八月，吴入州来，楚于是始疲于奔命。

纲 庚辰，五年（前581），秋，晋程婴攻屠岸贾，灭其族，复赵氏。

纪 晋景公疾，韩厥言于晋侯曰："成季之勋⑥，宣孟之忠⑦，而无后，为善者其惧矣！"景公因韩厥之众以胁诸将而见赵武。诸将乃曰："昔下宫之难，屠岸贾矫命为之。今君有命立赵后，群臣之愿也。"于是召赵武、程婴，遍拜诸将。遂与攻屠岸贾，灭其族。复与武田邑如故。及赵武冠⑧，成人，程婴乃辞诸大夫，谓武曰："昔下宫之难，我非不能死，思立赵氏之后。今武既立，我将下报宣孟与公孙杵曰。"遂自杀。武服齐衰（zī cuī）三年⑨，为之祭邑⑩，春、秋世祀勿绝。

―――――――

① 州来：国名，都今安徽凤台县北。
② 夏氏：陈国的夏征舒。
③ 夏姬：征舒之母。
④ 取：娶。
⑤ 族：杀灭。
⑥ 成季：赵衰。
⑦ 宣孟：赵盾。
⑧ 冠：举行冠礼。
⑨ 齐衰：丧服名，为五服之一。服用粗麻布制成，以其缉边缝齐，故称齐衰。
⑩ 祭邑：提供祭品供给的封邑。

纲 乙酉，十年(前576)，春三月，诸侯立曹公子臧，辞不受，奔宋。

纪 晋侯会诸侯于戚①，讨曹成公也，执而归诸京师。诸侯将见子臧于王而立之，子臧辞曰："'圣达节②，次守节，下失节。'为君，非吾节也。虽不能圣，敢失守乎！"遂逃奔宋。

纲 丙戌，十有一年(前575)，夏六月，晋侯及楚子、郑伯战于鄢陵③。楚子、郑师败绩，楚杀其大夫公子侧。

纪 郑叛晋即楚，晋伐郑，楚救之。六月，晋、楚遇于鄢陵，诸将请从之，范文子独不欲战④，曰："唯圣人能内外无患。自非圣人，外宁必有内忧，盍释楚以为外惧乎？"栾书、郤至不从，遂战，大败楚师，射楚子，中目。子反醉，不能见。楚子宵遁⑤，子反自杀⑥。

纲 丁亥，十有二年(前574)，冬，晋杀其大夫郤锜、郤犫、郤至。

纲 戊子，十有三年(前573)，春正月，晋杀其大夫胥童。庚申，晋栾书、中行偃弑其君州蒲⑦，晋人逆公孙周于京师立之⑧。

纪 晋范文子反自鄢陵，使其祝宗祈死，曰："君骄侈而克敌，是天益其疾也，难将作矣！爱我者，惟祝我，使我速死，无及于难，范氏之福也。"六月，

---

① 戚：春秋卫邑，今河南濮阳市北有古戚城。

② 节：志节、志向。

③ 鄢陵：春秋郑邑，在今河南鄢陵县。

④ 范文子：士燮。

⑤ 宵遁：趁夜逃跑。

⑥ 子反：公子侧。

⑦ 州蒲：晋厉公。

⑧ 公孙周：晋襄公曾孙，即晋悼公。

士燮卒。晋厉公侈,多外嬖①。反自鄢陵,欲尽去群大夫而立其左右。胥童以胥克之废也②,怨郤氏,而嬖于厉公。既杀三郤③,胥童以甲劫栾书、中行偃于朝。公曰:"一朝而杀三卿,余不忍益也④!"公使胥童为卿。公游于匠丽氏,栾书、中行偃遂执公,杀胥童。正月庚申,使程滑弑厉公。晋荀罃、士鲂(fáng)逆公孙周于京师而立之。悼公生十四年矣,而甚贤明,使魏相、士鲂、魏颉、赵武为卿,民无谤言,所以复霸也。

纲 秋八月,鲁成公卒,子午嗣⑤。

纲 己丑,十有四年(前572),秋九月,王崩,子泄心践位。

灵王

纲 庚寅,周灵王元年(前571),冬,晋荀罃、齐崔杼、宋华元、鲁仲孙蔑、卫孙林父、曹人、邾人、滕人、薛人、小邾人会于戚,遂城虎牢。

纲 壬辰,三年(前569),冬,晋大夫魏绛盟诸戎。

纪 无终子嘉父使孟乐如晋⑥,因魏庄子纳虎豹之皮⑦,以请和诸戎。晋侯曰:"戎、狄无亲,不如伐之。"魏绛曰:"和戎有五利焉:戎、狄荐居⑧,贵

---

① 外嬖:指宫禁外的宠臣。
② 胥克:胥童之父。
③ 三郤:郤锜、郤犨、郤至。
④ 益:增加。
⑤ 午:鲁襄公。
⑥ 无终:山戎国名,初都今山西太原市,后徙今天津蓟州区。
⑦ 魏庄子:魏绛。
⑧ 荐:聚。

货易土①,土可贾(gǔ)焉,一也;边鄙不耸②,民狎其野③,稽人成功④,二也;戎、狄事晋,四邻振动,诸侯畏怀,三也;以德绥戎⑤,师徒不勤⑥,甲兵不顿,四也;鉴于后羿⑦,而用德度,远至迩安⑧,五也。"公说,使绛盟诸戎。

纲 丁酉,八年(前564),冬,晋侯、宋公、鲁侯、卫侯、曹伯、莒子、邾子、滕子、薛伯、杞伯、小邾子、齐世子光伐郑。十一月,同盟于戏⑨。

纪 盟于戏,郑服也。晋侯归,谋所以息民⑩。魏绛请施舍,输积聚以贷⑪。自公以下,苟有积者,尽出之。国无滞积,亦无困人,公无禁利,亦无贪民。祈以币更⑫,宾以特牲⑬,器用不作⑭,车服从给⑮。行之期(jī)年,国乃有节,三驾而楚不能与争⑯。

纲 己亥,十年(前562),秋,晋侯、宋公、鲁侯、卫侯、曹伯、齐世子光、莒

---

① 贵货易土:以货财为重,以土地为轻。
② 耸:警惧。
③ 狎:习惯。
④ 稽人:农夫。
⑤ 绥:安抚。
⑥ 师徒:指军队将士。
⑦ 鉴于后羿:指以后羿沉湎于田猎以致亡国之事为鉴。
⑧ 迩:近。
⑨ 戏:春秋郑地,在今河南嵩山东北戏童山一带。
⑩ 息民:指使人民得到休养生息。
⑪ 输:交出。贷:借给。
⑫ 祈以币更:祈祷以币代替牺牲。
⑬ 宾:宴享来宾。特牲:祭礼或宾礼只用一种牲畜。
⑭ 不作:仍旧而不作新。
⑮ 给:充足。
⑯ 三驾:三次兴师。

子、邾子、滕子、薛伯、杞伯、小邾子伐郑,会于萧鱼①。

纪 会于萧鱼,及郑平。郑人赂晋以歌钟、镈、磬、女乐,晋侯以其半赐魏
绛,曰:"子教寡人,和诸戎狄,以正诸夏②。八年之中,九合诸侯,如
乐之和,无所不谐。请与子乐之。"辞曰:"夫和戎、狄,国之福也。九
合诸侯,诸侯无慝(tè)③,君之灵也,二三子之劳也④,臣何力之有焉?
抑臣愿君安其乐而思其终也⑤!"公曰:"子之教,敢不承命。夫赏,国
之典也,子其受之。"绛于是始有金、石之乐。

纲 庚子,十有一年(前561),秋九月,吴子乘卒⑥,长子诸樊嗣。

纪 寿梦有子四人:长曰诸樊,次曰余祭,次曰余昧,次曰季札。季札贤,
寿梦欲立之,札让不可,于是立长子诸樊。

纲 庚戌,二十有一年(前551),冬十一月,孔子生。

纲 癸丑,二十有四年(前548),夏五月,齐崔杼弑其君光⑦,立其弟杵臼⑧。

纪 崔武子见棠姜而美之⑨,遂取之。庄公通焉⑩,崔子弑之。太史书曰:
"崔杼弑其君!"崔子杀之。其弟嗣书,而死者二人。其弟又书,乃舍

---

① 萧鱼:即"修鱼",郑地,在今河南原阳县东。
② 正:整顿。
③ 慝:变更,这里指变心。
④ 二三子:指其他几位臣子。
⑤ 抑:不过。
⑥ 吴子乘:即吴王寿梦。
⑦ 光:齐庄公。
⑧ 杵臼:齐景公。
⑨ 崔武子:崔杼。棠姜:棠公之妻。
⑩ 通:通奸。

之。南史氏闻太史尽死①，执简以往，闻既书矣，乃还。

纲 丙辰，二十有七年(前545)，冬，王崩，太子晋母弟贵践位。

景王

纲 丁巳，周景王元年(前544)，夏，吴子使札聘于鲁。

纪 吴使季札聘于鲁，请观于周乐，鲁人为奏六代之乐②。过徐③，徐君爱其宝剑，季子心知而许之。使还，徐君已殁，遂解剑悬其墓而去。

纲 戊午，二年(前543)，冬，郑使公孙侨为政④。

纪 子产为政，使都鄙有章⑤，上下有服⑥，田有封洫⑦，庐井有伍⑧。从政一年，舆人诵之曰："取我衣冠而褚之⑨，取我田畴而伍之。孰杀子产，吾其与之!"及三年，又诵之曰："我有子弟，子产诲之。我有田畴，子产殖之。子产而死，谁其嗣之!"

郑人游于乡校，以论执政。然明谓子产："毁乡校如何?"子产曰："夫人朝夕退而游焉，以议执政之善否。其所善者，吾则行之;其所恶者，吾则

---

① 南史氏:春秋齐国的史官。
② 六代:黄帝、尧、舜、禹、汤、武。
③ 徐:国名，都今安徽泗县北。
④ 公孙侨:子产。
⑤ 有章:车服各有尊卑等级。
⑥ 有服:指上下级衣冠有尊卑等级，不得僭侈。
⑦ 封洫:沟洫，泛指井田的界限。
⑧ 庐:田舍。伍:古代民户编制单位。五家编为一伍。
⑨ 褚:藏。

改之。是吾师也,若之何毁之①! 我闻忠善以损怨,不闻作威以防怨,岂不遽(jù)止②。然犹防川,大决所犯,伤人必多,吾不克救也,不如小决使道③,不如吾闻而药之也④。"仲尼闻之曰:"人谓子产不仁,吾不信也!"

纲 己未,三年(前542),夏六月,鲁襄公卒于楚宫⑤,子野立。秋九月,子野卒,公子裯(chóu)立⑥。

纲 辛酉,五年(前540),春,晋使韩起聘于鲁。

纪 晋侯使韩宣子聘于鲁,观书于太史氏,见《易象》与鲁《春秋》,曰:"周礼尽在鲁矣,吾乃今知周公之德与周之所以王也!"

纲 癸亥,七年(前538),秋,郑作丘赋⑦。

纪 郑子产作丘赋,国人谤之曰:"其父死于路,己为虿(chài)尾⑧。以令于国,国将若之何!"子宽以告,子产曰:"何害。苟利社稷,死生以之。《诗》曰:'礼义不愆(qiān)⑨,何恤于人言⑩!'吾不迁矣。"浑罕曰:"君子作法于凉⑪,其敝犹贪⑫;作法于贪,敝将若之何?"

---

① 若之何:为什么。
② 遽:立刻,马上。
③ 道:通"导",疏通。
④ 药之:把它当作良药。
⑤ 楚宫:宫殿名,鲁襄公营造。
⑥ 公子裯:鲁昭公。
⑦ 丘赋:春秋郑国军赋制度。十六井为一丘,领主按丘征收军赋。
⑧ 虿尾:蝎子尾。比喻子产重赋毒民,如蜂蝎之尾。
⑨ 愆:差错。
⑩ 恤:忧虑。
⑪ 凉:薄。
⑫ 敝:同"弊"。

［子产所铸刑书是中国古代史上第一次正式公布的成文法］

纲 乙丑，九年（前536），春，郑人铸刑书①。

纲 己巳，十有三年（前532），秋七月，孔子生伯鱼。

纪 孔子年十九，娶于宋亓（qí）官氏，一岁而生伯鱼。鱼之生也，鲁昭公以鲤赐，孔子荣君之贶（kuàng）②，故因以名曰鲤，而字伯鱼。

纲 己卯，二十有三年（前522），冬十二月，郑大夫公孙侨卒。

纪 子产有疾，谓子太叔曰：“我死，子必为政。唯有德者能以宽服民，其次莫如猛。夫火烈，民望而畏之，故鲜死焉。水懦弱，民狎（xiá）而玩之③，则多死焉。故宽难！”子产卒，仲尼闻之出涕曰：“古之遗爱也！”

纲 辛巳，二十有五年（前520），夏四月，王崩，子猛践位。冬十月，王子猛卒，母弟匄（gài）立。

纪 初，太子寿先卒。次子猛，少子朝，朝有宠，王欲立之，未果。至是，王崩，单子、刘子立猛，子朝因旧官百工之丧职秩者，帅要、饯之甲以逐刘子④，刘子奔扬⑤。单子奉子猛于庄宫。子朝之徒夜使人取猛以归。单子出奔，子朝之徒奉王猛以追单子。晋人帅师纳王猛于王城。冬，王猛卒，立其母弟王子匄。

---

① 铸刑书：把刑书铸在鼎上，作为国之常法。
② 贶：赐予。
③ 玩：轻慢。
④ 要、饯：春秋二邑名。要地在今河南新安县西北，饯地不详。
⑤ 扬：春秋邑名，在今河南洛阳市偃师区西南。

敬王

纲壬午,周敬王元年(前519),秋七月,天王居于狄泉①。尹氏立子朝。

纲乙酉,四年(前516),冬十月,王入于成周,尹氏、召伯、毛伯以王子朝奔楚。

纲丁亥,六年(前514),秋七月,鲁颜回生。

纲辛卯,十年(前510),冬十二月,鲁昭公卒于乾(gān)侯②。

纲壬辰,十有一年(前509),夏六月,鲁季孙意如废世子而立昭公之弟宋③。

纲乙未,十有四年(前506),冬十一月,蔡侯以吴子及楚人战于柏举④,楚师败绩。楚囊瓦出奔郑⑤。庚辰,吴入郢(yǐng)⑥。

纪初,蔡昭侯朝楚,楚令尹子常不加礼而求赂。蔡侯怨之,以其子为质于吴,乞师伐楚。于是吴王阖闾与蔡侯、唐侯伐楚,子常御之。二师陈于柏举⑦,阖闾之弟夫㮣(gài)王先击子常之卒,卒奔,楚师乱,吴师大败之,子常奔郑,吴师及郢,楚子出奔于随。吴人入郢,处于其宫。

---

① 狄泉:又作"翟泉",在今河南洛阳市东北一带。
② 乾侯:春秋晋邑,在今河北成安县东。
③ 宋:鲁定公。
④ 柏举:春秋楚地,在今湖北麻城市一带。
⑤ 囊瓦:楚国令尹,即子常。
⑥ 郢:楚都,在今湖北荆州市荆州区以北五里的纪南城。
⑦ 二师:吴师、楚师。

纲 丙申,十有五年(前505),夏六月,楚申包胥以秦师至,败吴师。

纪 初,伍员(yún)与申包胥友①,皆楚人也。员父为楚平王所杀,员奔吴,与包胥别,员曰:"我必覆楚!"包胥曰:"我必复之!"员既奔吴,遂道吴伐楚。既入郢,遂鞭平王之尸。包胥乃如秦乞师,秦伯使就馆。包胥依于庭墙而哭,日夜不绝,饮食不入口七日。秦哀公为之赋《无衣》,乃为之出师。申包胥以秦师至,吴师大败,吴子乃还。秋,楚子入于郢。

纲 冬,鲁曾参生。

纲 庚子,十有九年(前501),夏,鲁以孔子为中都宰②。

纪 孔子为中都宰,制为养生送死之节,长幼异食,强弱异任③,男女别途,路无拾遗,器不雕伪④。为四寸之棺,五寸之椁,因丘陵为坟,不封不树⑤。行之一年,而四方诸侯则焉⑥。定公谓孔子曰:"学子此法以治鲁国,何如?"孔子对曰:"虽天下可平,何但鲁国而已哉!"

纲 辛丑,二十年(前500),春,鲁以孔子为司空⑦,进为大司寇⑧。

纲 夏,鲁侯会齐侯于夹谷⑨。

---

① 伍员:伍子胥,名员。

② 中都:春秋鲁邑,在今山东汶上县西四十里。宰:官名,邑、县一级的地方行政长官。

③ 异任:区别而任使之。

④ 雕伪:虚饰浮华。

⑤ 不封:不聚土筑坟。不树:不植树以标墓处。

⑥ 则:效法。

⑦ 司空:掌水土营建之事。

⑧ 司寇:掌理刑狱,纠察等事。

⑨ 夹谷:春秋齐地,在今山东济南市莱芜区西南。

纪 齐使使，告鲁为好会，会于夹谷。孔子相，曰："臣闻有文事者必有武备。请具左、右司马以从。"既会，齐有司请奏四方之乐，于是旗旄(máo)剑戟，鼓噪而至。孔子趋而进曰："吾两君为好，夷狄之乐何为于此！"齐侯心怍①，麾(huī)之②。齐有司请奏宫中之乐，优倡侏儒戏而前。孔子趋而进曰："匹夫荧惑诸侯者罪当诛③！请命有司！"加法焉，首足异处。景公惧，归语其臣曰："鲁以君子之道辅其君，而子独以夷狄之道教寡人。"于是齐人乃归所侵鲁郓(yùn)、汶阳、龟阴之田④。

纲 癸卯，二十有二年(前498)，夏，鲁叔孙州仇帅师堕(huī)郈(hòu)⑤，鲁季孙斯、仲孙何忌帅师堕费。冬，鲁侯围成⑥，弗克。

纪 孔子言于定公曰："家不藏甲，邑无百雉之城⑦。"使仲由为季氏宰，将堕三都⑧。于是叔孙氏堕郈，季氏堕费，公敛处父不肯堕成。冬，公围成，不克。

纲 甲辰，二十有三年(前497)，冬，鲁以孔子摄相事，与闻国政⑨。

纪 孔子为鲁相，摄朝七日，而诛少正卯⑩。门人问曰："少正卯，鲁之闻

①怍：惭愧。
②麾：同"挥"，使退下。
③荧惑：煽乱。
④郓：春秋鲁邑，在今山东郓城县东。龟阴：春秋鲁邑，在今山东新泰市西南。
⑤堕郈：拆除叔孙氏的领地城邑郈。
⑥成：孟孙氏的领地城邑。
⑦雉：古代城墙面积单位，长三丈，高一丈为一雉。
⑧三都：鲁国"三桓"的私邑，费、郈、成。
⑨与闻：参与、干预。
⑩少正卯：春秋时期鲁国大夫。

人也①。夫子为政,而始诛之,得无失乎?"孔子曰:"人有大恶者五,而盗窃不与焉:一曰心逆而险②,二曰行僻而坚③,三曰言伪而辩④,四曰记丑而博⑤,五曰顺非而泽⑥。此五者有一于人,则不免于君子之诛,而少正卯兼有之。其居处足以聚徒成群,言谈足以饰邪荧众,强足以反是独立,此小人之桀雄也,不可以不诛也!是以汤诛尹谐,文王诛潘正,周公诛管叔,太公诛华士,管仲诛付里乙,子产诛邓析、史何,此七子者,皆异世同心,不可不诛也。"

初,鲁之贩羊有沈犹氏者,常朝饮其羊以诈市人。有公慎氏者,妻淫不制。有慎溃氏者,奢侈逾法。鲁之鬻六畜者,饰之以储价⑦。及孔子之为政也,则沈犹氏不敢朝饮其羊,公慎氏出其妻,慎溃氏越境而徙。三月,则鬻牛马者不储价,卖羔豚者不加饰,男女行者别于涂⑧,道不拾遗,男尚忠信,女尚贞顺。

〔孔子去鲁适卫,开始周游列国〕

纲 齐人归女乐于鲁,孔子适卫。

纲 己巳,二十有四年(前496),夏五月,於(wū)越败吴于檇(zuì)李⑨。

---

① 闻人:有声望的人。
② 心逆:思想悖逆。
③ 行僻:行为邪僻。
④ 言伪:言论虚伪。
⑤ 记丑:记丑恶之事。
⑥ 顺非:沿袭错误。
⑦ 储价:抬高物价。
⑧ 涂:同"途"。
⑨ 檇李:又作"醉李",在今浙江嘉兴市西南。

纪 吴阖闾伐越,越句践御之,陈于檇李,大败之。阖闾伤将指而卒①。子夫差立,誓以复仇,使人立于庭,苟出入,必谓己曰:"夫差,而忘越王之杀而父乎?"则对曰:"唯,不敢忘!"三年,乃报越。

纲 秋,卫世子蒯聩(kuǎi kuì)出奔宋。

纪 卫侯为夫人南子召宋朝②,太子蒯聩献盂于齐③,过宋野,野人歌曰:"既定尔娄猪④,盍归吾艾豭(jiā)⑤?"太子羞之,谓戏阳速曰:"我从而朝少君⑥,少君见我,我顾,乃杀之。"速曰:"诺。"乃朝夫人。太子三顾,速不进。夫人见其色,啼而走,曰:"蒯聩将杀余!"公执其手以登台。太子奔宋。

纲 孔子自卫适陈。畏于匡⑦,复反于卫。

纲 丙午,二十有五年(前495),春,孔子去卫过曹。夏五月,鲁定公卒,子蒋嗣⑧。

纲 秋九月,孔子自曹适宋,及郑,至陈。

纪 孔子去曹适宋,与弟子习礼大树下。宋司马桓魋(tuí)欲杀孔子,伐其树。孔子去。适郑,与弟子相失。孔子独立郭东门。郑人曰:"东门

① 将指:脚大拇指。
② 南子:卫侯夫人,宋国女子。宋朝:宋公子,旧与南子私通。
③ 盂:春秋卫邑,在今河南濮阳县一带。
④ 娄猪:求子的母猪,比喻南子。
⑤ 艾豭:年幼的公猪,比喻宋朝。
⑥ 少君:指夫人南子。
⑦ 畏:围困。匡:春秋卫地,在今河南长垣市西南。
⑧ 蒋:鲁哀公。

有人,其颡(sǎng)似尧,其项类皋陶,其肩类子产,然自要以下不及禹三寸①,累累若丧家之狗②。"孔子遂至陈,主于司城贞子家③。

纲 丁未,二十有六年(前494),春,吴子败越于夫椒④。

纪 吴王夫差败越于夫椒,报槜李也。遂入越。越句践以甲楯(dùn)五千保于会稽,使大夫种因吴太宰嚭(pǐ)以行成⑤。夫差将许之,伍员曰:"不可。臣闻之:树德莫如滋,去疾莫如尽⑥。昔夏少康有田一成,有众一旅,能布其德而兆其谋⑦,遂灭过、戈,复禹之绩。今吴不如过而越大于少康,或将丰之,不亦难乎!句践能亲而务施。施不失人,亲不弃劳,与我同壤,而世为仇雠。于是乎克而弗取,将又存之。违天而长寇仇,后虽悔之,不可及已!"弗听。退而告人曰:"越十年生聚,而十年教训,二十年之外,吴其为沼乎⑧!"越及吴平。

纲 戊申,二十有七年(前493),春,孔子自陈反于卫。孔子自卫如晋,不果,反乎卫,复如陈。

纪 孔子既不得用于卫,将西见赵简子。至于河,闻窦鸣犊、舜华之死也,临河而叹曰:"美哉水,洋洋乎!丘之不济此,命也夫!"子贡问曰:

---

① 要:同"腰"。
② 累累:赢惫失意的样子。
③ 主:寓居。
④ 夫椒:山名,在今江苏苏州市西南太湖中马迹山,一说在今浙江绍兴市北。
⑤ 太宰嚭:本是楚臣,后避祸到了吴国,做了太宰,宠幸于夫差。成:讲和。
⑥ 尽:根除。
⑦ 兆:开始。
⑧ 吴其为沼:言吴必为越所灭,吴国的宫室将废坏,变为一片沼泽。

"何谓也?"孔子曰:"窦鸣犊、舜华,晋国之贤大夫也。简子未得志之时,须此两人而后从政。今得志,乃杀之。君子恶伤其类,故余云然。"又反乎卫,复如陈。

纲 庚戌,二十有九年(前491),夏,孔子在陈,思归鲁,寻如蔡①。

纲 壬子,三十有一年(前489),春,孔子自蔡如叶(shè)②。楚子遣使来聘孔子。

纪 楚子闻孔子在陈、蔡之间,使人聘孔子。陈、蔡大夫谋曰:"孔子用于楚,则陈、蔡危矣。"相与发徒围之于野,不得行,绝粮。使子贡至楚。楚子兴师迎孔子,然后得行。楚子将以书社地封孔子③,楚令尹子西曰:"王之使诸侯有如子贡者乎?"曰:"无有。""王之辅相有如颜回者乎?"曰:"无有。""王之将帅有如子路者乎?"曰:"无有。""王之官尹有如宰予者乎?"曰:"无有。""且楚之祖封于周,号为子男五十里。今孔丘述三王之法,明周、召之业,王若用之,则楚安得世世堂堂方数千里乎? 夫文王在丰,武王在镐,百里之君,卒王天下。今孔丘得据土壤,贤弟子为佐,非楚之福也!"昭王乃止。

纲 秋,孔子自楚反于卫。

[孔子整理六经是中国文化史上的一个关键节点]

纲 丁巳,三十有六年(前484),冬,孔子自卫反鲁。孔子叙《书》,记

---

① 寻:不久。
② 叶:春秋楚邑,在今河南叶县南。
③ 书社:古制二十五家立社,把社内人名登录簿册,谓之"书社"。

《礼》,删《诗》,正《乐》,序《易象》《系》《象》《说卦》《文言》。

纪 鲁终不能用孔子,孔子亦不求仕。时周室微而《礼》《乐》废,《诗》《书》缺。孔子追迹三代之礼,序《书》,上自唐、虞①,下至秦缪(mù)②,删古《诗》三千余篇为三百五篇,皆弦歌之,以求合韶、武、雅、颂之音。《礼》《乐》自此可得而述。晚而喜《易》,序《象》《象》《系辞》《说卦》《文言》。读《易》韦编三绝。孔子以《诗》《书》《礼》《乐》教,弟子盖三千焉,身通六艺者七十有二人。

评孔子:

　　孔子是中国历史上伟大的思想家、教育家,儒家学派的创始人。早年曾在鲁国从事政治活动,后半生聚徒讲学,曾经周游列国。相传他曾删订《诗》《书》《礼》《乐》《易》《春秋》,并将其作为教材教授弟子。经他删定的这些典籍,被后世儒家尊为"六经"。孔子系统总结了以往的思想文化,结合春秋后期动荡不定的社会形势,就一系列伦理道德、社会政治问题提出了自己的观点,创建了儒家学说。儒家学说自汉武帝"独尊儒术"后,成为贯穿中国两千年的主流意识形态,孔子因此也被尊称为"圣人""至圣"。

纲 庚申,三十有九年(前481),春,鲁西狩获麟③。

纪 鲁人西狩于大野,叔孙氏之车子鉏商获麟,以为不祥,弃之郭外。孔子往观之,曰:"麟也! 胡为来哉!"反袂(mèi)拭面④,涕泗沾襟,曰:

———————

① 唐、虞:尧、舜。
② 秦缪:秦穆公。
③ 麟:古传说中的一种动物,象征祥瑞。
④ 袂:衣袖。

“吾道穷矣！”

〔孔子作《春秋》而乱臣贼子惧〕

纲 孔子作《春秋》。

纪 孔子因鲁史作《春秋》，上自隐公元年，下讫哀公十四年，凡十有二公。绝笔于获麟①。笔则笔②，削则削③，游、夏之徒不能赞一辞④。

纲 辛丑，四十年（前480），夏，荧惑守心⑤。

纪 荧惑守心。心，宋之分野也，景公忧之。司星子韦曰⑥：“可移于相。”公曰：“相，吾之股肱。”曰：“可移于民。”公曰：“君者待民。”曰：“可移于岁⑦。”公曰：“岁饥民困，吾谁为君？”子韦曰：“天高听卑。君有君人之言三，荧惑宜有动。”于是候之，果徙三度。

纲 壬戌，四十有一年（前479），夏四月，大圣孔子卒于鲁。

纪 夏四月，孔子卒。鲁哀公诔之曰：“旻（mín）天不吊，不慭（yìn）遗一老⑧，俾屏余一人以在位！茕茕（qióng）余在疚⑨！呜呼哀哉！尼父，无自律⑩！”

---

① 绝笔：止笔，即《春秋》止笔于西狩获麟。
② 笔则笔：可写者便记载于书中。
③ 削则削：该删除者便删除。
④ 游：子游。夏：子夏。
⑤ 荧惑守心：火星侵占心宿的位置。
⑥ 司星：主管占候星象的官员。
⑦ 岁：年景。
⑧ 慭：愿意。
⑨ 茕茕：孤零的样子。
⑩ 自律：即律己，约束自己。指有榜样可供自己仿效。

子贡曰:"君其不没于鲁乎①! 夫子之言曰:'礼失则昏,名失则愆。失志为昏,失所为愆。'生不能用,死而诔之,非礼也;称'一人'②,非名也,君两失之。"

纲 乙丑,四十有四年(前476),秋,王崩,子仁践位。

元王

纲 丙寅,周元王元年(前475)。

纲 戊辰,三年(前473),冬十一月,越灭吴。

〔句践卧薪尝胆,灭吴,成为春秋最后一位霸主〕

纪 初,越句践为吴所败,栖于会稽,使大夫种行成于吴,吴王夫差许之。句践反国,乃苦身焦思,卧薪尝胆,身自耕作,夫人自织,折节下贤③,厚遇宾客,赈贫吊死,与百姓同劳苦。二十余年,其民生长可用,乃以伐吴。吴王兵败,栖于姑苏④。使人行成于越,请曰:"孤臣异日得罪于会稽,孤臣不敢逆命,得与君王成以归。今君王诛孤臣,孤臣意者亦欲如会稽之赦罪。"句践不忍,欲许之。范蠡(lǐ)曰:"会稽之事,天以越赐吴,吴不取。今天以吴赐越,越岂可逆天乎? 且君早朝晏罢,非为吴耶? 谋之二十年,一旦弃之,可乎? 且天与不取,反受其咎。"吴王乃自杀。

---

① 没:同"殁"。
② 一人:又作"余一人",为天子的自称。
③ 折节下贤:降低自己的身分,礼遇尊敬贤人。
④ 姑苏:山名,在今江苏苏州市西南。

纲 越子会齐、晋及诸侯于徐(shū)州①。

纲 越人致贡,王赐越子胙,命为伯。越范蠡去越。越子杀其大夫文种。

纪 范蠡辞于句践,乘轻舟以浮于五湖②,遗大夫种书曰:"飞鸟尽,良弓藏。狡兔死,走狗烹。敌国破,谋臣亡。越王长颈鸟喙,可与共患难,不可与共安乐。子何不去?"种见书,称病不朝。人或谗种且作乱,越王乃赐种剑,种自杀。

纲 壬申,七年(前469),冬,王崩,子介践位。

贞定王

纲 癸酉,周贞定王元年(前468),夏,鲁侯出奔越。

纪 鲁哀公欲以越去三桓③,不克,遂逊于邾④,乃如越。

纲 鲁哀公卒于有山氏,鲁人立公之子宁⑤。

纲 癸未,十有一年(前458),晋荀瑶与赵氏、韩氏、魏氏灭范氏、中行氏,而分其地。晋侯出奔齐。

纪 晋智氏、赵氏、韩氏、魏氏、范氏、中行氏,号为六卿。是岁,智伯与韩、赵、魏共灭范、中行氏,而分其地。晋侯告于齐、鲁,请伐四卿;四卿反

① 徐州:战国齐地,在今山东滕州市南。
② 五湖:太湖,其湖有五道,故名。
③ 三桓:春秋后期掌权的鲁国大夫孟孙、叔孙、季孙三家。因皆为桓公之后,故称为"三桓"。
④ 逊:逃遁。
⑤ 宁:鲁悼公。

攻其君,晋侯奔齐。

纲 戊子,十有六年(前453),齐田盘使其宗人尽为齐都邑大夫。

纪 初,陈公子完奔齐,更姓田,子孙盛多。其后齐乱,公室卑弱,权归田氏。田恒之子盘为齐相,至是与三晋通使,尽以其兄、弟、宗人为都邑大夫。

纲 晋赵无恤使新稚狗伐狄①。

纪 赵襄子使新稚穆子伐狄,胜之,取左人、中人②。遽人来告③,襄子方食而有忧色。侍者曰:"狗之事大矣,而主色不怡④,何也?"襄子曰:"夫江、河之大也不过三日,飘风暴雨不终朝,日中不须臾。今赵氏之德无所积,一朝而两城下,亡其及我哉!"

纲 丁酉,二十有五年(前444),秦伐义渠⑤,执其君以归。晋伐伊、洛阴戎,灭之。

纲 庚子,二十有八年(前441),春,王崩,子去疾践位⑥。弟叔弑王自立⑦。秋八月,王子嵬杀叔而自立⑧。

―――――――――

① 赵无恤:赵襄子。新稚狗:新稚穆子,新稚为其复姓,字狗。
② 左人、中人:狄人二邑,在今河北唐县西北。
③ 遽人:驿使。
④ 怡:和悦,愉快。
⑤ 义渠:西戎国名,在今甘肃环县、庆阳、宁县一带。
⑥ 去疾:周哀王。
⑦ 叔:周思王。
⑧ 嵬:周考王。

纲 封弟揭于河南①,以续周公之职。

考王

纲 辛丑,周考王元年(前440)。

纲 甲辰,四年(前437),晋侯反朝于韩、赵、魏氏,晋独有绛、曲沃地。

纲 乙卯,十有五年(前426),王崩,子午践位②。

〔东西周,周朝最后一次分封,周天子寄居在东周国〕

纲 西周公封其少子班于巩③,以奉王,是为东周。

威烈王

纲 丙辰,周威烈王元年(前425)。

纲 壬申,十有七年(前409),鲁侯尊礼孔伋④。

纲 鲁侯以公仪休为相。

纪 公仪子相鲁,之其家,见织帛,怒而出其妻,食于舍而茹葵⑤,愠而拔其葵。曰:"吾已食禄,又夺园夫、红女利乎⑥!"

---

① 揭:西周桓公。河南:指王城。
② 午:周威烈王。
③ 西周公:西周惠公。巩:周畿内邑,在今河南巩义市东北老城。
④ 孔伋:子思。
⑤ 茹:食。葵:菜名。
⑥ 红女:即工女,指从事缝纫、蚕桑、纺织等工作的女子。

纲 戊寅,二十有三年(前403),九鼎震。

评春秋时代:

　　春秋时期上承西周之余绪,王室衰微,礼崩乐坏,诸侯争霸,战争连年,卿大夫专权,新兴阶层崛起,成为这一历史时期的主要特点。随着井田制和宗法制的瓦解,世族、世官制逐步衰落,各诸侯国地方行政组织由采邑制转变为郡县制,一些诸侯国甚至公布了最早的成文法。由于周天子东迁后王权衰落,出现了各诸侯国竞相争霸的局面。在诸侯争霸的大动荡中,蛮、夷、戎、狄等族群纷纷进入中原,与中原华夏族长期杂处、通婚、交流,促成了中国历史上第一次民族大融合。至春秋结束时,华夏族与"四夷"的融合在中原地区已经基本完成。思想家进一步倡导"以民为本"思想,提出"天道远,人道迩"的主张,至春秋后期更是出现了以倡导"仁"为核心的孔子和主张"道"为万物之源的老子,他们的学说开启了战国百家争鸣的先河。

邓国军 评注

何　晋 杨　坤 审定

纲鉴易知录卷五

　　卷首语：本卷起周威烈王二十三年（前403），止周显王二十三年（前346），所记为战国前中期共五十八年间历史。三家分晋、田氏代齐，中国历史由春秋进入战国时期。魏文侯任命吴起为将，使魏国军事实力大增。卫鞅入秦，主持变法，秦国走向强盛。齐国围魏救赵，并在桂陵之战中，击败魏国。秦国迁都咸阳，废井田、开阡陌。

周　纪

威烈王

〔周威烈王命三晋为诸侯,史称三家分晋〕

纲 戊寅,周威烈王二十三年(前403),初命晋大夫魏斯、赵籍、韩虔为诸侯。

评三家分晋:

　　春秋末期,晋国大权为智氏、赵氏、韩氏、魏氏、范氏、中行氏六家卿大夫所掌握。六卿在架空国君的同时,彼此间也展开兼并。先是智、赵、韩、魏四家联合消灭了范氏、中行氏,随后赵、韩、魏三家又联合起来灭掉势力最强的智氏。周威烈王正式册封三家大夫为诸侯,晋国灭亡,史称"三家分晋"。三家分晋是中国历史上的重大事件,它同"田氏代齐"一起,拉开了战国时代七雄争霸的序幕。

目 初,智宣子将以瑶为后①,智果曰②:"不如宵也③。瑶之贤于人者五,其不逮者一也④。美须长大则贤⑤,射御足力则贤,技艺毕给则贤⑥,

---

① 瑶:智伯,智宣子之子,又称智襄子。
② 智果:晋国大夫。
③ 宵:智宵,智宣子之庶子。
④ 不逮:赶不上。
⑤ 长大:身材高大。
⑥ 毕给:全部通晓。

巧文辩慧则贤①,强毅果敢则贤;如是,而甚不仁。夫以其五贤陵人而以不仁行之②,其谁能待之? 若果立瑶也,智宗必灭。"弗听。智果别族于太史③,为辅氏。

赵简子之子,长曰伯鲁,幼曰无恤。将置后,不知所立,乃书训戒之辞于二简,以授二子曰:"谨识(zhì)之!"三年而问之,伯鲁不能举其辞。求其简,已失之矣。问无恤,诵其辞甚习④。求其简,出诸袖中而奏之。于是简子以无恤为贤,立以为后。

简子使尹铎为晋阳⑤,请曰:"以为茧丝乎⑥? 抑为保障乎⑦?"简子曰:"保障哉!"尹铎损其户数⑧。简子谓无恤曰:"晋国有难,而无以尹铎为少,无以晋阳为远,必以为归。"

及智宣子卒,智襄子为政,与韩康子、魏桓子宴于蓝台。智伯戏康子而侮段规⑨。智国闻之,谏曰:"主不备,难必至矣!"智伯曰:"难将由我,我不为难,谁敢兴之!"对曰:"君子能勤小物⑩,故无大患。今主一宴而耻人之君相,又不备,曰'不敢兴难',无乃不可乎! 蜹(ruì)⑪、蚁、蜂、虿,皆能害人,况君相乎!"弗听。

————————————

① 巧文:巧于文章。辩慧:善辩聪慧。
② 陵人:治理人民。
③ 别族:从智氏家族中分离出去。
④ 习:熟习。
⑤ 为:治理。晋阳:晋邑,今山西太原市西南太原镇。
⑥ 茧丝:指赋税。敛赋如抽丝于茧。
⑦ 保障:指藩篱。
⑧ 损其户数:减损其户数,减轻民间承担的赋税。
⑨ 段规:韩康子之臣。
⑩ 勤:注重。
⑪ 蜹:蚊类害虫。

智伯请地于韩康子,康子欲弗与。段规曰:"智伯好利而愎,不与将伐我,不如与之。彼狃(niǔ)于得地①,必请于他人。他人不与,必向之以兵,然则我得免于患而待事之变矣。"康子乃与之,智伯悦。又求地于魏桓子,桓子以无故,欲弗与。任章曰:"无故索地,诸大夫必惧。吾与之地,智伯必骄。彼骄而轻敌,此惧而相亲。以相亲之兵待轻敌之人,智氏之命必不长矣。不如与之,以骄智伯。"桓子亦与之。

智伯又求蔡、皋狼之地于赵襄子②,襄子弗与。智伯怒,帅韩、魏之甲以攻之。襄子将出,曰:"吾何走乎?"从者曰:"长子近③,且城厚完。"襄子曰:"民罢力以完之④,又毙死以守之,其谁与我⑤!"从者曰:"邯郸之仓廪实。"襄子曰:"浚民之膏泽以实之⑥,又因而杀之,其谁与我!其晋阳乎,先主之所属也,尹铎之所宽也,民必和矣。"乃走晋阳。三家围而灌之,城不浸者三版⑦,沉灶产蛙,民无叛意。

絺(xī)疵谓智伯曰:"韩、魏必反矣!"智伯曰:"子何以知之?"对曰:"以人事知之。夫从韩、魏而攻赵,赵亡,难必及韩、魏矣。今约胜赵而三分其地,城降有日,而二子无喜志⑧,有忧色,是非反而何?"智伯不悛。

赵襄子使张孟谈潜出见二子,曰:"臣闻唇亡则齿寒。赵亡则韩、魏为之次矣。"二子乃阴与张孟谈约,为之期日而遣之。襄子夜使人杀守

① 狃:习以为常。
② 皋狼:赵邑,在今山西吕梁市离石区。
③ 长子:晋邑,在今山西长子县西南。
④ 罢:同"疲"。完:使城郭坚固无损。
⑤ 与:支持。
⑥ 浚:榨取。
⑦ 城不浸者三版:水淹城离最高处不过三版的距离。
⑧ 二子:韩康子、魏桓子。

堤之吏，而决水灌智伯军。智伯军乱，韩、魏翼而击之①，襄子将卒犯其前，大败其众，遂杀智伯，灭其族而分其地，唯辅果在②。

目 赵襄子漆智伯之头，以为饮器③。智伯之臣豫让欲为之报仇，乃诈为刑人，挟匕首，入襄子宫中涂厕④。襄子如厕心动⑤，索之，获豫让。左右欲杀之，襄子曰：“义士也，吾谨避之耳。”乃舍之。让又漆身为癞⑥，吞炭为哑。行乞于市，其妻不识也。其友识之，为之泣曰：“以子之才，臣事赵孟⑦，必得近幸。子乃为所欲为，顾不易耶⑧？何乃自苦如此？”让曰：“委质为臣⑨，而求杀之，是二心也。吾所以为此者，将以愧天下后世之为人臣而怀二心者也。”后襄子出，豫让伏于桥下。襄子至桥，马惊，索之，得豫让，乃杀之。

目 魏文侯以卜子夏、田子方为师。每过段干木之庐必式⑩。四方贤士多归之。

文侯与群臣饮酒乐，而天雨，命驾将适野。左右曰：“今日饮酒乐，天又雨，君将安之⑪？”文侯曰：“吾与虞人期猎⑫，虽乐，岂可无一会期

---

① 翼：指从两侧。
② 辅果：智果。
③ 饮器：溲便器。
④ 涂厕：清除秽物。
⑤ 心动：心慌不安。
⑥ 癞：癞疮，意即改变其容貌。
⑦ 赵孟：赵襄子。
⑧ 顾：反而。
⑨ 委质：犹言致身。
⑩ 式：通“轼”，车前横木，这里指用手扶轼，俯首致敬。
⑪ 安之：去哪里。
⑫ 虞人：掌山林田猎之官。期猎：约定日期一起打猎。

哉!"乃往,身自罢之。文侯使乐羊伐中山①,克之,以封其子击。他日问于群臣:"我何如主?"皆曰:"仁君。"任座曰:"君得中山,不以封君之弟,而以封君之子,何谓仁君!"文侯怒,座趋出②。次问翟璜(zhái huáng),对曰:"仁君也。"文侯曰:"何以知之?"对曰:"君仁则臣直。向者任座之言直,是以知之。"文侯悦,使璜召座而反之,亲下堂迎之,以为上客。

文侯与田子方饮,文侯曰:"钟声不比乎③? 左高。"田子方笑。文侯曰:"何笑?"子方曰:"臣闻之,君明乐官,不明乐音。今君审于音④,臣恐其聋于官也⑤。"文侯曰:"善。"

子击出,遭田子方于道,下车伏谒(yè)⑥。子方不为礼。子击怒,谓子方曰:"富贵者骄人乎⑦? 贫贱者骄人乎?"子方曰:"亦贫贱者骄人耳,富贵者安敢骄人! 国君而骄人,则失其国;大夫而骄人,则失其家。失其国家者,未闻有以国家待之者也。夫士贫贱,言不用,行不合,则纳履而去,安往而不得贫贱哉!"击乃谢之⑧。

〔魏文侯任命吴起为将,使魏国军事实力大增,走向强盛〕

文侯谓李克曰:"先生有言:'家贫思贤妻,国乱思良相。'今所置非成

---

① 乐羊:战国时期魏国著名将领,名将乐毅先祖。中山:古狄都,在今河北定州市。
② 趋:小步快走,表示对他人的尊敬。
③ 不比:不协调。
④ 审于音:对音调分辨仔细。
⑤ 聋于官:在选官任官上好坏分不清。
⑥ 伏谒:谒见尊者,伏地通姓名。
⑦ 骄人:傲视他人。
⑧ 谢:道歉。

则璜①,二子何如?"对曰:"居视其所亲,富视其所与,达视其所举,穷视其所不为,贫视其所不取,五者足以定之矣。"文侯曰:"先生就舍,吾之相定矣。"李克出,翟璜曰:"闻君召先生卜相,果谁为之?"克曰:"魏成。"璜忿然曰②:"西河守吴起③,臣所进也。君内以邺为忧④,臣进西门豹。君欲伐中山,臣进乐羊。中山已拔,无使守之,臣进先生。君之子无傅⑤,臣进屈侯鲋(fù)。以耳目之所睹记,臣何负于魏成!"克曰:"成食禄千钟⑥,什九在外,是以东得卜子夏、田子方、段干木。此三人,君皆师之。子所进五人者,君皆臣之。子恶得与成比也⑦!"璜再拜谢曰:"鄙人失对,愿卒为弟子⑧!"吴起者,卫人,仕于鲁。齐人伐鲁,鲁人欲以为将,起取齐女,鲁人疑之,起杀妻以求将,大破齐师。或潜之曰:"起始事曾参,母死不奔丧,曾参绝之。今又杀妻以求为将。起,残忍薄行人也!"起恐得罪,闻魏文侯贤,乃往归之。文侯问诸李克,克曰:"起贪而好色,然用兵,司马穰苴(ráng jū)弗能过也⑨。"于是文侯以为将,击秦,拔五城⑩。

起为将,卧不设席,行不骑乘,亲裹赢粮⑪,与士卒最下者同衣食,分

---

① 成:魏成。璜:翟璜。
② 忿然:愤怒的样子。
③ 西河:魏之西河,当今河南西北,陕西东南地。
④ 邺:故邺城,在今河北磁县。
⑤ 傅:帝王、诸侯之子的老师。
⑥ 钟:古容量单位,八斛为钟。
⑦ 恶得:哪里能。
⑧ 卒:终身。
⑨ 司马穰苴:春秋齐国大夫,名穰苴,曾为齐大司马,故称司马穰苴,著《司马法》。
⑩ 拔:攻下。
⑪ 赢:担。

劳苦。卒有病疽者①,起为吮之。卒母闻而哭之。或问之,对曰:"往年吴公吮其父,其父战不还(xuán)踵②,遂死于敌。吴公今又吮其子,妾不知其死所矣。"

目 赵烈侯好音,谓相国公仲连曰:"寡人爱郑歌者枪、石二人,吾赐之田,人万亩。"连诺而不与。烈侯屡问,连乃称疾不朝。番吾君谓连曰③:"君实好善,而未知所持。公仲亦有进士乎?"连曰:"未也。"曰:"牛畜、荀欣、徐越皆可。"连进之。畜侍以仁义④,烈侯逌(yōu)然⑤。明日,欣侍以举贤使能。明日,越侍以节财俭用。察度功德,所与无不充⑥,君悦,乃谓连曰:"歌者之田且止。"以畜为师,欣为中尉,越为内史。赐连衣二袭⑦。

纲 己卯,二十四年(前402),王崩,子骄立。

安王

纲 庚辰,安王元年(前401)。

纲 壬午,三年(前399),虢山崩⑧,壅河。

---

① 疽:局部皮肤肿胀坚硬的毒疮。
② 还踵:旋踵,转身。
③ 番吾:亦称"播吾",又称"蒲吾",在今河北平山县南。
④ 侍:劝。
⑤ 逌:同"悠",悠闲自得。
⑥ 充:符合。
⑦ 袭:量词,指成套的衣服。
⑧ 虢山:山名,在今河南三门峡市陕州区老城西南。

囯甲申,五年(前 397),盗杀韩相侠累。

目侠累与濮阳严仲子有恶。仲子闻轵(zhǐ)人聂政之勇①,以黄金百镒
(yì)②,为政母寿,欲以报仇。政不受,曰:"老母在,政身未敢以许人
也!"及母卒,仲子乃使政刺侠累。侠累方坐府上,兵卫甚严,聂政直
入刺之,因自皮面抉眼③。韩人暴其尸于市,购问④,莫能识。其姊荌
(yīng)闻而往,哭之曰:"是轵深井里聂政也! 以妾在故,重自刑以绝
踪。妾奈何畏没身之诛,终灭贤弟之名!"遂死政尸傍。

囯庚寅,十一年(前 391),齐田和迁其君贷于海上⑤,食一城⑥。

〔田和求为诸侯,周安王许之,史称"田氏代齐"〕

囯壬辰,十三年(前 389),齐田和会魏侯、楚人、卫人于浊泽⑦,求为
诸侯。

目田和求为诸侯,魏文侯为之请于王及诸侯,王许之。

囯甲午,十五年(前 387),魏吴起奔楚,楚以为相。

目魏武侯浮西河而下⑧,顾谓吴起曰:"美哉山河之固,此魏国之宝也!"

---

① 轵:魏邑,在今河南济源市东南。
② 镒:古代重量单位,合二十两,一说二十四两。
③ 皮面:刺坏其面皮。抉眼:挖出眼睛。
④ 购:悬赏寻求。
⑤ 贷:齐康公。
⑥ 食一城:保有一城作为食邑。
⑦ 浊泽:战国地名,在今山西运城市西南,一说在今河南长葛市东。
⑧ 西河:指山西、陕西间南北流向的黄河。

对曰："在德不在险。昔三苗氏,左洞庭,右彭蠡①。德义不修,禹灭之。夏桀之居,左河、济②,右泰华③,伊阙在其南④,羊肠在其北⑤。修政不仁,汤放之。商纣之国,左孟门⑥,右太行⑦,常山在其北⑧,大河经其南⑨。修政不德,武王杀之。由此观之,在德不在险。若君不修德,舟中之人皆敌国也!"武侯曰:"善。"

魏相田文,起不悦,谓文曰:"请与子论功可乎?"文曰:"可。"起曰:"将三军,使士卒乐死,敌国不敢谋,子孰与起?"文曰:"不如子。"起曰:"治百官,亲万民,实府库,子孰与起?"文曰:"不如子。"起曰:"守西河而秦兵不敢东乡⑩,韩、赵宾从⑪,子孰与起?"文曰:"不如子。"起曰:"此三者子皆出吾下,而位加吾上,何也?"文曰:"主少国疑,大臣未附,百姓不信,方是之时,属之子乎,属之我乎?"起默然,良久曰:"属之子矣!"

久之,武侯疑之,起惧诛,遂奔楚。楚悼王素闻其贤,至则任之为相。起明法审令,捐不急之官⑫,废公族疏远者,以养战士,要在强兵,破游

----

① 彭蠡:鄱阳湖。
② 济:古水名,源于今河南,流经山东入渤海。
③ 泰华:华山。
④ 伊阙:山名,在今河南洛阳市南。
⑤ 羊肠:坂名,在今山西壶关县南。
⑥ 孟门:山名,在今山西乡宁县西。
⑦ 太行:山名,即太行山。
⑧ 常山:山名,即恒山。
⑨ 大河:黄河。
⑩ 乡:通"向"。
⑪ 宾从:服从。
⑫ 捐:除去。

说之言从横者①。于是南平百越②,北却三晋,西伐秦,诸侯皆患楚之强,而楚之贵戚大臣多怨起者。

纲 乙未,十六年(前386),初命齐田和为诸侯。

纲 庚子,二十一年(前381),楚君类卒③,楚人杀吴起。

目 悼王薨,贵戚大臣作乱,攻吴起杀之。

纲 壬寅,二十三年(前379),齐侯贷卒,无子,田氏遂并齐。

纲 乙巳,二十六年(前376),王崩,子喜立。

纲 三晋共废其君俱酒为家人而分其地④。

烈王

纲 丙午,烈王元年(前375)。

纲 辛亥,六年(前370),齐侯来朝。

目 时周室微弱,诸侯莫朝,而齐独朝之,天下以此贤威王。

纲 齐侯封即墨大夫⑤,烹阿大夫⑥。

目 齐威王召即墨大夫,语之曰:"自子之居即墨也,毁言日至。吾使人视

---

① 从横:即合纵连横。从,同"纵"。
② 百越:居住在江、浙、闽、粤各地的古越族各部落,统称百越。
③ 楚君类:楚悼王。
④ 俱酒:晋靖公。
⑤ 即墨:战国齐邑,今山东平度市城区。
⑥ 阿:战国齐邑,在今山东阳谷县东北阿城镇。

即墨,田野辟①,人民给,官无事,东方以宁,是子不事吾左右以求助也!"封之万家。召阿大夫,语之曰:"自子守阿,誉言日至。吾使人视阿,田野不辟,人民贫馁。赵攻鄄(juàn)②,子不救;卫取薛陵③,子不知,是子厚币事吾左右以求誉也!"是日,烹阿大夫及左右尝誉者。于是群臣悚惧,莫敢饰诈,务尽其情,齐国大治,强于天下。

纲 壬子,七年(前369),王崩,弟扁立。

显王

纲 癸丑,显王元年(前368)。

纲 丁巳,五年(前364),秦败三晋之师于石门④,赐以黼黻(fǔ fú)之服⑤。

纲 己未,七年(前362),秦伯卒。

目 秦献公薨,子孝公立。是时河、山以东强国六,淮、泗之间小国十余,楚、魏与秦接界,皆以夷狄遇秦⑥,摈(bìn)斥之,不得与中国之会盟。于是孝公发愤修政,欲以强秦。

纲 庚申,八年(前361),彗星见西方。

纲 卫公孙鞅入秦。

---

① 辟:开垦。
② 鄄:战国齐地,在今山东鄄城县北旧城。
③ 薛陵:战国齐邑,在今山东阳谷县东北。
④ 石门:即石门道,又名"白径岭",在今山西运城市南。
⑤ 黼黻:古代礼服上所绣的华美花纹。
⑥ 遇:对待。

目秦孝公令国中曰："宾客群臣有能出奇计强秦者,吾且尊官,与之分土。"于是卫公孙鞅闻之,乃西入秦。

鞅,卫之庶孙也,好刑名之学。事魏相公叔座,座知其贤,未及进。会病,魏惠王往问之曰："公叔病,如有不可讳①,将奈社稷何?"公叔曰:"座之中庶子卫鞅②,年虽少,有奇才,愿君举国而听之!"王默然。公叔曰:"君即不听用鞅,必杀之,无令出境!"王许诺而去。公叔召鞅谢曰:"吾先君而后臣,故先为君谋,后以告子。子必速行矣!"鞅曰:"君不能用子之言任臣,又安能用子之言杀臣乎!"卒不去。王出谓左右曰:"公叔病甚,悲乎,欲令寡人以国听卫鞅也!既又劝寡人杀之,岂不悖哉!"鞅既至秦,因嬖臣景监以求见,说以富国强兵之术。孝公大悦,与议国事。

〔商鞅变法,秦国逐渐成为战国七雄中实力最强的国家〕

纲壬戌,十年(前359),秦以卫鞅为左庶长③,定变法之令。

目卫鞅欲变法,秦人不悦。鞅言于孝公曰:"夫民不可与虑始,而可与乐成。论至德者不和于俗,成大功者不谋于众。是以圣人苟可以强国,不法其故。"甘龙曰:"不然。因民而教者,不劳而成功,缘法而治者④,吏习而民安之。"卫鞅曰:"常人安于故俗,学者溺于所闻,以此两者,居官守法可也,非所与论于法之外也。智者作法,愚者制焉;贤

---

① 不可讳:死的委婉表达。
② 中庶子:官名。
③ 左庶长:爵名,为秦二十级爵的第十级。
④ 缘:遵循。

者更礼,不肖者拘焉。"公曰:"善。"乃以鞅为左庶长,卒定变法之令。令民为什伍而相收司①,连坐,告奸者与斩敌首同赏,匿奸者与降敌同罚。民有二男以上,不分异者,倍其赋。有军功者,各以率受爵②。为私斗者,各以轻重被刑大小③。僇力本业④,耕织致粟帛多者,复其身⑤;事末利及怠而贫者⑥,举以为收孥(nú)⑦。宗室非有军功论,不得为属籍⑧。明尊卑爵秩等级,各以差次名田宅、臣妾、衣服⑨。有功者显荣,无功者虽富无所芬华。令既具未布,恐民之不信,乃立三丈之木于国都南门,募民能徙置北门者予十金。民怪之,莫敢徙。复曰:"能徙者予五十金。"有一人徙之,辄予五十金。乃下令。

令行期年,民之国都言新令之不便者以千数。于是太子犯法。卫鞅曰:"法之不行,自上犯之。太子君嗣,不可施刑。"刑其傅公子虔,黥(qíng)其师公孙贾⑩。明日,秦人皆趋令。行之十年,道不拾遗,山无盗贼,民勇于公战,怯于私斗,乡邑大治。秦民初言令不便者,有来言令便。鞅曰:"此乱法之民也!"尽迁之于边。其后民莫敢议令。

评商鞅变法:

　　商鞅变法是一场比较深刻而且全面彻底的改革,增强了秦国整体实

---

① 什伍:户籍编户制。五家为伍,十家为什。相收司:相互检举揭发。
② 率:通"律"。
③ 被:遭受。
④ 僇:同"勠",并力。
⑤ 复:免除徭役。
⑥ 末利:指工商。
⑦ 举:纠举。收孥:谓收录其妻子儿女,没为官奴婢。
⑧ 属籍:宗族谱牒。
⑨ 名田宅:占有田宅。
⑩ 黥:墨刑,在人脸上刺字并涂墨之刑。

力,改变了秦国社会面貌,为秦的统一奠定了坚实基础。尽管变法进程中存在诸多问题和隐患,但不可否认的是,变法使秦国逐渐成为战国七雄中最强大的诸侯国。商鞅变法作为一场具有划时代意义的社会变革,推动了中国历史发展的进程,使分裂混战的战国开始走向统一。变法的具体措施对后世也产生了深远影响,其中废分封行郡县、废除世卿世禄制、建立官僚制等措施,奠定了其后中国两千多年政治制度的基本框架。

纲 丙寅,十四年(前355),齐、魏会田于郊。

目 魏惠王问齐威王曰:"齐亦有宝乎?"威王曰:"无有。"惠王曰:"寡人国虽小,尚有径寸之珠,照车前后各十二乘者十枚。岂以齐大国而无宝乎?"威王曰:"寡人之所以为宝者,与王异。吾臣有檀子者,使守南城①,则楚人不敢为寇。有盼子者②,使守高唐③,则赵人不敢东渔于河。有黔夫者,使守徐州,则燕、赵之人从而徙者七千余家。有种首者,使备盗贼,则道不拾遗。此四臣者,将照千里,岂特十二乘哉!"惠王有惭色。

纲 丁卯,十五年(前354),魏伐赵,围邯郸。

〔围魏救赵〕

纲 戊辰,十六年(前353),齐伐魏以救赵。魏克邯郸还战,败绩。

目 初,孙膑与庞涓俱学兵法,涓仕魏为将军,自以能不及膑,乃召之,至,

———————————

① 南城:战国齐邑,在今山东平邑县南。
② 盼:同"盼",指田盼。
③ 高唐:战国齐邑,在今山东禹城市西南。

则断其足而黥之，欲使终身废弃。齐使者至魏，膑阴见之，使者窃载以归。田忌客之，进之威王。威王问兵法，遂以为师。至是谋救赵，以膑为将。辞以刑余之人不可，乃使田忌为将，而孙子为师，居辎(zī)车中①，坐为计谋。忌欲引兵之赵，孙子曰："夫解杂乱纷纠者不控拳②，救斗者不搏撠(jǐ)③，批亢捣虚④，形格势禁⑤，则自为解耳。今梁之轻兵锐卒竭于外⑥，而老弱疲于内。若引兵疾走其都，彼必释赵而自救。是我一举解赵之围，而收弊于魏也。"忌从之。十月，邯郸降魏。魏师还，与齐战于桂陵⑦，魏师大败。

纲　庚午，十八年(前352)，韩以申不害为相。

目　申不害者，郑之贱臣也，学黄老⑧、刑名⑨，以干韩昭侯⑩。昭侯用以为相，内修政教，外应诸侯，十五年，终申子之身，国治兵强。

昭侯有弊裤，命藏之。侍者曰："君亦不仁者矣，不赐左右而藏之！"昭侯曰："吾闻明主爱一嚬(pín)一笑⑪，嚬有为嚬，笑有为笑。今裤岂特嚬笑哉⑫！吾必待有功者。"

———————

① 辎车：有帷的车。
② 控：拉。拳：同"綣"，卷起来的乱丝。
③ 搏撠：犹言揪住。
④ 批亢：指攻击要害之处。捣虚：指冲击敌方空虚之处。
⑤ 形格势禁：指形势上阻碍发展。
⑥ 梁：魏都，此处以都城代指国名。
⑦ 桂陵：战国魏地，在今山东菏泽市东北。一说在今河南长垣市西南。
⑧ 黄老：一般指黄老之学，也叫黄老学说，为黄帝之学和老子之学的合称。
⑨ 刑名：一种学说，主张循名责实，慎赏明罚。
⑩ 干：求取官职。
⑪ 嚬：同"颦"，忧愁的样子。
⑫ 岂特：岂只。

纲辛未,十九年(前350),秦徙都咸阳。始废井田。

目卫鞅筑冀阙宫庭于咸阳①,徙都之。并诸小乡聚,集为一县,县置令、丞,凡三十一县。废井田,开阡陌。平斗、桶、权、衡、丈、尺②。

纲癸酉,二十一年(前348),秦更赋税法。

纲乙亥,二十三年(前346),卫贬号曰侯,服属三晋。

目初,子思言苟变于卫侯曰:"其材可将五百乘。"公曰:"吾知其可将,然变尝为吏,赋于民,而食人二鸡子,故弗用也。"子思曰:"夫圣人之官人,犹匠之用木也,取其所长,弃其所短,故杞梓连抱而有数尺之朽③,良工不弃。今君处战国之世,选爪牙之士,而以二卵弃干城之将④,此不可使闻于邻国也。"

卫侯言计非是,而群臣和者如出一口。子思曰:"以吾观卫,所谓君不君,臣不臣者也。夫不察事之是非,而悦人赞己,闇(àn)莫甚焉⑤。不度理之所在,而阿谀求容,谄莫甚焉。君闇臣谄,以居百姓之上,民不与也。若此不已⑥,国无类矣⑦。"

子思言于卫侯曰:"君之国事,将日非矣。君出言自以为是,而卿大夫莫敢矫其非。卿大夫出言自以为是,而士庶人莫敢矫其非。君臣既自贤矣,而群下同声贤之;贤之则顺而有福,矫之则逆而有祸。如此

---

① 冀阙:古时宫庭外的门阙。

② 平:统一。

③ 连抱:连臂合抱,多形容树木之粗大。

④ 干城:比喻国家强有力的捍卫者。

⑤ 闇,通"暗",指愚昧。

⑥ 已:停止。

⑦ 无类:犹言必亡。

则善安从生？《诗》曰①：'具曰予圣②，谁知乌之雌雄？'抑亦似君之君臣乎？"

邓国军 评注

何　晋　杨　坤 审定

---

①《诗》：见于今传《诗经·小雅·正月》。
②具：通"俱"。

纲鉴易知录卷六

　　卷首语:本卷起周显王二十八年(前341),止周赧王四十五年(前270),所记为战国中后期共七十二年间历史。马陵之战,齐国击败魏国。秦孝公去世,秦人诛灭商鞅。苏秦游说东方六国,合纵以抗秦。张仪相秦,游说楚、韩、齐、赵、燕连衡以事秦。秦诱执楚怀王,屈原被逐而作《离骚》。蔺相如完璧归赵,廉颇、蔺相如将相和。范雎为秦客卿,献远交近攻策略。

周　纪

显王

纲 庚辰,二十八年(前341),魏伐韩。齐伐魏以救韩,杀其将庞涓,虏太子申。

目 魏使庞涓伐韩,韩请救于齐。齐威王召大臣而谋之。孙膑曰:"夫韩、魏之兵未弊而救之,是吾代韩受魏之兵,顾反听命于韩也①。且魏有破国之志,韩见亡②,必东面而诉于齐③。吾因深结韩之亲而晚承魏之弊,则可以受重利而得尊名也。"王曰:"善。"乃阴许韩使而遣之。韩因恃齐,五战不胜,而东委国于齐④。

[马陵之战,魏国失去霸主地位]

齐因起兵,使田忌将,孙子为师,以救韩,直走魏都。庞涓闻之,去韩而归。魏人亦大发兵,使太子申将以御齐师。孙子曰:"彼三晋之兵素悍勇而轻齐,齐号为怯。善战者因其势而利导之。兵法:'百里而趣利者蹶上将⑤,五十里而趣利者军半至。'"乃使齐军入魏地为十万灶,明日为五万灶,又明日为二万灶。庞涓行三日,大喜曰:"我固知

---

① 顾反:反而。
② 见亡:见有亡国之势。
③ 诉:告诉,告急。
④ 委国于齐:将国家命运交给齐国。
⑤ 趣:通"趋"。蹶:毙,折损。

齐军怯,入吾地三日,士卒亡者过半矣!"乃弃其步军,率轻锐倍日并行逐之①。孙子度其暮当至马陵②,马陵道狭,而旁多阻隘,可伏兵,乃斫大树,白而书之曰③:"庞涓死此树下!"令万弩夹道而伏,期日暮见火举而俱发④。涓果夜至,见白书,以火烛之⑤,读未毕,万弩俱发,魏师大乱。涓乃自刎,曰:"遂成竖子之名⑥!"齐因乘胜大败魏师,虏太子申。

<u>纲</u> 辛巳,二十九年(前340),秦卫鞅伐魏,诱执其将公子卬(áng)而败之。魏献河西地于秦,徙都大梁⑦。秦封鞅为商君。

<u>目</u> 卫鞅言于孝公曰:"秦之与魏,譬若人有腹心之疾,非魏并秦,即秦并魏。今以君之贤圣,国赖以盛,而魏往年大破于齐,诸侯叛之,可因此时伐魏。魏不支秦,必东徙,然后秦据河、山之固,东乡以制诸侯,此帝王之业也。"公从之,使鞅将兵伐魏。魏使公子卬将而御之。

军既相距,鞅遗卬书曰:"吾始与公子欢,今俱为两国将,不忍相攻,欲与公子面相见盟,乐饮而罢兵,以安秦、魏之民。"卬以为然,乃与会。盟而饮,鞅伏甲袭卬,虏之,因大破魏师。

魏惠王恐,献河西地于秦以和,因去安邑,徙大梁。乃叹曰:"吾恨不用公叔之言!"秦封鞅商、於(wū)十五邑⑧,号曰商君。

---

① 倍日并行:两日路并一日行。
② 马陵:战国齐地,在今河北大名县东南。一说在今河南范县南。
③ 白:指刮去树皮使白木露出。
④ 期:约定。
⑤ 烛:照。
⑥ 竖子:小子,对人的蔑称。
⑦ 大梁:在今河南开封市西北。
⑧ 商、於:在今陕西商洛市至河南内乡县一带。

〔秦人诛商鞅，却沿用商鞅之法〕

纲 癸未，三十一年（前338），秦伯卒。秦人诛卫鞅，灭其族。

目 秦孝公薨，太子立，是为惠文王。公子虔之徒告商君欲反①，发吏捕
之。商君出亡，欲止客舍，舍人曰："商君之法，舍人无验者坐之②。"
商君叹曰："为法之弊，一至此哉！"去之魏③，魏人不受，内之秦④。秦
人攻杀之，车裂以徇⑤，尽灭其家。

初，商君用法严酷，步过六尺者有罚⑥，弃灰于道者被刑。尝临渭论
囚⑦，渭水尽赤。为相十年，人多怨之。尝问赵良曰："我治秦，孰与
五羖（gǔ）大夫贤⑧？"良曰："千人之诺诺，不如一士之谔（è）谔⑨。仆
请终日正言而无诛，可乎？"商君曰："诺。"良曰："五羖大夫，荆之鄙
人也，穆公举之牛口之下，而加之百姓之上，秦国莫敢望焉。相秦六
七年而东伐郑，三置晋君⑩，一救荆祸。其为相也，劳不坐乘，暑不张
盖。及其死也，男女流涕，童子不歌谣，舂（chōng）者不相杵⑪。今君之

---

① 公子虔：秦太子傅。

② 无验者：无文凭可验的来客。坐之：罪要连及客舍主人。

③ 去：离开。之：往。

④ 内：纳。

⑤ 车裂：古代一种酷刑，俗称五马分尸。徇：循行示众。

⑥ 步：秦代的长度单位。秦量田以六尺为步。

⑦ 论：审理。

⑧ 五羖大夫：百里奚，号五羖大夫。

⑨ 谔谔：直言。

⑩ 三置晋君：指立晋惠公、晋怀公、晋文公。

⑪ 相杵：舂谷时发出的号子声。

见也,因景监以为主;其从政也,陵轹(lì)公族①,残伤百姓。公子虔杜门不出已八年矣。《诗》曰:'得人者兴,失人者崩。'此数者,非所以得人也。君之危若朝露,而尚贪商、於之富,宠秦国之政,畜百姓之怨,而无变计。秦王一旦捐宾客而不立朝②,秦国之所以收君者岂其微哉③!"商君不听,居五月而难作。

纲 乙酉,三十三年(前336),孟轲至魏。

目 孟子,邹人,名轲,受业于孔子之孙子思。是岁魏惠王卑辞厚礼以招贤者,于是孟子至梁。

纲 丁亥,三十五年(前334),楚灭越。

纲 戊子,三十六年(前333),韩侯卒。

目 韩昭侯作高门,屈宜臼曰④:"君必不出此门。""何也?""不时。前年秦拔宜阳⑤,今年旱。君不以此时恤民之急,而顾益奢,此所谓时诎举赢也⑥,故曰不时。"至是门成,而昭侯薨。

〔苏秦游说六国,使成合纵之盟,开战国时代联合抗秦之端〕

纲 燕、赵、韩、魏、齐、楚,合从以摈秦⑦,以苏秦为从约长,并相六国。

———

① 陵轹:践踏、欺凌。
② 捐宾客:对君主死的讳称。
③ 收:捕杀。
④ 屈宜臼:楚大夫,当时在韩。
⑤ 宜阳:战国韩地,在今河南宜阳县西。
⑥ 时诎举赢:指当衰败之时,强作奢侈之事。
⑦ 摈:抵抗。

目 初，洛阳人苏秦说秦王以兼天下之术，不用。乃去说燕文公曰：“燕之所以不被兵者，以赵之为蔽其南也。愿王与赵从亲，天下为一，则燕必无患矣。”

文公从之，资秦车马以说赵肃侯曰：“当今之时，山东之国莫强于赵，秦之所害亦莫如赵。而秦不敢举兵伐赵者，畏韩、魏之议其后也①。秦攻韩、魏，无名山大川之限，稍蚕食之。韩、魏不能支，必入臣于秦。秦无韩、魏之规②，则祸必中于赵矣。臣以天下之图，按诸侯之地五倍于秦，度诸侯之卒十倍于秦。而衡人日夜务以秦权恐喝诸侯③，使之割地以事秦。秦成，则其身富荣，国被秦患而不与其忧。故臣窃为大王计，莫如一韩、魏、齐、楚、燕、赵为从亲以摈秦，令其将相会盟洹水之上④，约曰：‘秦攻一国，则五国各出锐师以挠秦⑤，或救之。有不如约者，五国共伐之！’则秦甲必不敢出函谷⑥，以害山东矣⑦。”肃侯大悦，厚赐赍之，以约于诸侯。

秦乃说韩宣惠王曰：“韩地方九百余里，带甲数十万，天下之强弓、劲弩、利剑皆从韩出。今大王事秦，秦必求宜阳、成皋⑧。今兹效之，明年又复求割地。韩地有尽，而秦求无已。鄙谚曰：‘宁为鸡口，无为牛后。’夫以大王之贤，挟强韩之兵，而有牛后之名，臣窃为大王羞之！”

①议：图谋，算计。
②规：指忧虑。
③衡人：“衡”通“横”，衡人即主张连横的人。
④洹水：水名，今名安阳河，卫河的支流。
⑤挠：攻打。
⑥函谷：关名，在今河南灵宝市东北三十里。
⑦山东：崤山以东，此指六国。
⑧成皋：战国韩地，在今河南荥阳市西北。

韩王从其言。

秦说魏惠王曰:"大王之地方千里,武士、苍头、奋击各二十万①,厮徒十万②,车六百乘,骑五千匹。乃听群臣之说,而欲臣事秦!臣愿大王熟计之也③。"魏王听之。

秦说齐王曰:"齐四塞之国,地方二千余里,带甲数十万,粟如丘山。临菑之涂,车毂(gǔ)击,人肩摩,连衽成帷,挥汗成雨。夫韩、魏之所以重畏秦者,为与秦接境也。秦之攻齐则不然,虽欲深入,恐韩、魏之议其后,秦之不能害齐亦明矣。不深料此,而欲西面事之,是群臣之计过也。"齐王许之。

乃说楚威王曰:"楚,天下之强国也,地方六千余里,带甲百万,粟支十年,此霸王之资也。故秦之所害莫如楚,楚之与秦其势不两立。从亲则诸侯割地以事楚,衡合则楚割地以事秦,此两策者相去远矣,大王何居焉?"楚王亦许之。

于是苏秦为从约长,并相六国,北报赵,车骑辎重拟于王者④。

[合纵连横是七雄并列格局被打破后,战国中期军事外交活动的重要主题]

纲 己丑,三十七年(前332),秦以齐、魏之师伐赵。苏秦去赵适燕,从约皆解。

目 秦使公孙衍欺齐、魏以伐赵,赵肃侯让苏秦⑤,秦恐,请使燕,必报齐。

① 武士、苍头、奋击:三者均是魏兵卒之号。
② 厮徒:军中服役之人,即后勤部队。
③ 熟计:周密地谋划。
④ 辎重:指外出时携带的物资。拟:比拟。
⑤ 让:责备。

乃去赵,而从约皆解。

纲 癸巳,四十一年(前328),秦客卿张仪伐魏,取蒲阳①,既而归之,魏尽
　　入上郡以谢②。秦以仪为相。

目 张仪者,魏人,与苏秦俱事鬼谷先生,学从横之术。游诸侯,无所遇,
　　苏秦召而辱之。仪怒入秦,秦王说之,以为客卿③。至是将兵伐魏,
　　取蒲阳。言于秦王,请复以与魏。仪因说魏王曰:"秦之遇魏甚厚,魏
　　不可以无礼于秦。"魏因尽入上郡十五县以谢焉。仪归而相秦。

纲 丙申,四十四年(前325),夏四月,秦初称王。

纲 丁酉,四十五年(前324),秦张仪伐魏,取陕④。

纲 苏秦自燕奔齐。

目 苏秦通于燕文公之夫人,恐得罪,说易王曰:"臣居燕不能使燕重,而
　　在齐则燕重。"王许之。乃伪得罪于燕而奔齐,齐王以为客卿。秦说
　　齐王高宫室,大苑囿,以明得意,欲以敝齐而为燕。

纲 戊戌,四十六年(前322),秦相张仪免,出相魏。

纲 庚子,四十八年(前321),王崩,子定立⑤。

————————

① 蒲阳:战国魏邑,在今山西隰县。
② 上郡:战国魏文侯置,后入秦,治今陕西榆林市东南。
③ 客卿:其他国家人到秦国做官,当为卿者。
④ 陕:战国魏邑,今河南三门峡市陕州区。
⑤ 定:周慎靓王。

[战国四公子"养士",培植自已的政治势力,登上了政治舞台]

纲 齐号薛公田文为孟尝君。

目 初,齐王封田婴于薛①,号曰靖郭君。婴言于齐王曰:"五官之计②,不可不日听而数览也③。"王从之。已而厌之,悉以委婴。婴由是得专齐权。

婴有子四十余人,其贱妾之子曰文,倜傥饶智略④,说靖郭君以散财养士。靖郭君使文主家待宾客,宾客争誉其美,请以文为嗣。婴卒,文嗣立,号孟尝君。招致诸侯游士及有罪亡人,食客常数千人,名重天下。

目 孟尝君聘于楚,楚王遗之象床。登徒直送之⑤,不欲行,谓公孙戍曰⑥:"足下能使仆无行者,有先人之宝剑,愿献之。"戍许诺,入见曰:"小国所以皆致相印于君者,悦君之义,慕君之廉也。今始至楚而受象床,则未至之国何以待君哉!"孟尝君曰:"善。"遂不受。戍趋出,未至中闺,孟尝君召而反之,曰:"子何足之高,志之扬也?"戍以实对。孟尝君乃书门版曰:"有能扬文之名,止文之过,私得宝于外者,疾入谏!"

---

① 薛:战国地名,故城在今山东滕州市。
② 五官之计:司马、司徒、司士、司空、司寇主管的簿书。
③ 数:屡次。
④ 饶:多。
⑤ 登徒:楚官。直:当。
⑥ 公孙戍:孟尝君门客。仆:自我谦称。

慎靓王

纲 辛丑,慎靓王元年(前320),卫更贬号曰君。

纲 壬寅,二年(前319),魏君罃卒①。孟轲去魏适齐。

纲 癸卯,三年(前318),楚、赵、魏、韩、燕伐秦,攻函谷关。秦出兵逆之②,五国皆败走。

纲 甲辰,四年(前317),齐大夫杀苏秦。

纲 魏请成于秦。张仪归,复相秦。

目 张仪说魏王曰:"梁③,地四平,无名山大川之限,地势固战场也。夫诸侯约从,结为兄弟以相坚也。今亲兄弟同父母,尚有争钱财相杀伤,而欲恃反覆苏秦之余谋,其不可成亦明矣。"魏王乃倍从约④,而因仪以请成于秦。仪归,复相秦。

纲 乙巳,五年(前316),秦伐蜀,取之。

目 巴⑤、蜀相攻,俱告急于秦。秦惠王欲伐蜀,韩又来侵。司马错请伐蜀。张仪曰:"不如伐韩。"王曰:"请闻其说。"仪曰:"亲魏,善楚,下兵三川⑥,

---

① 罃:魏惠王。
② 逆:迎战。
③ 梁:魏国都城。
④ 倍:通"背",背叛。
⑤ 巴:国名,在今重庆市一带。
⑥ 三川:战国以河、洛、伊为"三川",为韩地,介于秦、楚之间。

以临二周之郊①,据九鼎,按图籍②,挟天子以令天下,此王业也。臣闻争名者于朝,争利者于市。今三川、周室,天下之朝市也,而王不争焉,顾争于戎翟③,去王业远矣。"错曰:"不然。臣闻之,欲富国者务广其地,欲强兵者务富其民,欲王者务博其德,三资者备而王随之矣。夫蜀,西僻之国而戎翟之长也,有桀、纣之乱④。以秦攻之,譬如使豺狼逐群羊。拔一国而天下不以为暴,利尽西海而天下不以为贪,而又有禁暴止乱之名,是我一举而名实附焉。今攻韩,劫天子,恶名也,而攻天下之所不欲,又未必利也。不如伐蜀。"惠王从之,起兵伐蜀,取之。秦益富强。

纲 燕君哙以国让其相子之⑤。

目 燕相子之与苏秦之弟代婚,欲得燕权。苏代使齐而归,燕王问曰:"齐王其霸乎?"对曰:"不能。"王曰:"何故?"对曰:"不信其臣。"于是燕王专任子之。鹿毛寿谓燕王曰:"人谓尧贤者,以其能让天下也。今王以国让子之,是王与尧同名也。"燕王因属国于子之⑥。子之南面行王事,而哙老,不听政,顾为臣。

纲 丙午,六年(前315),王崩,子延立。

---

① 二周:东、西周。
② 按图籍:掌天下地图户籍。
③ 戎翟:又作"戎狄",先秦时期称西方、北方的少数族群,这里指巴蜀。
④ 桀、纣之乱:指蜀王无道,国内发生战乱。
⑤ 让:禅让。
⑥ 属:通"嘱",交付。

赧王

格丁未,赧王元年(前 314),齐伐燕,取之,醢子之,杀故燕君哙。

格孟轲去齐。

格戊申,二年(前 313),楚屈匄伐秦。

目秦欲伐齐,患其与楚从亲,乃使张仪说楚王曰:"大王诚能闭关绝约于齐,臣请献商、於之地六百里。"楚王悦而许之。群臣皆贺,陈轸独吊。王怒曰:"何吊也?"对曰:"夫秦之所以重楚,以其有齐也。今绝齐则楚孤,秦奚贪夫孤国①,与之商、於之地六百里哉!仪至秦,必负王。是王北绝齐交而西生患于秦也,两国之兵必俱至矣。"王曰:"愿子闭口毋复言!"乃厚赐张仪,而闭关绝约于齐,使一将军随张仪至秦。

仪详堕车②,不朝三月。楚王闻之曰:"仪以寡人绝齐未甚耶?"乃使勇士宋遗借宋之符③,北骂齐王。齐王大怒,折节而事秦。齐、秦之交合,仪乃朝,见楚使者曰:"子何不受地?自某至某,广袤六里。"使者还报,楚王大怒,欲发兵攻秦。陈轸曰:"轸可发口言乎?攻之不如赂以一名都,与之并兵而攻齐,是我亡地于秦,而取偿于齐也。今已绝齐,而又责欺于秦,是我合齐、秦之交而来天下之兵也,国必大伤矣!"王不听,使屈匄帅师伐秦。秦亦发兵,使庶长章击之④。

①奚:怎么。
②详:同"佯",假装。
③符:符节。
④庶长:秦官名,掌军政大权,相当于别国的卿。

纲 己酉，三年（前312），秦大败楚师于丹阳①，虏屈匄，遂取汉中②。楚复袭秦，又大败于蓝田③。韩、魏袭楚，楚割两城以和于秦。

纲 燕人立太子平为君④。

目 昭王即位于破燕之后，吊死问孤，与百姓同甘苦，卑身厚币以招贤者。问郭隗（wěi）曰：“齐因孤之国乱而袭破燕，孤极知燕小不足以报，然诚得贤士与之共国，以雪先王之耻，孤之愿也。先生视可者，得身事之！”隗曰：“古之人君有以千金使涓人求千里马者⑤，马已死，买其骨五百金而返。君怒，涓人曰：‘死马且买之，况生者乎！马今至矣。’不期年而千里马至者三。今王必欲致士，先从隗始，况贤于隗者，岂远千里哉！”于是昭王为隗改筑宫而师事之。于是士争趣燕。乐毅自魏往，王以为亚卿⑥，任以国政。

纲 庚戌，四年（前311），秦使张仪说楚、韩、齐、赵、燕连衡以事秦。秦君卒，诸侯复合从。

目 秦惠王使告楚怀王，请以武关之外易黔中地⑦，楚王曰：“不愿，愿得张仪而献黔中。”仪请行，秦王曰：“楚将甘心于子，奈何？”仪曰：“秦

---

① 丹阳：战国楚邑，在今河南淅川县东南丹水之阳。
② 汉中：指楚汉中郡，治所不详。
③ 蓝田：战国楚邑，今陕西蓝田县。
④ 太子平：燕昭王。
⑤ 涓人：古代宫中担任洒扫清洁的人，亦泛指亲近的内侍。
⑥ 亚卿：官名，次于正卿。
⑦ 武关：秦之南关，在今陕西商南县东。黔中：指黔中郡，战国楚置，后入秦，治今湖南沅陵县西。

强而楚弱,大王在,楚不宜敢取臣。且臣善其嬖臣靳尚①,尚得事幸姬郑袖,袖言,王无不听者。"遂往。楚王囚,将杀之,尚谓袖曰:"秦王甚爱张仪,将以六县及美女赎之。王重地尊秦,秦女必贵而夫人斥矣②。"于是袖日夜泣于王曰:"臣各为其主耳。今杀张仪,秦必大怒。妾请子母俱迁江南,毋为秦所鱼肉也!"王乃赦仪而厚礼之。仪因说曰:"夫为从者无异于驱群羊而攻猛虎,不格明矣③。今王不事秦,秦劫韩驱梁而攻楚,则楚危矣。大王诚听臣,请令秦、楚长为兄弟之国。"楚王已得仪而重出地,乃许之。

仪遂说韩王曰:"山东之士被甲蒙胄而会战④,秦人捐甲徒裼(xī)以趋敌⑤,此无异垂千钧于鸟卵之上,必无幸矣。大王不事秦,秦下甲据宜阳⑥,塞成皋,则王之国分矣。为大王计,莫如事秦而攻楚,以转祸而悦秦。"韩王许之。

仪归报秦,封以六邑,号武信君。复使东说齐王曰:"从人说大王者必曰:'齐蔽于三晋,地广兵强,虽有百秦,将无奈齐何。'今秦、楚嫁娶,韩献宜阳,梁效河外⑦,赵割河间⑧。大王不事秦,秦驱韩、梁、赵攻之,虽欲事秦,不可得也。"齐王许之。

仪西说赵王曰:"大王收率天下以摈秦,秦兵不敢出函谷关者十五年。

---

① 嬖臣:宠臣。
② 斥:排除拒绝、摒弃不用,这里指冷落。
③ 不格:不敌。
④ 被:同"披"。
⑤ 捐甲:脱去铠甲。徒裼:赤脚露体。
⑥ 下甲:屯兵。
⑦ 河外:即秦河东。
⑧ 河间:战国赵地,在今河北河间市。

今楚与秦为昆弟,韩、梁称藩臣,齐献鱼盐之地,此断赵之右肩也。夫断右肩而与人斗,失其党而孤居,求欲无危得乎? 为大王计,莫若与秦约为兄弟之国也。"赵王许之。

仪北说燕王曰:"赵已事秦,大王不事秦,秦下甲云中、九原①,驱赵攻燕,则易水、长城非王之有矣。"燕王请献常山之尾五城以和。

仪归报,未至,而惠王薨,子武王立。武王自为太子时不悦仪,诸侯闻之,皆畔衡,复合从。

纲 辛亥,五年(前310),秦张仪复出相魏。

目 张仪诡说秦武王而相魏,一岁卒。

仪与苏秦皆以从横之术游诸侯,致位富贵,天下争慕之。又有魏人公孙衍者,号"犀首"②,及秦弟代、厉,又周最、楼缓之徒,纷纭遍于天下,务以辩诈相高,不可胜载,而仪、秦、衍最著。

纲 壬子,六年(前309),秦初置丞相。

纲 癸丑,七年(前308),秦甘茂伐韩宜阳。

目 秦王使甘茂约魏以伐韩,茂至魏,乃使人还谓王曰:"魏听臣矣,然愿王勿伐!"王迎茂息壤而问其故③,对曰:"宜阳大县,其实郡也。今倍数险④,行千里,攻之难。鲁人有与曾参同姓名者杀人,人告其母,母

---

① 云中:战国赵地,在今内蒙古托克托县。九原:战国赵邑,在今内蒙古乌拉特前旗,一说在今包头市西北。
② 犀首:本魏官名,公孙衍为此官,便以此为号。
③ 息壤:战国秦邑,其地今不详。
④ 数险:指函谷关至三崤五谷之险。

织自若也。及三人告之,则其母投杼下机①,逾墙而走。臣之贤不若
曾参,王之信臣不如其母,疑臣者非特三人②,臣恐大王之投杼也。
魏文侯令乐羊攻中山③,三年拔之。返而论功,文侯示之谤书一箧
(qiè)。乐羊再拜稽首曰:'此非臣之功,君之力也!'今臣羁旅之臣
也,樗(chū)里子、公孙奭挟韩而议之④,王必听之,是王欺魏王,而臣
受公仲侈之怨也,故臣愿王之勿伐也。"王曰:"寡人勿听也,请与子
盟!"乃盟于息壤。

纲 甲寅,八年(前307),秦拔宜阳。

目 甘茂攻宜阳,五月而不拔,樗里子、公孙奭果争之。秦王欲罢兵,茂
曰:"息壤在彼。"王乃悉起兵佐茂,斩首六万,遂拔宜阳。

纲 秦君卒⑤,弟稷立⑥。母芈(mǐ)氏治国事,

以舅魏冉为将军。

〔赵武灵王胡服骑射〕

纲 赵始胡服,招骑射。

目 赵武灵王与肥义谋胡服骑射以教百姓,国人皆不欲。公子成称疾不

---

① 杼:织布机上的梭子。
② 特:只。
③ 中山:战国赵地,在今河北定州市。
④ 樗里子:秦惠王弟。
⑤ 秦君:秦武王。
⑥ 稷:秦昭襄王。

朝,王自往请之曰:"吾国无骑射之备,将何以守? 先时中山负齐之
强①,侵暴吾地,引水围鄗(hào)②,几于不守。先君丑之,故寡人变服
骑射,欲以备四境之难,报中山之怨也。"公子成听命,乃赐胡服以朝,
而始出令焉。

纲 丙辰,十年(前305),彗星见。

纲 戊午,十二年(前303),彗星见。

纲 庚申,十四年(前301),日食,昼晦。

纲 壬戌,十六年(前299),赵君废其太子章而传国于少子何,自号"主
　　父"。

目 初,武灵王以长子章为太子。后纳吴广之女孟姚,有宠。生子何,爱
　　之,欲及其生而立之,乃废章而传国焉。使肥义为相国傅王,而自号
　　"主父"。

纲 秦伐楚,取八城。遂诱楚君槐于武关,执之以归。楚人立太子横。

目 秦伐楚,取八城。秦王乃遗楚王书曰:"寡人愿与君王会武关,面相
　　约,结盟而去。"楚王欲往恐见欺,欲不往恐秦怒。昭睢、屈平曰③:
　　"毋行而发兵自守耳! 秦,虎狼也,有并诸侯之心,不可信也!"王稚子
　　子兰劝王行,王乃入秦。秦王令一将军诈为王,伏兵武关,劫之与西,

---

① 负:仗恃。
② 鄗:战国赵邑,在今河北柏乡县北。
③ 屈平:屈原。

遂留之。时楚太子横方质于齐,昭雎诈赴于齐①,齐王归楚太子,楚人立之。初,屈平为怀王左徒②,志洁行廉,明于治体,王甚任之。后以谗见疏,而睠顾不忘③,作《离骚》之辞以自怨,尚冀王之一寤④,而王终不寤也。其后子兰又谮之于顷襄王,王怒,迁之于江南。原遂怀石自投汨(mì)罗以死⑤。

纲 秦以田文为丞相。

目 秦王闻田文贤,使请于齐以为相。

纲 癸亥,十七年(前298),田文自秦逃归。

目 或谓秦王曰:"文相秦,必先齐而后秦,秦其危哉!"王囚文,欲杀之。使人求解于王之幸姬,姬欲得其狐白裘⑥,而文先以献于秦王矣。文客有善为狗盗者,盗裘以献。姬言于王而遣之。王后悔,使追之。文至关,关法⑦,鸡鸣乃出客,时尚蚤,追者将至,客有善为鸡鸣者,野鸡皆应之。文乃得脱归。

纲 齐、韩、魏伐秦,败其军于函谷关,河、渭绝一日。秦割河东三城以和⑧,三国乃退。

---

① 赴:俗作"讣",告丧。
② 左徒:官名,为王左右亲随官,参与政事,起草诏令,协办外交。
③ 睠顾:眷念,思念。
④ 冀:希望。寤:清醒。
⑤ 汨罗:江名,湘江支流,西北流经湘阴县北注入洞庭湖。
⑥ 狐白裘:以狐狸的白毛为原料制成的裘,华美而珍贵。
⑦ 关法:函谷关的规定。
⑧ 河东:古地区名,指今山西西南部地区。

目 孟尝君怨秦，与韩、魏攻之，入函谷关。秦昭王谓丞相楼缓、公子池曰："三国之兵深矣，寡人欲割河东而讲①。"对曰："讲亦悔，不讲亦悔。"王曰："何也?"对曰："王割河东而讲，三国虽去，王必曰：'惜矣! 三国且去，吾特以三城从之。'此讲之悔也。王不讲，三国入函谷，咸阳必危，王又曰：'惜矣! 吾爱三城而不讲。'此不讲之悔也。"王曰："钧吾悔也②。宁亡三城而悔，无危咸阳而悔也。"乃使公子池以三城讲于三国，遂罢兵。

纲 赵君封弟胜为平原君。

目 平原君好士，食客常数千人。有公孙龙者，善为坚白同异之辩③，平原君客之。孔子之玄孙穿自鲁适赵，与龙论臧三耳④，龙甚辩析，穿弗应。平原君问之，穿曰："几能令臧三耳矣。然谓三耳甚难而实非也，谓两耳甚易而实是也，不知君将从易而是者乎，其亦从难而非者乎?"平原君谓龙曰："公无复与孔子高辩事也⑤! 其人理胜于辞，公辞胜于理。辞胜于理，终必受诎。"

纲 乙丑，十九年(前296)，楚君槐卒于秦⑥。

---

① 讲:讲和。

② 钧:同"均"。

③ 坚白:名家公孙龙提出的一种诡辩理论。同异:本由惠施提出来的一种哲学命题，主张合异以为同。坚白与同异都只强调事物的一个方面，否定了事物的其他方面。

④ 臧三耳:一种哲学命题。臧是奴隶，本来只长两只耳朵。持三耳主张者，谓一耳主听，两耳是形，故三耳。犹言鸡本二足，必有运而行者，是为三足。

⑤ 孔子高:即孔穿，子高是其字。

⑥ 楚君槐:楚怀王。

目 怀王发病薨于秦,秦人归其丧。楚人怜之,如悲亲戚。诸侯由是不
　　直秦①。

纲 丙寅,二十年(前295),赵故太子章作乱,公子成、李兑诛之,遂弑主
　　父于沙丘②。

目 赵主父及王游沙丘异宫③,公子章、田不礼作乱④,诈以主父令召王。
　　肥义先入⑤,杀之。公子成、李兑起兵距难,章败,走主父⑥,成、兑因
　　围主父宫,杀章及不礼而灭其党。成、兑相与谋曰:"以章故,围主父。
　　即解兵,吾属夷矣⑦!"乃遂围之,令:"宫中人后出者夷!"主父欲出不
　　得,探雀鷇(kòu)食之⑧,三月余饿死。

纲 己巳,二十三年(前292),楚君迎妇于秦。

纲 乙亥,二十九年(前286),齐灭宋。

纲 丙子,三十年(前285),齐杀狐咺(xuān)、陈举。燕使亚卿乐毅如赵。

目 齐湣王灭宋而骄,乃侵楚及三晋,欲并二周,为天子。狐咺正议,陈举
　　直言,皆杀之。燕昭王日夜抚循其人⑨,乃谋伐齐。于是使乐毅约赵

———————

① 直:以……为正义。
② 沙丘:地名,在今河北巨鹿县南。
③ 异宫:行宫。
④ 田不礼:公子章之相。
⑤ 肥义:惠文王相。
⑥ 走:逃跑。
⑦ 夷:诛灭。
⑧ 雀鷇:由母鸟捕食喂养的幼鸟。
⑨ 抚循:抚恤、爱护。

嗒(dàn)秦①,连楚及魏。诸侯害齐之骄暴,皆许之。

纲 丁丑,三十一年(前284),燕上将军乐毅以秦、魏、韩、赵之师伐齐,入
临淄。齐君地出走②,其相淖(zhuō)齿杀之。毅下齐七十余城,燕封
毅为昌国君③。

目 燕悉起兵,使乐毅为上将军,并将秦、魏、韩、赵之师以伐齐,战于济
西④,齐师大败。毅身率燕师,长驱逐北,遂入临淄。湣王出走。毅取
宝物、祭器,输之于燕。燕王封毅为昌国君,留徇齐城未下者⑤。

齐王走莒,楚使淖齿将兵救齐,因为齐相。齿欲与燕分齐地,乃执湣
王而数之曰:"千乘、博昌之间⑥,方数百里,雨血沾衣,王知之乎?"
曰:"知之。""嬴、博之间⑦,地坼(chè)及泉⑧,王知之乎?"曰:"知之。"
"有人当阙而哭者,求之不得,去则闻其声,王知之乎?"曰:"知之。"
齿曰:"雨血者,天以告也。地坼者,地以告也。当阙而哭者,人以告
也。而王不戒焉,何得无诛!"遂擢(zhuó)王筋⑨,悬之庙梁,宿昔
而死⑩。

---

① 嗒:同"啖",以利引诱。
② 齐君地:齐湣王。
③ 昌国:战国齐地,后入燕,在今山东淄博市东南。
④ 济西:济水之西。
⑤ 徇:夺取。
⑥ 千乘:战国齐地,在今山东高青县东南。博昌:战国齐地,在今山东博兴县东南。
⑦ 嬴:战国齐地,在今山东济南市莱芜区西北。博:战国齐地,在今山东泰安市东南。
⑧ 坼:裂。
⑨ 擢:拔取、抽取。
⑩ 宿昔:犹言旦夕。

乐毅闻画邑人王蠋(zhú)贤①,令军中环画三十里无入。使人请蠋,蠋不往。燕人曰:"不来,吾且屠画!"蠋曰:"吾闻忠臣不事二君,烈女不更二夫。齐王不用吾谏,吾退耕于野。国破君亡,吾不能存,而又欲劫之以兵。与其不义而生,不若死!"遂自经死②。

毅整军,禁侵掠,礼逸民,宽赋敛,除暴令,修旧政,齐民喜悦。祀桓公、管仲于郊,封王蠋之墓。六月之间,下齐七十余城,皆为郡县。

纲 戊寅,三十二年(前283),齐人讨杀淖齿,而立其君之子法章,保莒城。

目 淖齿之乱,湣王子法章变名姓,为莒太史敫(jiǎo)家佣。敫女奇法章状貌③,怜而窃衣食之④,因与私通。湣王从者王孙贾失王处而归,其母曰:"汝朝出而晚来,则吾倚门而望。汝暮出而不还,则吾倚闾而望⑤。汝今事王,王走,汝不知其处,汝尚何归焉!"贾乃入市呼曰:"淖齿乱齐国,杀湣王。欲与我诛之者,袒右!"市人从者四百人,与攻淖齿,杀之。于是齐亡臣相与求湣王子法章立以为齐王,保莒城以拒燕,布告国中曰:"王已立在莒矣!"

〔完璧归赵〕

纲 赵使蔺相如献璧于秦。

---

① 画邑:战国齐邑,在今山东淄博市临淄区西北。
② 经:缢,上吊。
③ 奇:认为状貌特殊。
④ 怜:喜爱。
⑤ 闾:闾门。

目 赵得楚和氏璧①,秦王请以十五城易之。赵欲勿与,畏秦强;欲与之,恐见欺。蔺相如曰:"以城求璧而不与,曲在我矣。与之璧而不与我城,则曲在秦。臣愿奉璧而往②,城不入,则臣请完璧而归!"王遣之。相如至秦,既献璧,视秦王无意偿城,乃给(dài)取璧③,遣从者怀之,间行归赵④,而以身待命于秦。秦王贤而归之,赵王以为上大夫。

纲 卫君卒。

目 嗣君好察微隐,县令有发褥而席弊者⑤,嗣君闻之,乃赐之席。令大惊,以为神。又使人过关市⑥,赂之以金,既而召关市,问有客过与汝金,汝回遣之。关市大恐。又爱泄姬,重如耳,而恐其因爱重以壅己也⑦,乃贵薄疑以敌如耳,尊魏妃以偶泄姬,曰:"以是相参也。"卫有胥靡,亡之魏,嗣君使以五十金买之,不得,乃以左氏易之⑧。左右曰:"以一都买一胥靡可乎?"嗣君曰:"治无小,乱无大,法不立,诛不必,虽有十左氏无益也。法立,诛必,虽失十左氏无害也。"

纲 庚辰,三十四年(前281),楚谋入寇,王使东周公喻止之。

———————————

① 和氏璧:春秋时楚人卞和在山中得一块璞玉,献给楚厉王、武王,王不识玉反断其左足和右足。到文王时卞和抱玉哭于荆山下,王使人剖璞,果真得到宝玉,名之谓"和氏璧"。直到楚怀王在位时期,"和氏璧"才从楚国流落到了赵国。
② 奉:同"捧"。
③ 给:同"诒",欺骗。
④ 间行:从小道而行。
⑤ 弊:通"敝",破旧,破损。
⑥ 过:拜访。关市:指掌关市之官。
⑦ 壅:欺骗。
⑧ 左氏:战国卫邑,在今山东菏泽市定陶区西。

目楚欲图周,王使东周武公谓楚令尹昭子曰:"西周之地,不过百里,而名为天下共主。裂其地不足以肥国,得其众不足以劲兵①。而攻之者,名为弑君。然而犹有欲攻之者,见祭器在焉故也。夫虎肉臊而兵利身②,人犹攻之。若使泽中之麋蒙虎之皮③,人之攻之必万倍矣。裂楚之地,足以肥国,诎(chù)楚之名④,足以尊主。今子欲诛残天下之共主,居三代之传器⑤,器南⑥,则兵至矣!"于是楚计不行。

[渑池之会]

纲壬午,三十六年(前279),秦、赵会于渑池。

目秦王告赵王,愿为好会于河外渑池。赵王行,蔺相如从。及会,饮酒,秦王请赵王鼓瑟,赵王鼓之。相如请秦王击缶⑦,秦王不肯。相如曰:"五步之内,臣请得以颈血溅大王矣⑧!"左右欲刃相如,相如张目叱之,左右皆靡⑨。秦王乃一击缶。罢酒,秦终不能有加于赵,赵人亦盛为之备,秦不敢动。

赵王归,以相如为上卿,位在廉颇右⑩。颇曰:"我为将,有攻城野战

① 劲:加强。
② 兵利身:指虎之爪牙,如兵之利刃在身。以此比喻周。
③ 泽中之麋:比喻楚国。
④ 诎:通"黜",贬退。
⑤ 三代之传器:指九鼎。
⑥ 器南:指九鼎南迁至楚。
⑦ 缶:盛酒瓦器,秦俗击之以节乐。
⑧ 溅:激洒。
⑨ 靡:披靡,泛指退却。
⑩ 右:战国时期赵国以右为上,为贵。

之功。相如素贱,徒以口舌而位加我上,我见必辱之!"相如闻之,不肯与会。每朝,常称病。出而望见,辄引车避匿。其舍人皆以为耻。相如曰:"子视廉将军孰与秦王?"曰:"不若。"相如曰:"夫以秦王之威,而相如廷叱之。相如虽驽①,独畏廉将军哉!顾吾念之,秦所以不敢加兵于赵,徒以吾两人在也。今两虎共斗,其势不俱生。吾所以为此者,先国家之急而后私仇也!"颇闻之,肉袒负荆②,至门谢罪,遂为刎颈交③。

|纲| 燕君平卒。乐毅奔赵,齐田单击破燕军,尽复齐地。齐君入临淄,封单为安平君。赵封乐毅为望诸君。

|目| 时齐地皆已属燕,独莒、即墨未下,乐毅并军围之。即墨大夫战死。即墨人曰:"安平之战④,田单宗人以铁笼得全⑤,是多智习兵。"立以为将。乐毅围二邑,期年不克,乃令解围,去城九里而为垒⑥,令曰:"城中民出者勿获,困者赈之,使即旧业。"三年而犹未下。或谗之于昭王曰:"乐毅智谋过人,呼吸之间克七十余城,今不下者两城耳,非其力不能拔,欲久仗兵威以服齐人,遂南面而王耳。"昭王于是置酒大会,引言者斩之,遣国相立毅为齐王。毅皇恐不受,拜书,以死自誓。由是齐人服其义,诸侯畏其信,莫敢复有谋者。

顷之,昭王薨。惠王自为太子时,不快于乐毅,田单乃纵反间曰:"乐

---

① 驽:愚钝、无能。

② 肉袒负荆:袒露上身,背负荆条,表示甘愿受罚。

③ 刎颈交:指友谊深挚,可以共生死的朋友。

④ 安平:战国齐地,在今山东淄博市临淄区东。

⑤ 铁笼:指以铁鍱箍包车轴,使其坚硬而易于前进。

⑥ 垒:军壁。

毅与燕新王有隙，畏诛，欲连兵王齐。齐人未附，故且缓攻即墨以待其事。齐所惧，惟恐他将之来，即墨残矣。"惠王闻之，即使骑劫代将，毅遂奔赵。将士由是愤惋不和。

田单乃令城中人食，必祭先祖于庭，飞鸟皆翔舞而下。燕人怪之，单因宣言曰："当有神师下教。"俄有一卒曰："臣可以为师乎?"单遂师之。每有约束，必称神师。又宣言曰："吾惟惧燕人劓(yì)所得齐卒①，置之前行，即墨败矣!"燕人如其言。城中皆怒，坚守，惟恐见得。单又言："吾惧燕人掘吾城外冢墓，可为寒心!"燕军掘烧之。齐人望见，皆涕泣，欲出战。单知其可用，乃身操版锸(chā)②，与士卒分功③。妻妾编于行伍之间，尽散饮食飨士。令甲卒皆伏，使老弱、女子乘城，遣使约降。燕军益懈。单收城中得牛千余，为绛缯衣④，画以五采龙文，束兵刃于其角，灌脂束苇于其尾⑤，凿城数十穴，夜纵牛，烧苇端，壮士五千人随之。牛热怒奔燕军，所触尽死伤。燕军大惊，而城中鼓噪从之，燕军败走。齐人杀骑劫，追亡逐北，至河上，七十余城皆复为齐。乃迎王自莒入临淄。

王以太史敫之女为后，是为君王后⑥。生太子建。以单为相，封安平君。太史敫曰："女不取媒，因自嫁，污吾世!"终身不见君王后，君王后亦不以不见故，失人子之礼。

---

① 劓：五刑之一，即割鼻。
② 锸：用以起土的工具，类似于今天的锹。
③ 功：工作，事情。
④ 绛缯：深红色的绸子。
⑤ 灌脂束苇：束芦苇于其尾，而以膏油灌之。
⑥ 君王后：以其姓后，不可称"后后"，故曰"君王后"。

田单尝出见老人涉淄①，而寒不能行，解裘衣之。襄王恶之，曰："单将欲以是取吾国乎！"岩下有贯珠者闻之②，言于王曰："王不如因以为己善。下令曰：'寡人忧民之饥也，单收而食之。寡人忧民之寒也，单收而衣之。称寡人之意。'单有是善而王嘉之，单之善亦王之善也。"王曰："善。"乃赐单牛酒。

王有幸臣九人，语王曰："安平君内抚百姓，外怀戎翟，礼天下之贤士，其志欲有为也。"异日③，王曰："召相单来！"单所任貂勃闻之，稽首于王曰："周文王得吕尚以为太公，齐桓公得管夷吾以为仲父，今王得安平君而独曰'单'，安得此亡国之言乎！夫安平君以惴惴即墨三里之城④，五里之郭，而反千里之齐⑤。当是时而自王，天下莫之能止。然计之于道，归之于义，以为不可，故栈道木阁⑥，而迎王于城阳⑦。今国已定，民已安矣，王乃曰'单'，婴儿之计不为此也。"王乃杀九人，而益封安平君万户。

赵王欲与乐毅谋伐燕，毅泣曰："臣畴昔之事昭王，犹今日之事大王也。若复得罪在他国，终身不敢谋赵之奴隶，况子孙乎！"赵王乃止，而封毅于观津⑧，号望诸君。燕惠王恐赵用之以乘其敝，乃使人让毅，且谢之曰："将军捐燕归赵⑨，自为计则可矣，而何以报先王所以遇将

---

① 淄：河名，今山东境内的淄河。
② 岩：殿旁高廊。
③ 异日：他日。
④ 惴惴：恐惧的样子。
⑤ 反：收复失地。
⑥ 栈道木阁：在险绝处傍山架木而成的道路。
⑦ 城阳：战国时为韩国城阳君所封，在今山东菏泽市东北。
⑧ 观津：赵邑故城，在今河北衡水市东南。
⑨ 捐：弃。

军之意乎!"毅报书曰:"免身立功①,以明先王之迹,臣之上计也。罹毁辱之谤②,堕先王之名③,臣之所大恐也。临不测之罪,以幸为利④,义之所不忍出也。古之君子交绝不出恶声,忠臣去国不洁其名。臣虽不佞,数奉教于君子矣。"燕乃复以毅子间为昌国君,而毅往来复通燕,竟卒于赵。

纲 薛公田文卒。

目 初,齐湣王既灭宋,欲去孟尝君。孟尝君奔魏,魏以为相,与诸侯共伐破齐。襄王复国,而孟尝君中立为诸侯,无所属。襄王畏之,与连和。至是卒,诸子争立,齐、魏共灭之。

纲 癸未,三十七年(前278),秦白起伐楚拔郢,烧夷陵⑤。楚徙都陈⑥。秦置南郡,封起为武安君。

纲 乙酉,三十九年(前276),魏封公子无忌为信陵君。

纲 戊子,四十二年(前273),赵、魏伐韩,秦救之,大破其军,魏割南阳以和。

目 秦救韩,败赵、魏之师。魏段干子请割南阳予秦以和。苏代谓魏王曰:"欲玺者⑦,段干子也。欲地者,秦也。今王使欲玺者制地,欲地者制玺,魏地尽矣!夫以地事秦,犹抱薪救火,薪不尽,火不灭。"王

---

① 免身立功:免身于罪,立取齐之功。
② 罹:遭受。
③ 堕:损坏。
④ 临不测之罪,以幸为利:被不测之重罪以去燕,又幸喜赵伐燕以为利。
⑤ 夷陵:楚先王墓名,在今湖北宜昌市东南。
⑥ 陈:地名,在今河南周口市淮阳区。
⑦ 欲玺:想要得到受封的官印。

曰："是则然矣。然事始已行，不可更矣。"对曰："夫博之所以贵枭者①，便则食②，不便则止。今何王之用智不如用枭也？"王不听，卒以南阳为和。

纲 辛卯，四十五年（前270），秦伐赵，围阏(è)与③，赵奢击却之。赵封奢为马服君。

目 初，赵奢为田部吏，收租税，平原君家不肯出，奢以法杀其用事者九人。平原君怒，将杀之。奢曰："君于赵为贵公子，今纵君家而不奉公则法削，法削则国弱，国弱则诸侯加兵，是无赵也。君安得有此富乎！以君之贵，奉公如法则上下平，上下平则国强，国强则赵固，而君为贵戚，岂轻于天下邪！"平原君贤之，言于王。使治国赋，国赋大平，民富而府库实。及秦围阏与，王召群臣问之，廉颇、乐乘皆曰："道远险陕，难救。"奢曰："道远险陕，如两鼠斗于穴中，将勇者胜。"王乃令奢将兵救之，秦师大败，解阏与而还。赵封奢为马服君。

纲 秦以范雎为客卿。

目 初，魏人范雎从中大夫须贾使于齐，齐王闻其辩口④，私赐之金。贾疑雎以国阴事告齐也，归告其相魏齐。齐怒，笞击雎⑤，折胁，摺(lā)齿⑥，置厕中。雎佯死，得出，魏人郑安平持雎亡匿，更姓名曰张禄。

① 博：古代的一种赌博游戏。枭：博戏中的胜采。
② 便：宜。食：行棋。
③ 阏与：战国韩邑，后属赵，在今山西和顺县西北。
④ 辩口：善于辞令。
⑤ 笞击：鞭打。
⑥ 摺：拉折。

［范雎所献远交近攻策略，成为秦灭六国的基本战略］

　　秦谒者王稽使魏①，载与俱归。荐之王，王见之离宫②。雎未敢言内，先言外事，以观秦王之俯仰。因进曰："穰（ráng）侯越韩、魏而攻齐③，非计也。今王不如远交而近攻，得寸则王之寸也，得尺亦王之尺也。今夫韩、魏，中国之处而天下之枢也④。王若欲霸，必亲中国以为天下枢，而威楚、赵，则齐附，而韩、魏因可虑矣。"王曰："善。"乃以雎为客卿，与谋国事。

邓国军 评注

何　晋　杨　坤 审定

---

① 谒者：掌宾赞受事之官。
② 离宫：君王出游时所居之宫。
③ 穰侯：指秦昭王封母舅魏冉。
④ 枢：户枢，出入往来之所经由之处，比喻韩魏地理位置的重要。

纲鉴易知录卷七

卷首语：本卷起周赧王四十九年（前266），止秦王嬴政二十五年（前222），所记为战国末期共四十五年间历史。范雎游说秦王，秦王以雎为相，封应侯。秦攻赵，触龙游说赵太后，长安君质于齐，齐师出，秦师退。长平之战，赵国战败，秦坑杀赵降卒四十万。秦伐赵，魏国信陵君窃符救赵，破秦军。赧王献西周地于秦，秦迁西周公于𢫨狐聚、迁东周君于阳人聚。之后，秦依次攻灭韩、赵、魏、楚、燕、代国，并降服百越。

周　纪

赧王

纲 乙未,四十九年(前266),秦君废其母,不治事。逐魏冉、芈戎、公子市、公子悝。以范雎为丞相,封应侯。

目 范雎日益亲,用事,因说秦王曰:"臣居山东时,闻齐之有孟尝君,不闻有王;闻秦有太后、穰侯,不闻有王。夫擅国之谓王,能利害之谓王,制杀生之谓王。今太后擅行不顾,穰侯出使不报,华阳、泾阳击断无讳①,高陵进退不请②,四贵备而国不危,未之有也。臣又闻之,木实繁者披其枝③,披其枝者伤其心。大其都者危其国,尊其臣者卑其主。淖齿管齐而弑湣王④,李兑管赵而囚主父。今臣观四贵之用事,此亦齿、兑之类也。窃恐万世之后,有秦国者,非王子孙也!"王以为然,于是废太后,逐穰侯、华阳君芈戎、高陵君市、泾阳君悝于关外,以雎为丞相,封应侯。

纲 丙申,五十年(前265),秦伐赵,取三城,齐救却之⑤。遂以赵师伐燕,

---

① 华阳:芈戎所封地,在今陕西商洛市商州区,此处代指芈戎。泾阳:公子悝的封地,在今陕西泾阳县,此处代指公子悝。击断:指决断刑事诉讼事务。无讳:毫无避讳。
② 高陵:公子市所封,在今陕西三原县东南,此处代指公子市。
③ 木实:树木的果实。披:折断。
④ 管:专权。
⑤ 却:击退。

取中阳①。伐韩,取注人②。

目 秦攻赵,赵王新立,太后用事,求救于齐。齐人曰:"必以长安君为质③。"太后不可。齐师不出,大臣强谏。太后明谓左右曰:"有复言者,老妇必唾其面!"左师触龙请见,曰:"贱息舒祺④,最少,不肖,而臣衰,窃爱之,愿得补黑衣之缺⑤,以卫王宫。"太后曰:"诺。年几何矣?"对曰:"十五岁矣。虽少,愿及臣未填沟壑而托之。"太后曰:"丈夫亦爱少子乎?"对曰:"甚于妇人。"太后笑曰:"妇人异甚。"对曰:"老臣窃以为媪之爱燕后贤于长安君⑥。"太后曰:"君过矣!不如长安君之甚。"左师曰:"父母爱其子则为之计深远。媪之送燕后也,持其踵而哭,念其远也,亦哀之矣。已行,非不思也,祭祀则祝之曰:'必勿使反⑦!'岂非为之计长久,为子孙相继为王也哉?"太后曰:"然。"左师曰:"今三世以前,至于赵王之子孙为侯者,其继有在者乎?"曰:"无有。"曰:"此其近者祸及身,远者及其子孙。岂人主之子侯则不善哉?位尊而无功,奉厚而无劳⑧,而挟重器多也⑨。今媪尊长安君之位,封以膏腴之地,多与之重器,而不及今令有功于赵,一旦山陵崩⑩,长

———————

① 中阳:战国燕邑,在今山西中阳县。
② 注人:故城在今河南汝州市西十五里汝水北,古注国。
③ 长安君:太后少子。
④ 贱息:谦称自己的儿子。
⑤ 黑衣:王宫宿卫常穿黑衣,故用以指宫廷侍卫。
⑥ 媪:女老之尊称。燕后:太后女嫁于燕者。贤:胜。
⑦ 反:通"返"。
⑧ 奉:通"俸"。
⑨ 重器:指国家的宝器。
⑩ 山陵崩:指太后去世。

安君何以自托于赵哉?"太后曰:"诺,恣君之所使之①!"于是为长安君约车百乘质于齐。齐师乃出,秦师退。

纲 戊戌,五十二年(前263),楚太子完自秦逃归,楚君横卒②,完立③。以黄歇为相,封春申君。

纲 己亥,五十三年(前262),秦白起伐韩,拔野王④。上党降赵⑤。

目 秦武安君伐韩⑥,拔野王。上党路绝,上党守冯亭献之赵。赵王以问平阳君豹,对曰:"圣人甚祸无故之利。"王曰:"人乐吾德,何谓无故?"豹曰:"秦蚕食韩地,中绝,不令相通,固自以为坐而受上党也。韩氏所以不入之秦者,欲嫁其祸于赵也。秦服其劳而赵受其利,虽强大不能得之于弱小,弱小顾能得之于强大乎!岂得谓之非无故哉?不如勿受。"平原君请受之。王乃使平原君往受地,封冯亭为华阳君。亭垂涕,不见使者,曰:"吾不忍卖主之地而食之也!"

[长平之战是战国规模最大的一场战争,影响了战国末期历史走向]

纲 辛丑,五十五年(前260),秦王龁(hé)攻赵上党,拔之。白起代将,大

---

① 恣:任凭。
② 楚君横:楚顷襄王。
③ 完:楚考烈王。
④ 野王:战国韩邑,在今河南沁阳市。
⑤ 上党:战国韩置郡,治今山西长子县。
⑥ 武安君:白起。

破赵军,杀其将赵括,坑降卒四十万①。

目秦王龁攻上党,拔之。上党民走赵。赵廉颇军长平②,以按据之③。龁遂攻赵。赵军数败,廉颇坚壁不出④,又失亡多。赵王怒,数让之。应侯又使人行千金为反间,曰:"秦独畏马服君之子括为将耳!廉颇易与,且降矣!"赵王遂以赵括代颇将。蔺相如曰:"王以名使括,若胶柱鼓瑟⑤。括徒能读其父书传,不知合变也。"王不听。括自少时学兵法,以天下莫能当;与奢言之,奢不能难,然不谓善也。括母问其故,奢曰:"兵,死地也,而括易言之。使赵将之,破赵军者必括也。"及括将行,母上书言括不可使。王曰:"吾已决矣。"母因曰:"即有不称,妾请无随坐⑥!"王许之。

秦王闻括已将,乃阴使武安君为上将军,而龁为裨(pí)将⑦,令军中敢泄者斩。括至军,悉更约束⑧,易置军吏,出击秦军。武安君佯败走,张二奇兵以劫之⑨。括乘胜追造秦壁⑩,壁坚拒不得入,而秦奇兵绝其后。军分为二,粮道绝。赵军食绝四十六日,人相食,急攻秦垒,欲出不得。括自出搏战,秦射杀之,卒四十万人皆降。武安君曰:"秦已

①坑:坑杀。

②长平:战国赵地,在今山西晋城市西北。

③按据:屯兵支援。

④坚壁:加固军垒。

⑤胶柱鼓瑟:比喻固执拘泥,不知变通。

⑥坐:连坐。

⑦裨将:副将。

⑧约束:指廉颇的部署。

⑨张:陈设。

⑩造:至。

拔上党,其民不乐为秦而归赵。赵卒反覆,恐为乱。"乃挟诈尽坑之,遗其小者二百余人归赵。

评长平之战:

　　战国后期的秦、赵长平之战是中国历史上最著名的战役之一。秦军歼灭赵军主力,并坑杀四十多万降军,赵国从此衰落。此次战役持续时间之长、双方投入兵力之多、战况之惨烈、影响之巨大,在中国战争史上非常罕见。此战不仅削弱了赵国的力量,而且充分震慑了东方诸方国,为秦国完成统一创造了条件。此外,长平之战在中国古代军事史上也占有重要一席,在给后人留下丰富的战略思想、生动的军事实践的同时,也留下了大规模"杀降"以及"纸上谈兵"的惨痛教训。

纲 壬寅,五十六年(前259),魏以孔斌为相①,寻以病免。

目 魏王闻子顺贤,聘以为相,陈大计不用,乃以病致仕。

　　秦之始伐赵也,魏王问于诸大夫,皆曰:"秦若不胜,则可乘敝而击之;胜则因而服焉,于我何损?"斌曰:"不然。秦,贪暴之国也,胜赵必复他求,吾恐于时魏受其师也。先人有言:燕雀处屋,子母相哺,呴(gòu)呴相乐②,自以为安矣。灶突炎上③,栋宇将焚,燕雀颜不变,不知祸之将及己也。今子不悟赵破而患将及己,可以人而同于燕雀乎!"斌,穿之子也。

纲 癸卯,五十七年(前258),秦伐赵,围邯郸。

---

① 孔斌:孔子玄孙。
② 呴呴:鸟鸣声。
③ 灶突:灶囱。

目秦武安君病,使王陵伐赵,攻邯郸,少利。武安君病愈,王欲使代之。武安君曰:"邯郸实未易攻也,且诸侯之救日至。秦虽胜于长平,然士卒死者过半,国内空,远绝山河,而争人国都,赵应其内,诸侯攻其外,破秦军必矣。"王又使应侯请之,终辞不行,乃以王龁代陵。

纲赵公子胜如楚乞师,楚黄歇帅师救赵。

目赵王使平原君求救于楚,约其门下文武备具者二十人与俱,得十九人,余无可取者。毛遂自荐。平原君曰:"夫贤士之处世,如锥处囊中,其末立见①。今先生处胜门下,三年于此矣,胜未有所闻,是先生无所有也。"遂曰:"臣乃今日请处囊中耳,使臣得蚤处囊中,乃脱颖而出,非特其末见而已。"平原君乃与俱至楚,与楚王言合从之利,久不决。毛遂按剑历阶而上,曰:"从之利害,两言而决耳! 今日出而言,日中不决,何也?"王怒叱之。遂按剑而前曰:"王之所以叱遂者,以楚国之众也。今十步之内,王不得恃楚国之众也! 王之命悬于遂手。吾君在前,叱者何也? 今以楚之强,天下弗能当。白起,小竖子耳,一战而举鄢郢②,再战而烧夷陵,三战而辱王之先人,此百世之怨,赵之所羞,而王不知恶焉。合从者为楚,非为赵也。"王曰:"唯唯③。"乃与楚王歃血定从而归。平原君曰:"胜不敢复相天下士矣!"因以毛遂为上客,而楚使春申君将兵救赵。

①　末:锥尖。
②　鄢郢:楚都郢与别都鄢的连称。
③　唯唯:恭敬的应答声。

[信陵君的窃符救赵，挽救了赵国的危机]

纲 魏晋鄙帅师救赵，次于荡阴，公子无忌袭杀鄙①，夺其军以进。

目 魏王使晋鄙救赵。秦王使谓魏曰："吾攻赵，且暮且下，诸侯敢救者，必移兵先击之！"魏王恐，止晋鄙，壁邺②。又使新垣衍入邯郸说赵，欲共尊秦为帝，以却其兵。鲁仲连闻之，往见衍曰："彼秦者弃礼义而上首功之国也③。彼即肆然而为帝于天下，则连有蹈东海而死耳，不愿为之民也！且梁未睹秦称帝之害故耳。昔者九侯、鄂侯、文王，纣之三公也。纣醢九侯，鄂侯争之强，故脯鄂侯。文王闻之，喟然而叹，故拘之羑里之库，欲令之死。今秦、梁俱据万乘之国，各有称王之名，奈何睹其一战之胜，欲从而帝之，卒就脯醢之地乎！且秦无已而帝，则将行其天子之礼以号令天下，变易诸侯之大臣，夺其所憎而与其所爱，又使女子谗妾为诸侯妃姬，梁王安得晏然而已乎！而将军又何以得故宠乎！"衍起再拜曰："吾乃今知先生天下士也！吾请出，不敢复言帝秦矣！"

初，魏公子无忌爱人下士，致食客三千人。有隐士侯嬴，家贫，为夷门监者④。公子置酒，大会宾客，坐定，从车骑，虚左⑤，自迎侯生。至，公子引侯生坐上坐，宾客皆惊。及秦围赵，赵平原君夫人，无忌姊也，使者冠盖相属于魏⑥，让公子。公子患之，数请魏王救晋鄙救

① 公子无忌：信陵君。
② 壁：驻扎。邺：战国魏地，在今河北临漳县西。
③ 首功之国：秦法，斩一敌首，赐爵一级。
④ 夷门：魏都大梁东门。
⑤ 虚左：空着左边的位置，表示对宾客的尊敬。
⑥ 属：连接。

赵①,及宾客辩士游说万端,王终不听。公子乃过见侯生,再拜问计。生曰:"吾闻晋鄙兵符,在王卧内,而如姬最幸,力能窃之。且公子尝为报其父仇,如姬欲为公子死无所辞。诚一开口,则得虎符②,夺鄙兵,北救赵,西却秦,此五伯之功也③。"公子如其言,得兵符。侯生曰:"将在外,君令有所不受。有如鄙疑而复请之,则事危矣。臣客朱亥,力士,可与俱。鄙不听,使击之。"公子至邺,晋鄙合符,果疑之。亥袖四十斤铁椎,椎杀鄙。公子勒兵下令曰:"父子俱在军中者,父归!兄弟俱在军中者,兄归!独子无兄弟者,归养!"得选兵八万人,将之而进。

纲 甲辰,五十八年(前257),秦杀白起。

目 王龁战不利,武安君曰:"不听吾计,今何如矣?"王闻之,怒,强起之。武安君称病笃,乃免为士伍,迁之阴密④。行至杜邮⑤,应侯曰:"起之迁,意尚怏怏,有余言⑥。"王乃使赐之剑,武安君遂自杀。秦人怜之。应侯乃任郑安平,使将击赵。

纲 魏公子无忌大破秦军邯郸下。

目 信陵君大破秦军于邯郸下,王龁解围走。郑安平以二万人降赵。

信陵君不敢归魏,使将将其军以还。赵王欲以五城封公子,公子闻

---

① 敕:自上命下之词。
② 虎符:即兵符。
③ 五伯:五霸。
④ 阴密:战国秦邑,在今甘肃灵台县西。一说在今甘肃泾川县南。
⑤ 杜邮:杜地传驿之邮亭,在今陕西咸阳市东北。
⑥ 余言:怨言。

之,有自功之色。客有说公子曰:"物有不可忘,有不可不忘。人有德于公子,公子不可忘也。公子有德于人,愿公子忘之也。且矫令夺兵以救赵,于赵则有功矣,于魏则未为忠臣也。公子乃自骄而功之,窃为公子不取也!"于是公子立自责,若无所容。赵王自迎,与公子饮至暮,以公子退让,竟不忍言献五城。

平原君欲封鲁仲连,仲连亦不受,乃以千金为寿。连笑曰:"所贵为天下士者,为人排患难解纷乱而无取也。即有取者,是商贾之事,连不忍为也!"遂辞去,终身不复见。

纲 秦太子之子异人自赵逃归①。

目 秦太子妃曰华阳夫人,无子。夏姬生子异人,质于赵。秦数伐赵,赵不礼之,困不得意。阳翟大贾吕不韦适邯郸②,见之,曰:"此奇货可居!"乃说之曰:"秦王老矣。太子爱华阳夫人而无子。子之兄弟二十余人,子居中,不甚见幸,太子即位,子不得争为嗣矣。"异人曰:"奈何?"不韦曰:"能立适嗣者独华阳夫人耳③。不韦虽贫,请以千金为子西游,立子为嗣。"异人曰:"必如君策,秦国与子共之。"不韦乃与五百金令结宾客,复以五百金买奇物玩好,自奉而西,见夫人姊,而以献于夫人,因誉异人之贤,宾客遍天下,日夜泣思太子及夫人,曰:"异人也以夫人为天!"夫人喜。不韦因使其姊说曰:"夫人爱而无子,不以繁华时蚤自结于诸子中贤孝者,举以为适,即色衰爱弛,虽欲开一言,尚可得乎!今异人贤,而自知中子,不得为适,诚以此时拔之,是

① 秦太子:秦孝文王柱。异人:秦庄襄王楚。
② 阳翟:战国韩邑,在今河南禹州市境内。
③ 适:即"嫡"。

异人无国而有国,夫人无子而有子也,则终身有宠于秦矣。"夫人以为然,乘间言之。太子与夫人又刻玉符,约以为嗣,因请不韦傅之。

不韦娶邯郸姬绝美者与居,知其有娠,异人见而请之。不韦佯怒,既而献之,期年而生子政,异人遂以为夫人。邯郸之围,赵人欲杀之,不韦赂守者得脱,亡赴秦军,遂归。异人楚服而见夫人,夫人曰:"吾楚人也,当自子之。"更名曰楚。

〔赧王献西周地于秦,周王朝灭亡〕

纲 乙巳,五十九年(前256),秦伐韩、赵,王命诸侯讨之。秦遂入寇,王入秦,尽献其地,归而卒。

目 秦伐韩,取阳城、负黍①,斩首四万。伐赵,取二十余县,斩首九万。赧王恐,倍秦,与诸侯约从,欲伐秦。秦使将军摎(jiū)攻西周,赧王入秦,顿首受罪,尽献其邑三十六,口三万。秦受其献而归赧王于周,是岁卒。

东周君

纲 丙午(前255)②。

纲 秦丞相范雎免。

目 秦河东守王稽坐与诸侯通③,弃市④。王临朝而叹,应侯请其故。

---

① 负黍:战国韩邑,在今河南登封市西南。
② 秦昭襄王五十二年,楚考烈王八年,燕孝王三年,魏安釐王二十二年,赵孝成王十一年,韩桓惠王十八年,齐王建十年。
③ 河东守:秦河东郡的太守。
④ 弃市:指处以死刑。

王曰:"武安君死,而郑安平、王稽皆畔,内无良将,外多敌国,吾是以忧!"应侯惧,不知所出。燕客蔡泽闻之,西入秦,先使人宣言于应侯曰①:"蔡泽见王,必夺君位。"应侯召泽让之,泽曰:"吁,君何见之晚也!夫四时之序,成功者去。商君、吴起、大夫种,何足愿与?"应侯谬曰②:"何为不可!君子有杀身以成名,死无所恨。"泽曰:"身名俱全者,上也;名可法而身死者,次也。三子之可愿,孰与闳(hóng)夭、周公哉?语曰:'日中则移,月满则亏。'进退赢缩,与时变化。今君怨已雠而德已报③,意欲至矣而无变计,窃为君危之!"应侯曰:"善。"遂荐泽于王,因谢病免。王悦泽计,以为相,数月免。

纲 楚以荀况为兰陵令④。

目 荀卿,赵人,春申君以为兰陵令。

荀卿尝与临武君论兵于赵孝成王前。王曰:"请问兵要。"卿对曰:"要在附民。夫仁人之兵,上下一心,三军同力;臣之于君也,下之于上也,若子弟之事父兄,若手臂之扞头目而覆胸腹也⑤。故兵要在于附民而已。故齐之技击不可以遇魏之武卒⑥,魏之武卒不可以遇秦之锐士,秦之锐士不可以当桓、文之节制⑦,桓、文之节制不可以敌汤、武

---

① 宣言:指故意散布某种言论。
② 谬:诈伪,装假。
③ 雠:报。
④ 荀况:荀子。兰陵:县名,战国楚置,在今山东兰陵县。
⑤ 扞:保卫。覆:保护,庇护。
⑥ 技击:战斗的技巧。
⑦ 节制:节度法制。

之仁义。故招延募选,隆势诈①,尚功利,是渐之也②。礼义教化,是齐之也。故兵大齐则制天下,小齐则制邻敌"。王曰:"善。请问为将。"卿曰:"号令,欲严以威;赏罚,欲必以信;处舍③,欲周以固;徙举进退,欲安以重④,欲疾以速⑤;窥敌观变,欲潜以深⑥,欲伍以参⑦;遇敌决战,必行吾所明,无行吾所疑,夫是之谓六术。无欲将而恶废⑧,无怠胜而忘败⑨,无威内而轻外,无见利而不顾其害,凡虑事欲熟而用财欲泰⑩,夫是之谓五权。可杀而不可使处不完⑪,可杀而不可使击不胜,可杀而不可使欺百姓,夫是之谓三至。凡百事之成也必在敬之,其败也必在慢之,故敬胜怠则吉,怠胜敬则灭,计胜欲则从,欲胜计则凶。战如守,行如战,有功如幸。慎行此六术、五权、三至,而处之以恭敬无旷,夫是之谓天下之将。"临武君曰:"善。"陈嚣问曰:"先生议兵,常以仁义为本,然则又何以兵为哉?"卿曰:"仁者爱人,故恶人之害之也;义者循理,故恶人之乱之也。故兵者所以禁暴除害也,非争夺也。"

---

① 隆:崇尚。
② 渐:欺诈。
③ 处舍:营垒。
④ 安以重:不为轻动。
⑤ 疾以速:不失时机。
⑥ 潜以深:潜隐深入。
⑦ 伍以参:五人相杂为伍,三人相杂为参。
⑧ 将:进。废:退。
⑨ 怠胜:胜利后懈怠。
⑩ 泰:大方。
⑪ 不完:守备不完全。

纲 周民东亡，秦取其宝器，迁西周公于𢠢(dàn)狐之聚①。

纲 楚人迁鲁于莒而取其地。

纲 丁未(前254)②，韩王入朝于秦。

纲 戊申(前253)，秦王郊见上帝于雍。

纲 庚戌(前251)③，秋，秦王稷薨，太子柱立。

纲 辛亥(前250)，冬十月，秦王薨，子楚立。

目 孝文王即位三日而薨，子楚立，尊华阳夫人为华阳太后，夏姬为夏
　太后。

纲 燕伐齐，拔聊城，齐伐取之。

目 燕将攻齐聊城，拔之，或谮之燕王。燕将保聊城，不敢归。齐田单攻
　之，岁余不下。鲁仲连乃为书，约之矢以射城中④，遗燕将，曰："为公
　计者，不归燕则归齐。今独守孤城，齐兵日益而燕救不至，将何为乎？"
　燕将见书，泣三日，犹豫不能决，遂自杀。聊城乱，田单克之。归，言仲
　连于齐王，欲爵之。仲连逃之海上，曰："吾与富贵而诎(qū)于人⑤，宁
　贫贱而轻世肆志焉⑥！"魏王问天下之高士于子顺，子顺曰："世无其

① 𢠢狐之聚：在今河南汝州市西北。
② 秦五十三年，楚九年，燕王喜元年，魏二十三年，赵十二年，韩十九年，齐十一年。
③ 秦孝文王柱元年，楚十三年，燕五年，魏二十七年，赵十六年，韩二十三年，齐十五年。
④ 约：栓系。
⑤ 诎：屈服。
⑥ 轻世肆志：藐视世俗，放荡心志。

人也。抑可以为次,其鲁仲连乎!"

纲 壬子(前249)①,秦以吕不韦为相国,封文信侯。

〔秦灭东周,周遂不祀〕

纲 秦灭东周,迁其君于阳人聚②。

目 东周君与诸侯谋伐秦。王使相国帅师灭之,迁东周君于阳人聚。周遂不祀。周比亡③,凡七邑。

右周三十七主,并东周君计八百七十三年。

秦　纪④

庄襄王

纲 甲寅(前247)⑤,秦伐魏,魏公子无忌帅五国之师败之,追至函谷而还。

目 蒙骜伐魏,取高都、汲⑥。魏王患之,使人请信陵君。信陵君不肯还,其客毛公、薛公见曰:"公子所以重于诸侯者,徒以有魏也。今魏急而

---

① 秦庄襄王楚元年,楚十四年,燕六年,魏二十八年,赵十七年,韩二十四年,齐十六年。
② 阳人聚:战国阳人邑,在今河南汝州市西南。
③ 比:及,至。
④ 附列国。按《纲目》例,凡正统之年,岁下大书。非正统,分注列国君名、年号甲子下。
⑤ 秦三年,楚十六年,燕八年,魏三十年,赵十九年,韩二十六年,齐十八年。
⑥ 高都:战国魏邑,故城在今山西晋城市。汲:战国魏邑,在今河南卫辉市西南。

公子不恤,一旦秦克大梁,夷先王之宗庙,公子何面目立天下乎!"语未毕,信陵君色变,趣驾还魏。魏王持信陵君而泣,以为上将军。求援于诸侯,诸侯闻之,皆遣兵救魏。信陵君遂率五国之师,败鹜于河外,追至函谷关而还。

安陵人缩高之子仕于秦①,守管②。信陵君攻之不下,使人召高,将以为五大夫,执爵尉③,而使攻管。高对曰:"父攻子守,人之笑也;见臣而下,是倍主也。父教子倍,亦非君之所喜。敢辞!"信陵君怒,使谓安陵君:"生束缩高而致之!不然,无忌将帅十万之师以造城下。"安陵君曰:"吾先君成侯受诏襄王以守此城也,手受太府之宪④,其上篇曰:'子弑父,臣弑君,有常不赦⑤。国虽大赦,降臣亡子不得与焉。'今缩高辞大位以全父子之义,而君曰'必生致之',是使我负襄王之诏而废太府之宪也。"缩高闻之曰:"信陵君为人悍猛而自用,此辞反,必为国祸。吾已全己,无违人臣之义矣,岂可使吾君有魏患乎!"乃之使者舍,刎颈而死。信陵君闻之,缟素避舍⑥,而遣使谢安陵君。

纲 五月,秦王薨,子政立。

目 政生十三年矣,国事皆委于文信侯,号仲父。

---

① 安陵:战国魏邑,在今河南鄢陵县西北。
② 管:战国秦邑,在今河南郑州市。
③ 执爵尉:军尉之执节者。
④ 太府:魏国藏图籍之府。宪:法令。
⑤ 常:常法。
⑥ 缟素:缟冠素衣,指白色的丧服。避舍:不居正寝。

后秦纪

始皇帝

纲 乙卯(前246)①,秦凿泾水为渠。

目 韩欲疲秦,使无东伐,乃使水工郑国为间于秦,凿泾水为渠。中作而觉,欲杀之。国曰:"臣为韩延数年之命,然渠成亦秦万世之利也。"乃使卒为之。注填阏之水②,溉舄(xì)卤之地③,四万余顷,收皆亩一钟,由是秦益富饶。

纲 丙辰(前245),赵王薨。廉颇奔魏。

目 赵使廉颇伐魏,取繁阳④。孝成王薨,悼襄王立,使乐乘代颇。颇怒,攻之,遂出奔魏,魏不能用。赵师数困,王复思之,使视颇尚可用否。颇之仇郭开多与使者金,令毁之。颇见使者,一饭斗米,肉十斤,被甲上马,以示可用。使者还报曰:"廉将军老,尚善饭,然与臣坐,顷之三遗矢矣⑤。"王遂不召。楚人迎之。颇一为楚将,无功,曰:"我思用赵人!"遂卒于楚。

---

① 秦王政元年,楚十七年,燕九年,魏三十一年,赵二十年,韩二十七年,齐十九年。
② 填阏:也作"填淤",即淤泥。
③ 舄卤之地:即盐碱地。
④ 繁阳:战国魏邑,在今河南内黄县西北。
⑤ 遗矢:犹拉屎。矢,通"屎"。

纲 丁巳(前244)①,赵李牧伐燕,取武遂、方城②。

目 李牧者,赵之北边良将也,尝居代、雁门备匈奴③,以便宜置吏,市租皆输入莫府④,为士卒费,日击数牛飨士。习骑射,谨烽火⑤,多间谍。为约曰:"匈奴入盗则急收保,有敢捕虏者斩!"如是数岁,无所亡失,匈奴皆以为怯。士日得赏赐而不用,皆愿一战。于是大破匈奴十余万骑,单于奔走,十余岁不敢近赵边。

纲 戊午(前243),秋七月,秦蝗、疫,令民纳粟拜爵⑥。

纲 庚申(前241)⑦,楚、赵、魏、韩、卫合从以伐秦,至函谷,皆败走。

目 诸侯患秦攻伐无已时,故五国合从以伐之。楚王为从长,春申君用事,取寿陵⑧。至函谷,秦师出,五国兵皆败走。

纲 楚迁于寿春⑨。

纲 癸亥(前238)⑩,夏四月,秦大寒,民有冻死者。

---

① 秦三年,楚十九年,燕十一年,魏三十三年,赵悼襄王偃元年,韩二十九年,齐二十一年。

② 武遂:战国燕邑,在今河北保定市徐水区西北遂城镇。方城:战国燕邑,在今河北固安县西南。

③ 代:战国赵地,在今河北蔚县东南。雁门:战国赵地,在今山西左云县西北。

④ 市:即军人货易之地。莫府:"莫",通"幕"。

⑤ 谨:认真对待。

⑥ 纳粟拜爵:将谷物输入官府用以换取爵位。

⑦ 秦六年,楚二十二年,燕十四年,魏景闵王二年,赵四年,韩三十二年,齐二十四年。

⑧ 寿陵:地名不详,一说在今河北境内。

⑨ 寿春:楚都,在今安徽寿县。

⑩ 秦九年,楚二十五年,燕十七年,魏五年,赵七年,韩王安元年,齐二十七年。

纲 秋九月,秦嫪毐(lào ǎi)作乱①,伏诛,夷三族。秦王迁其太后于雍。

目 初,秦王即位,年少,太后时时与文信侯私通。王益壮,文信侯恐事觉及祸,乃以舍人嫪毐诈为宦者进之。生二子,封毐为长信侯,政事皆决于毐。至是有告毐实非宦者,王下吏治毐。毐惧,矫王御玺发兵为乱。王使相国昌平君、昌文君攻之,毐战败走,获之,夷三族。迁太后于雍萯(fù)阳宫②,杀其二子。下令敢谏者死,谏而死者二十七人。齐客茅焦请谏,王大怒,趣召镬(huò)欲烹之③。焦徐行至前,曰:“臣闻有生者不讳死,有国者不讳亡。死生存亡,圣主所欲急闻也,陛下欲闻之乎?”王曰:“何谓也?”焦曰:“陛下有狂悖之行,不自知耶? 车裂假父④,囊扑二弟⑤,迁母于雍,残戮谏士。桀、纣之行不至于是矣! 今天下闻之,尽瓦解,无向秦者,臣窃为陛下危之! 臣言已矣!”乃解衣伏质⑥。王下殿,手接之,爵以上卿。自驾,虚左方,迎太后归,复为母子如初。

纲 楚王完薨。盗杀黄歇。

目 楚考烈王无子,春申君求妇人宜子者进之,甚众,卒无子。赵人李园进其妹于春申君,既有娠,园使妹说春申君曰:“楚王无子,即百岁后将更立兄弟,彼亦各贵其故所亲,君又安得长保此宠乎! 且君贵,用事久,多失礼于王之兄弟,兄弟立,祸且及身矣。今妾有娠而人莫知,

---

① 嫪毐:本为吕不韦舍人,因与秦始皇母私通,受宠幸,权倾一时。
② 萯阳宫:宫名,在今陕西西安市鄠邑区一带。
③ 镬:古时用以为烹人的刑器。
④ 假父:指嫪毐。
⑤ 囊扑:指把人装入袋中打死。
⑥ 质:刑具,杀人时作垫用的砧板。

诚以君之重,进妾于王,赖天而有男,则是君之子为王也。楚国可尽得,孰与身临不测之祸哉!"春申君乃出之,谨舍而言诸王。王召幸之,遂生男,立为太子。园妹为后,园亦贵用事,恐春申君泄其语,阴养死士,欲杀春申君以灭口。王薨,园先入,伏死士于棘门之内①,刺杀春申君,灭其家。太子立②。

纲 甲子(前237)③,冬十月,秦相国吕不韦以罪免,出就国。

目 秦王以不韦奉先王功大,不忍诛,免就国。

[李斯谏逐客书]

纲 秦大索④,逐客。客卿李斯上书,召复故官,遂除其令。

目 秦宗室大臣议曰:"诸侯人来仕者,皆为其主游间耳,请一切逐之。"于是大索,逐客。客卿楚人李斯亦在逐中,行,且上书曰:"昔穆公取由余于戎,得百里奚于宛,迎蹇叔于宋,求丕豹、公孙支于晋,并国二十,遂霸西戎。孝公用商鞅,诸侯亲服,至今治强。惠王用张仪,散六国从,使之事秦。昭王得范雎,强公室,杜私门。由此观之,客何负于秦哉!今乃弃黔首以资敌国⑤,却宾客以业诸侯,此所谓借寇兵而赍(jī)盗粮者也⑥。臣闻泰山不让土壤,故能成其大;江河不择细流,故能就其深;王者不却众庶,故能明其德,此五帝、三王

---

① 棘门:寿春城棘门。

② 太子:即楚幽王。

③ 秦十年,楚幽王悍元年,燕十八年,魏六年,赵八年,韩二年,齐二十六年。

④ 大索:大肆搜寻。

⑤ 黔首:秦称百姓为黔首。

⑥ 赍:送。

之所以无敌也。惟大王图之。"王乃召李斯,复其官,除逐客之令,卒用斯谋兼天下。

纲 丙寅(前235)①,秦吕不韦徙蜀,自杀。

目 不韦就国岁余,诸侯使者请之,相望于道。王恐其为变,赐不韦书曰:"君何功于秦,封河南十万户?何亲于秦,号称仲父?其徙处蜀!"不韦恐诛,饮鸩死。

纲 戊辰(前233),韩遣使称藩于秦。

目 初,韩诸公子非善刑名法术之学,见韩削弱,数以书干韩王,王不能用。于是作《孤愤》《五蠹》《说难》等篇,十余万言。至是王使纳地效玺于秦②,请为藩臣。非因说秦王曰:"大王诚听臣说,一举而天下之从不破,赵不举,韩不亡,荆、魏不臣,齐、燕不亲,则斩臣徇国,以戒为王谋不忠者。"王悦之,未用。李斯谮之,下吏,自杀。

纲 己巳(前232),燕太子丹自秦亡归。

目 初,丹尝质于赵,与秦王善。及秦王即位,丹质于秦,秦王不礼焉。丹怒,亡归。

〔秦按照远交近攻策略,率先灭韩,开启了统一六国的进程〕

纲 辛未(前230)③,秦内史胜灭韩,虏王安,置颍川郡④。

---

① 秦十二年,楚三年,燕二十年,魏八年,赵幽缪王迁元年,韩四年,齐三十年。
② 效:呈献。
③ 秦十七年,楚八年,燕二十五年,魏十三年,赵六年,韩九年,齐三十五年。是岁韩亡。
④ 颍川郡:治今河南禹州市。

纲 壬申(前229),秦王翦伐赵,下井陉(xíng)①。赵杀其大将军李牧。

目 秦王翦伐赵,赵使李牧御之。秦多与赵嬖臣郭开金,使言牧欲反。赵王使赵葱、颜聚代之。牧不受命,遂杀之。

纲 癸酉(前228)②,秦灭赵,虏王迁。秦王如邯郸。

目 故与母家有仇者皆杀之③。

纲 赵公子嘉自立为代王。与燕合兵,军上谷④。

纲 楚王薨⑤,弟郝立。三月,郝庶兄负刍杀之,自立。

纲 甲戌(前227)⑥,燕太子丹使盗劫秦王,不克。秦遂击破燕、代兵,进围蓟⑦。

目 初,丹既亡归,怨秦王,欲报之,以问其傅鞠武。武请约三晋,连齐、楚,媾(gòu)匈奴以图之⑧。太子曰:"太傅之计,旷日弥久,令人心惛(hūn)然⑨,恐不能须也⑩。"顷之,秦将军樊於期得罪,亡之燕,太子受而舍之。鞠武谏不听。太子闻卫人荆轲贤,卑辞厚礼而请见之。谓曰:"秦已虏韩临赵,祸且至燕。燕小,不足以当秦。诸侯又皆服

————————

① 井陉:即井陉关,在今河北井陉县井陉山上。
② 秦十九年,楚十年,燕二十七年,魏十五年,赵八年,齐三十七年。是岁赵亡。
③ 母:秦王母。
④ 上谷:战国燕地,在今河北怀来县西南。
⑤ 楚王:幽王悍。
⑥ 秦二十年,楚王负刍元年,燕二十八年,魏王假元年,齐三十八年,代王嘉元年。
⑦ 蓟:燕都,在今北京市西南隅。
⑧ 媾:讲和。
⑨ 惛然:指神智不清的样子。
⑩ 须:等待。

秦,莫敢合从。丹以为诚得天下之勇士使于秦,劫秦王,使悉反诸侯侵地,若曹沫之与齐桓公盟,则善矣;不可,则因而刺杀之。彼大将擅兵于外而内有乱,则君臣相疑,以其间,诸侯得合从,破秦必矣。惟荆卿留意焉!”轲许之。乃舍轲上舍,丹日造门①,所以奉养轲无不至。

会秦灭赵②,丹惧,欲遣轲。轲曰:“行而无信,则秦未可亲也。愿得樊将军首及燕督亢地图以献秦王③,秦王必悦见臣,臣乃有以报。”丹曰:“樊将军穷困来归丹,丹不忍也!”轲乃私见於期曰:“秦王遇将军,可谓深矣,父母宗族皆为戮没!今闻购将军首,金千斤,邑万家,将奈何?”於期太息流涕曰:“计将安出?”轲曰:“愿得将军之首以献秦王,秦王必喜而见臣,臣左手把其袖,右手揕(zhèn)其胸④,则将军之仇报而燕见陵之愧除矣⑤!”於期曰:“此臣之日夜切齿腐心者也!”遂自刎。丹奔往伏哭,然已无可奈何,乃函盛其首⑥。又尝豫求天下之利匕首⑦,以药淬之⑧,以试人,血濡(rú)缕⑨,无不立死者。乃装遣轲至咸阳,见秦王。奉图以进,图穷而匕首见,把王袖而揕之。未至身,王惊起,轲逐王,环柱而走。秦法,群臣侍殿上者不得操尺寸之

---

① 造门:上门。
② 会:适逢。
③ 督亢:燕国著名富饶地带,在今河北涿州市东一带。
④ 揕:击刺。
⑤ 见陵:被辱。
⑥ 函:用匣子装盛。
⑦ 豫:事先准备。
⑧ 淬:淬火。
⑨ 血濡缕:血流如丝。

兵,左右以手共搏之,且曰:"王负剑①! 负剑!"王遂拔以击轲,断其左股,遂体解以徇②。

王大怒,益发兵就王翦于中山,与燕、代战易水西③,大破之,遂围蓟。

纲乙亥(前226),冬十月,秦拔蓟,燕王走辽东,斩其太子丹以献于秦。

纲秦李信伐楚。

目秦王问于李信曰:"吾欲取荆,度用几何人?"对曰:"不过二十万。"问王翦,翦曰:"非六十万人不可。"王曰:"将军老矣,何怯也!"乃使信及蒙恬将二十万人伐楚。翦谢病,归频阳④。

纲丙子(前225)⑤,秦王贲伐魏,引河沟以灌其城。魏王假降,杀之,遂灭魏。

纲楚人大败秦军,李信奔还秦,王翦代之。

目李信大败楚军,引兵西,与蒙恬会城父⑥。楚人因随之,三日不顿舍⑦,大败之,入两壁⑧,杀七都尉。信奔还,王怒,自至频阳谢王翦,强起之。翦曰:"老臣罢(pí)病悖乱,大王必不得已用臣,非六十

———————

① 负剑:剑长不可拔,只有将剑放在背上,才可拔出。

② 体解以徇:分解其肢体以示众。

③ 易水:即中易水,出今河北易县西,东流合于拒马河。

④ 频阳:战国秦县名,在今陕西富平县。

⑤ 秦二十二年,楚三年,燕三十年,魏三年,齐四十年,代三年。是岁魏亡。

⑥ 城父:楚城父邑,在今河南宝丰县东。

⑦ 顿舍:止宿休息。

⑧ 壁:军垒。

万人不可!"王许之。于是翦将六十万人伐楚,王自送至霸上①,翦请美田宅甚众。王曰:"将军行矣,何忧贫!"翦曰:"为大王将,有功,终不得封侯,故及大王之乡臣,请田宅为子孙业耳。"王大笑。既行,又数使使者归请之。或曰:"将军之乞贷亦已甚矣!"翦曰:"王怚(cū)中而不信人②,今空国而委我,不有以自坚,顾令王坐而疑我矣。"

纲 丁丑(前224),秦王翦大败楚军,杀其将项燕。

目 王翦取陈以南至平舆③,楚人悉国中兵以御之④。翦坚壁不战,日休士洗沐,而善饮食,抚循之。久之,问"军中戏乎?"对曰:"方投石、超距⑤。"翦曰:"可矣!"楚既不得战,引而东。翦追击,大破之,至蕲(qí)南⑥,杀其将项燕,楚师遂败走。翦乘胜略定城邑。

纲 戊寅(前223)⑦,秦灭楚,虏王负刍,置楚郡⑧。

纲 己卯(前222)⑨,秦王贲灭燕,虏王喜。还灭代,虏王嘉。

纲 秦王翦遂定江南,降百越,置会稽郡⑩。

---

① 霸上:地名,因地处灞水西高原上得名,在今陕西西安市东。
② 怚:通"粗",粗心。
③ 平舆:战国楚邑,在今河南平舆县西北。
④ 悉:尽其所有。
⑤ 投石、超距:古代军中的习武练功活动。
⑥ 蕲:战国楚邑,在今安徽宿州市南四十里蕲县镇。
⑦ 秦二十四年,楚五年,燕三十二年,齐四十二年,代五年。是岁楚亡。
⑧ 楚郡:治今安徽寿县。
⑨ 秦二十五年,燕三十三年,齐四十三年,代六年。是岁燕、代亡。
⑩ 会稽郡:治今江苏苏州市。

评战国时代：

战国承春秋乱世，百家争鸣，英才辈出。"战国七雄"对外争霸，对内改革，名士纵横捭阖，宿将战场争锋，诸子异说兴起。这一时期，官分文武，将相并立，俸禄制取代了世官世禄制，郡县制代替了采邑制。学术下移，聚徒讲学之风兴起，各个学派从不同立场提出了各自的治国方略及哲学理论，他们之间互相批评，互相影响，兴起了"百家争鸣"的学术思潮，使战国文化大放异彩。战国时期政治、思想、文化的变革，对后世产生了深远影响。秦汉以后历代王朝的重要制度大都是沿袭战国时代再发展转化，文化和学术思想渊源往往也可追溯到这个时期。

邓国军 评注

何　晋　杨　坤 审定

纲鉴易知录卷八

卷首语：本卷起秦始皇二十六年（前221），止秦二世三年（前207），所记为秦朝十五年间历史。秦始皇统一天下之后，施行除谥法、以十月为岁首、废分封行郡县等统一措施。待政权稳定之后，秦始皇以法为教、以吏为师，行封禅，筑长城，伐匈奴，筑阿房宫，焚书坑儒，最后崩于沙丘。秦二世继位，使扶苏自杀，赐死蒙恬，信用赵高与李斯，残杀宗室、功臣，社会矛盾激化。陈胜吴广揭竿而起，天下大乱，秦王朝灭亡。

后秦纪

始皇帝

〔秦灭齐,最终统一了中国〕

纲 庚辰,秦始皇帝二十六年(前221),王贲袭齐,王建降,遂灭齐。

目 初,齐君王后事秦谨,与诸侯信,齐亦东边海上。秦日夜攻五国,五国
各自救,以故王建立四十余年不受兵。君王后死,后胜相齐,与宾客
多受秦间金,劝王朝秦,不修战备,不助五国攻秦,秦以故得灭五国。
至是王贲自燕南攻齐,猝入临淄,民莫敢格者。建遂降,秦迁之共①,
处之松柏之间,饿而死。齐人怨建听奸人宾客,不蚤与诸侯合从,以
亡其国,歌之曰:"松邪,柏邪! 住建共者客邪!"疾建用客之不
详也②。

〔秦王嬴政称皇帝〕

纲 王初并天下,更号"皇帝"。

目 王初并天下,自以为德兼三皇,功过五帝,乃更号曰"皇帝",命为
"制",令为"诏",自称曰"朕"③。追尊庄襄王为太上皇。

----

① 共:战国卫邑,在今河南卫辉市。
② 疾:憎恶。详:详审。
③ 朕:古人自称之通号,自此专作帝称。

纲除谥法。

目制曰:"死而以行为谥,则是子议父,臣议君也,甚无谓。自今以来,除谥法。朕为始皇帝,后世以计数,二世、三世至于万世,传之无穷。"

纲定为水德,以十月为岁首。

目初,齐人邹衍论著终始五德之运,始皇采用其说,以为周得火德,秦代周,从所不胜,为水德。始改年,朝贺皆自十月朔;衣服、旌旄、节、旗皆尚黑①;数以六为纪②。以为水德之始,刚毅戾(lì)深,事皆决于法,刻削毋仁恩和义③,然后合于五德之数。于是急于法,久不赦。

纲分天下为三十六郡。销兵器。一法度。徙豪杰于咸阳。

〔废分封,行郡县,加强中央集权〕

目丞相绾(wǎn)等言:"燕、齐、荆地远,请立诸子为王以镇之。"始皇下其议,廷尉斯曰:"周封子弟同姓甚众,然后属疏远,相攻击如仇雠,天子弗能禁。今海内赖陛下神灵一统,皆为郡、县,诸子功臣以公税赋重赏赐之,甚足,易制,天下无异意,则安宁之术也。置诸侯不便。"始皇曰:"天下苦战斗不休,以有侯王。赖宗庙,天下初定,又复立国,是树兵也,而求其宁息,岂不难哉!廷尉议是。"

分天下为三十六郡,郡置守、尉、监。

---

① 旌旄:古代用牦牛尾或兼五彩羽毛饰竿头的旗子。节:古代使臣所执的一种凭证,即符节。
② 纪:准则。
③ 刻削:刻薄。

收天下兵①,销以为钟鐻(jù)②、金人,置宫庭中。一法度、衡、石、丈尺③。徙天下豪杰于咸阳十二万户。

纲　壬午,二十八年(前 219),帝东巡,上邹峄(yì)山④,立石颂功业。封泰山,立石;下禅梁父⑤。遂登琅邪⑥,立石。遣徐市(fú)入海求神仙。渡淮浮江,至南郡而还⑦。

目　始皇东行郡县,上邹峄山,立石颂功德。上泰山阳至巅⑧,封祠祀⑨,立石颂德;从阴道下⑩,禅于梁父。遂东游海上,南登琅邪,作台,刻石。

方士徐市等上书,请得与童男女入海,求三神山诸仙人不死药⑪。于是遣市发童男女数千人求之。曰:"未能至,望见之焉。"

始皇还过彭城⑫,斋戒祷祠,欲出周鼎泗水⑬,使千人没水求之,弗得。乃西南渡淮浮江,至湘山祠⑭,逢大风,几不能渡。上问"湘君何神?"

---

① 兵:兵器。
② 鐻:乐器,似夹钟。
③ 衡:指秤杆,秤砣则被称为权。
④ 邹峄山:在今山东邹县东南。
⑤ 梁父:一作"梁甫",泰山下小山,在今山东泰安市南。
⑥ 琅邪:山名,在今山东诸城市东南海滨。
⑦ 南郡:治今湖北宜城市北。
⑧ 巅:山顶。
⑨ 封祠祀:积土为坛而祭祀之。
⑩ 阴道:山北面的道路。
⑪ 三神山:蓬莱、方丈、瀛洲,相传为仙人所居。
⑫ 彭城:县名,在今江苏徐州市。
⑬ 泗水:古泗水,自今山东泗水县发源,历曲阜、济宁市入江苏境,至淮阴市入淮。
⑭ 湘山祠:湘山,一名君山,在今湖南岳阳市西南洞庭湖中,山上有舜二妃庙。

对曰:"尧女,舜妻。"始皇大怒,伐赭(zhě)其山①。遂自南郡由武关归。

纲 癸未,二十九年(前218),帝东游,至阳武②,韩人张良狙击③,误中副车④;令天下大索十日,不得。遂登之罘(fú)⑤,刻石而还。

目 初,韩人张良,五世相韩。及韩亡,良散千金之产,弟死不葬,欲为韩报仇。始皇东游至阳武博浪沙中⑥,良令力士操铁椎狙击始皇,误中副车。始皇惊,求弗得,令天下大索十日。

纲 丙戌,三十二年(前215),帝巡北边,遣将军蒙恬伐匈奴。

目 初,始皇之碣石⑦,使卢生求羡门子高⑧,还奏得录图书⑨,曰:"亡秦者胡也。"始皇乃巡北边,遣将军蒙恬发兵三十万人,北伐匈奴。

纲 丁亥,三十三年(前214),蒙恬收河南地⑩,筑长城。

目 蒙恬斥逐匈奴,收河南地,为四十四县。筑长城,起临洮(táo)⑪,至辽东,延袤万余里。暴(pù)师于外十余年⑫,恬常居上郡统治之。

---

① 赭:赤色,山无草木则呈赤色。
② 阳武:县名,在今河南原阳县。
③ 狙击:伏击。
④ 副车:随从车辆。
⑤ 之罘:一作"芝罘",在今山东烟台市东北。
⑥ 博浪沙:在今河南原阳县东南。
⑦ 碣石:所在传说不一,一说在今河北昌黎县海中。
⑧ 卢生:方士。羡门:古仙人,名子高。
⑨ 录图书:符谶之书,即预言吉凶得失的书籍、图记。
⑩ 河南地:今内蒙古河套以内之地。
⑪ 临洮:在今甘肃岷县。
⑫ 暴师:指军队在外,蒙受风雨霜露。

纲 彗星见。

〔秦亡之祸，自焚书坑儒始〕

纲 戊子，三十四年（前213），烧《诗》《书》、百家语。

目 始皇置酒咸阳宫，仆射(yè)周青臣进颂曰①："陛下神圣，平定四海，以诸侯为郡县，无战争之患，上古所不及。"始皇悦。博士淳于越曰②："殷、周之王千余岁，封子弟功臣，自为枝辅。今陛下有四海，而子弟为匹夫，卒有田恒③、六卿之臣④，何以相救？事不师古而能长久，非所闻也。今青臣又面谀以重陛下之过，非忠臣也！"始皇下其议。丞相李斯言："五帝不相复，三代不相袭。今陛下创大业，建万世之功，固非愚儒所知。且越言乃三代之事，何足法也！异时诸侯并争，厚招游学。今天下已定，法令出一，百姓当家则力农工，士则习法令。今诸生不师今而学古，以非当世，惑乱黔首。人闻令下，则各以其学议之。入则心非，出则巷议，夸主以为名，异趣以为高，率群下以造谤。如此弗禁，则主势降乎上，党与成乎下。禁之便！臣请史官非秦记皆烧之；非博士官所职，天下有藏《诗》《书》、百家语者，皆诣守、尉杂烧之；偶语《诗》《书》者弃市⑤；以古非今者族⑥。所不去者，医、药、卜筮、种树之书。欲学法令者，以吏为师。"制曰："可。"

---

① 仆射：官名，秦始置，汉以后因之。
② 博士：秦官，因其掌通古今，以备咨询，为学术顾问的性质。
③ 卒：同"猝"，猝然。田恒：齐世卿，弑齐简公。
④ 六卿：晋智氏、范氏、中行氏、韩氏、赵氏、魏氏。
⑤ 偶语：指两人相聚而语。
⑥ 族：灭族。

纲 己丑,三十五年(前212)营朝宫,作前殿阿房①。

目 始皇以咸阳人多,先王宫庭小,乃营朝宫渭南上林苑中②。先作前殿阿房,东西五百步,南北五十丈,上可以坐万人,下可以建五丈旗,周驰为阁道③,自殿下直抵南山④,表山巅以为阙⑤。复道渡渭,属之咸阳。隐宫⑥、徒刑者,七十余万人,分作阿房、骊山⑦。关中计宫三百,关外四百余。因徙三万家骊邑⑧,五万家云阳⑨。

卢生说始皇为微行,以辟(bì)恶鬼。所居宫毋令人知,然后不死之药始可得也。始皇乃令咸阳旁三百里内,宫观复道相连,帷帐、钟鼓、美人充之,各按署⑩,不移徙。所行幸⑪,有言其处者死。尝从梁山宫望见丞相车骑众⑫,弗善也。或告丞相,丞相损之。始皇怒曰:"此中人泄吾语⑬!"捕时在旁者尽杀之。是后,莫知行之所在。群臣受决事者,悉于咸阳宫。

纲 坑诸生四百六十余人,使长子扶苏监蒙恬军。

───────────

① 阿房:阿房宫,故址在今陕西西安市西北。
② 上林苑:在今西安市西。
③ 阁道:复道,楼阁间有上下两重通道,天子自行其上,不与庶民相杂。
④ 南山:即终南山,一名秦岭山,在今陕西西安市南。
⑤ 表山巅以为阙:在山顶建造标志性的门阙。
⑥ 隐宫:腐刑,男子割势,女子幽闭。腐刑患风,须入隐室,所以叫隐宫。
⑦ 骊山:指始皇陵。
⑧ 骊邑:今陕西西安市临潼区。
⑨ 云阳:在今陕西三原县西。
⑩ 按署:按照部署。
⑪ 行幸:专指皇帝出行。
⑫ 梁山宫:在今陕西乾县东。
⑬ 中人:宫中侍从。

目 侯生、卢生相与讥议始皇,因亡去。始皇闻之,大怒曰:"诸生或为妖
　言以乱黔首!"使御史按问之。诸生转相告引①,乃自除犯禁者四百
　六十余人②,皆坑之咸阳。长子扶苏谏曰:"诸生皆诵法孔子。今以
　重法绳之,臣恐天下不安。"始皇怒,使北监蒙恬军于上郡。

纲 庚寅,三十六年(前211),陨石东郡③。

目 有陨石于东郡。或刻之曰"始皇死而地分"。使御史逐问,莫服,尽诛
　石旁居人,燔其石。

〔沙丘之变,胡亥袭位,加速了秦朝的灭亡〕

纲 辛卯,三十七年(前210),冬十月,帝东巡,至云梦④,祀虞舜。上会
　稽,祭大禹,立石颂德。秋七月,至沙丘,崩。丞相李斯、宦者赵高,矫
　遗诏立少子胡亥为太子,杀扶苏、蒙恬。还至咸阳,胡亥袭位。九月,
　葬骊山。

目 十月,始皇东巡,少子胡亥、丞相李斯从。至云梦,望祀虞舜于九疑
　山⑤。浮江下,渡海渚,过丹阳⑥,至钱塘⑦,临浙江⑧,上会稽,祭大

----

① 告引:告发牵连。
② 除:甄别,拣选。
③ 东郡:治今河南濮阳市。
④ 云梦:泽名,大致包括今湖北京山市以南,宜都市以东,蕲春县以西,湖南华容县以北
　之地。
⑤ 九疑山:一名苍梧山,在今湖南宁远县南。
⑥ 丹阳:指丹阳湖地区。
⑦ 钱塘:县名,即今浙江杭州市。
⑧ 浙江:钱塘江。

禹，望于南海，立石颂德。北至琅邪、之罘。西至平原津而病①。

始皇恶言死，群臣莫敢言死事。病益甚，乃令中车府令行符玺事赵高②，为书赐扶苏曰："与丧，会咸阳而葬。"未付使者。七月，始皇崩于沙丘，秘不发丧，棺载辒辌(wēn liáng)车中③，所至，上食、奏事如故，独胡亥、赵高与幸宦者五六人知之。

初，始皇尊宠蒙氏，恬任外将，毅常居中参谋议④，名为忠信。赵高者，生而隐宫。始皇闻其强力、通狱法，以为中车府令，使教胡亥决狱。尝有罪，使毅治之，当死，始皇赦之。高既雅得幸于胡亥⑤，又怨蒙氏，乃与胡亥谋，诈以始皇命诛扶苏，而立胡亥为太子。胡亥然之。高曰："不与丞相谋，恐事不成。"乃见李斯曰："上赐长子书及符玺，皆在胡亥所。定太子，在君侯与高之口耳。事将何如？"斯曰："安得亡国之言！此非人臣所当议也！"高曰："君侯材能智虑，功高无怨，长子信之，孰与蒙恬？"斯曰："皆不及也。"高曰："长子即位，必用恬为丞相，君侯终不怀通侯之印归乡里⑥，明矣！胡亥慈仁笃厚，可以为嗣。愿君审计而定之！"斯以为然，乃相与矫诏立胡亥为太子，更为书赐扶苏，数以不能立功，数上书诽谤怨望，而恬不矫正，皆赐死。扶苏发书，泣，欲自杀。恬曰："陛下使臣将三十万众守边，公子为监，此天下重任也。今一使者来，安知其非诈！复请而死，未暮也。"扶苏曰："父

---

① 平原津：古黄河渡口，在今山东平原县西南。
② 中车府令：秦官名，主管乘舆路车，多以宦官担任。行符玺事：兼管符玺令的职事，即给皇帝的诏书加盖玺印。
③ 辒辌车：卧车，有窗牖，密闭车则温暖，打开车则凉爽。
④ 毅：蒙恬弟。
⑤ 雅：向来。
⑥ 通侯：即彻侯，为二十等爵制中最高一级。

赐子死,尚安复请!"即自杀。恬不肯死,系诸阳周①。

胡亥至咸阳,发丧,袭位,是为二世皇帝。

九月,葬始皇帝于骊山,下锢三泉②,奇器珍怪,徙藏满之。令匠作机弩,有穿近者辄射之。后宫无子者,皆令从死。工匠为机者,皆闭之墓中。

二世欲遂杀蒙恬兄弟,兄子子婴谏曰:"蒙氏,秦之大臣、谋士也,一旦弃之,而立无节行之人,是使群臣不相信,而斗士之意离也!"弗听。恬曰:"吾积功信于秦,三世矣③。今将兵三十余万,其势足以倍畔,然自知必死而守义者,不敢辱先人之教以不忘先帝也!"乃吞药自杀。

二世皇帝

纲 壬辰,二世皇帝元年(前209),夏四月,杀诸公子、公主。

目 二世谓赵高曰:"吾已临天下矣,欲悉耳目之所好,穷心志之所乐,以终吾年寿,可乎?"高曰:"此贤主之所能行,而昏乱主之所禁也。然沙丘之谋,诸公子及大臣皆疑焉。今陛下初立,此其属意怏怏皆不服,恐为变,陛下安得为此乐乎!"二世曰:"为之奈何?"高曰:"严法刻刑,诛灭大臣、宗室,更置所亲信,陛下则高枕肆志宠乐矣。"二世乃更为法律,益务刻深,大臣、诸公子有罪,辄下高鞫(jū)治之④。公子十二人僇死咸阳市,十公主矺(zhé)死于杜⑤,公子将闾呼天自杀。公子高欲奔,

① 系:栓缚、关押。阳周:县名,在今陕西子长县西北。
② 锢:铸铜铁以堵塞缝隙。三泉:三重之泉。
③ 三世:蒙恬、蒙恬之父蒙武、蒙恬之祖蒙骜。
④ 鞫治:审讯治罪。
⑤ 矺:割裂肢体而杀之。杜:县名,在今陕西咸阳市东。

不敢,乃上书:"请从死先帝,得葬骊山之足。"二世大悦,赐钱以葬。

[纲]复作阿房宫。

〔陈胜吴广起兵于蕲,揭开了秦末农民起义的序幕〕

[纲]秋七月,楚人陈胜、吴广起兵于蕲。胜自立为楚王,以广为假王,击荥阳①。

[目]是时发闾左戍渔阳者九百人②,屯大泽乡③。阳城人陈胜、阳夏人吴广为屯长。会天大雨,道不通,度已失期,法皆斩。胜、广因天下之愁怨,乃杀将尉,令徒属曰:"公等皆失期当斩;假令毋斩,而戍死者固什六七。且壮士不死则已,死则举大名耳! 王侯将相宁有种乎!"众皆从之。乃诈称公子扶苏、项燕④,为坛而盟,称大楚。攻蕲,蕲下。行收兵,比至陈⑤,卒数万人,入据之。

大梁张耳、陈余诣门上谒⑥,胜素闻其贤,大喜。豪杰父老请立胜为楚王,胜以问耳、余。耳、余曰:"秦为无道,暴虐百姓。将军出万死之计,为天下除残也。今始至陈而王之,示天下私。愿将军毋王,急引兵而西,遣人立六国后,自为树党,为秦益敌。敌多则力分,与众则兵强⑦。如此野无交兵,县无守城,诛暴秦,据咸阳,以令诸侯,则帝业成

----

① 荥阳:县名,在今河南荥阳市西南。
② 闾左:秦时普通平民。渔阳:郡名,治今北京市密云区西南。
③ 大泽乡:在今安徽宿州市东南四十里大泽乡。
④ 项燕:楚国良将,跟秦交战时被王翦所杀。
⑤ 比:等到。
⑥ 诣:前往。谒:拜见。
⑦ 与:党与。

矣!"不听,遂自立为王,号"张楚"①。郡县苦秦法,争杀长吏以应之。使从东方来,以反者闻,二世怒,下之吏。后至者曰:"群盗鼠窃狗偷,郡守、尉方捕逐,今尽得,不足忧也。"乃悦。胜以广为假王,监诸将击荥阳。

纲 楚遣诸将徇赵、魏,以周文为将军②,将兵伐秦。至戏③,秦遣少府章邯拒之④,楚军败走。

目 张耳、陈余复请奇兵略赵地⑤。胜以所善陈人武臣为将军,耳、余为校尉,予卒三千人徇赵。又令魏人周市徇魏。闻周文,陈之贤人,习兵,使西击秦。武臣等收兵得数万人,号武信君,下赵十余城。周文行收兵,卒数十万,至戏,军焉。二世乃大惊,遣少府章邯击败之,文走。

纲 八月,楚将武臣至赵,自立为赵王。

目 张耳、陈余闻诸将为陈王徇地者⑥,多以谗毁诛,乃说武信君自立为赵王。从之。使韩广略燕,李良略常山,张黡(yǎn)略上党。

〔汉高祖起兵于沛,登上了政治舞台〕

纲 九月,楚人刘邦起兵于沛⑦,自立为沛公。

---

① 张楚:张大楚国之义。
② 周文:即周章。
③ 戏:戏水,在今陕西西安市临潼区,源出骊山,下流入渭。
④ 少府:职官名,秦九卿之一,掌山海池泽之税。
⑤ 略:攻取。
⑥ 陈王:陈胜。
⑦ 沛:县名,在今江苏沛县东。

目 沛人刘邦,字季,隆准龙颜①。爱人喜施,意豁如也。有大度,不事家人生产作业。初为泗上亭长,单父人吕公奇其状貌②,以女妻之③。为县送徒骊山,徒多道亡,自度比至皆亡之,乃解纵所送徒曰:"公等皆去,吾亦从此逝矣!"徒中壮士愿从者十余人。季被酒④,夜径泽中⑤,有大蛇当径,季拔剑斩之。有老姬哭曰:"吾子,白帝子也,今为赤帝子所杀!"因忽不见。季亡匿芒、砀(dàng)山泽间⑥。沛令欲应陈涉,主吏萧何、曹参曰:"君为秦吏,今背之,恐子弟不听。愿召诸亡在外者以劫众。"乃召刘季,季之众已数十百人矣。令悔,闭城,季乃书帛射城上,遗沛父老,为陈利害。父老乃率子弟杀令,迎季,立以为沛公。萧、曹为收子弟得二三千人,以应诸侯,旗帜皆赤。

纲 楚人项梁起兵于吴⑦。

目 项梁者,下相人⑧,楚将项燕子也。尝杀人,与兄子籍避仇吴中⑨。籍少时学书,不成,去;学剑,又不成。梁怒。籍曰:"书足以记名姓而已!剑,一人敌,不足学;学万人敌!"于是梁乃教籍兵法,籍大喜,略知其意,又不肯竟学。长八尺余,力能扛鼎。才器过人。会稽守殷通欲应陈涉,使梁将。梁使籍斩通,乃召故所知豪吏,喻以所为起大事,

---

① 隆准:高鼻梁。龙颜:额头突起似龙头。

② 单父:县名,在今山东单县南。

③ 女:即吕后。

④ 被酒:醉酒。

⑤ 径:小道,从小道走。

⑥ 芒、砀:二山名,砀山在今安徽砀山县东,芒山在砀山北。

⑦ 吴:县名,在今江苏苏州市。

⑧ 下相:县名,在今江苏宿迁市西。

⑨ 籍:项羽,字羽,名籍。

举吴中兵,收下县①,得精兵八千人。梁自为会稽守,以籍为裨将。籍时年二十四。

纲 齐人田儋(dān)自立为齐王。

目 儋,故齐王族也。与从弟荣、横,皆豪健,宗强,能得人,遂自立为齐王。东略定齐地。

纲 赵将韩广略燕地,自立为燕王。

纲 燕军获赵王,既而归之。

目 赵王与张耳、陈余略地②,王间出③,为燕将所得。因之,以求割地。使者往请,燕辄杀之。有厮养卒往见燕将曰④:"君知张耳、陈余何如人也?"曰:"贤人也。"曰:"知其志何欲?"曰:"欲得其王耳。"养卒笑曰:"君未知此两人所欲也。夫武臣、张耳、陈余,杖马箠下赵数十城,此亦各欲南面而王。顾其势初定,且以少长先立武臣。今赵地已服,此两人亦欲分赵而王。今君乃囚赵王,此两人名为求之,实欲燕杀之而分赵自立。夫以一赵尚易燕⑤,况以两贤王左提右挈,而责杀王之罪,灭燕易矣!"燕将乃归赵王,养卒为御而归。

纲 楚将周市,立魏公子咎为魏王而相之。

纲 秦废卫君角为庶人。

---

① 下县:本郡属县。
② 赵王:武臣。
③ 间出:私出。
④ 厮养卒:刈草与炊烹的士卒。
⑤ 易:看轻。

目初,秦并天下,而卫独存,至是二世废之,卫遂绝祀。

纲癸巳,二年(前208),冬十一月,赵将李良弑其君武臣。

纲秦嘉起兵于郯(tán)①。

纲秦益遣兵击楚。腊月,楚庄贾弑其君胜,以降于秦。吕臣讨贾,杀之,
复以陈为楚。

目二世益遣长史司马欣、董翳佐章邯击楚。腊月,楚王至下城父②,其御
庄贾杀之以降。胜故涓人吕臣起攻陈,杀贾,复以陈为楚。葬胜于
砀,谥曰隐王。

纲春正月,赵将张耳、陈余立赵歇为王。

目张耳、陈余收散兵,得数万人,击李良,良败走。客有说之者曰:"两君羁
旅③,难可独立。立赵后,辅以谊,可就功。"乃求得歇立之,居信都④。

纲秦嘉立景驹为楚王。

纲秦攻陈下之,吕臣走,得英布军,还复取陈。

目布,六人也⑤,尝坐法黥⑥,论⑦,输骊山⑧。骊山之徒数十万人,布皆

---

① 郯:县名,在今山东郯城县。
② 楚王:陈胜。下城父:聚名,在今安徽蒙城县西北。
③ 两君:张耳、陈余。
④ 信都:县名,在今河北衡水市东。
⑤ 六:县名,在今安徽六安市北。
⑥ 黥:即黥刑。
⑦ 论:定罪。
⑧ 输骊山:作始皇陵。

与其徒长豪杰交通①,乃亡之江中为群盗。番阳令吴芮②,甚得江湖间心,号曰番君。布往见之,其众已数千人。番君以女妻之,使将其兵击秦。

纲 沛公得张良,以为厩将③。

目 楚王景驹在留④,沛公往从之。张良亦聚少年百余人,欲从驹,道遇沛公,遂属焉。公以良为厩将,良数以太公兵法说沛公⑤。公善之,常用其策。良与他人言,辄不省,良曰:"沛公殆天授!"遂从不去。

纲 项梁击楚王驹,杀之。夏六月,立楚怀王孙心为楚怀王,韩公子成为韩王。

目 广陵人召平⑥,为楚徇广陵,未下。闻陈王败⑦,乃渡江,矫王令拜项梁为上柱国⑧,曰:"江东已定,急引兵西击秦。"梁乃以八千人渡江而西。东阳少年杀令⑨,相聚,得二万人,以故令史陈婴素谨信长者,欲立以为王。婴母曰:"暴得大名,不祥,不如有所属。事成犹得封侯,事败易以亡,非世所指名也。"婴乃谓军吏曰:"项氏世世将家,有名于楚。今欲举大事,将非其人不可。我倚名族,亡秦必矣!"众从之。于

---

① 交通:串通。
② 番阳:县名,在今江西鄱阳县东。
③ 厩将:官名,相当于副将。
④ 留:地名,在今江苏沛县东南。
⑤ 太公:吕尚。
⑥ 广陵:县名,在今江苏扬州市西北。
⑦ 陈王:陈胜。
⑧ 矫:假托。上柱国:官名。战国楚制,凡立覆军斩将之功者,官封上柱国,位极尊宠。
⑨ 东阳:县名,在今江苏盱眙县。

是婴及英布、蒲将军皆以兵属梁，众遂六七万。梁曰："陈王首事，战不利，未闻所在。今秦嘉立景驹，大逆无道！"乃进击杀嘉，驹走死。

居鄛(cháo)人范增①，年七十，好奇计，往说梁曰："陈胜败，固当。夫秦灭六国，楚最无罪。自怀王入秦不反，楚人怜之至今。故楚南公曰：'楚虽三户，亡秦必楚。'今胜首事，不立楚后而自立，其势不长。今君起江东，楚蜂起之将皆争附君者②，以君世世楚将，为能复立楚之后也。"梁然其言，乃求得怀王孙心于民间，为人牧羊。六月，立以为楚怀王，从民望也。都盱眙(xū yí)③。以陈婴为上柱国，梁自号武信君。

张良说梁曰："君已立楚后，韩诸公子横阳君成最贤，可立为王，益树党。"梁从之，立为韩王。以良为司徒，西略韩地。

纲 章邯击魏，齐、楚救之。齐王儋、魏相市败死，魏王咎自杀。

目 章邯击魏，魏使周市求救于齐、楚。齐王及楚将项它皆将兵随市救魏。章邯大破之，杀齐王及周市。魏王自烧死，其弟豹亡走楚，楚予兵复徇魏地。

纲 齐人立田假为王④。秋七月，大霖雨⑤。齐王儋弟荣，逐王假，立儋子市为王而相之。

纲 秦下右丞相冯去疾、左丞相李斯吏。去疾自杀，要斩斯，夷三族。以

---

① 居鄛：地名，在今安徽巢湖市东南。
② 蜂：言起兵者众，如蜂之飞起。
③ 盱眙：县名，即今江苏盱眙县。
④ 田假：齐王建之弟。
⑤ 霖雨：连绵大雨。

赵高为中丞相。

目二世数诮（qiào）让左丞相李斯①："居三公位，如何令盗如此！"斯恐惧，重爵禄，乃阿二世意，以书对曰："夫贤主者，必能行督责之术者也。故申子曰②：'有天下而不恣睢③，命之曰以天下为桎梏④。'夫不能行督责之术，专以天下自适⑤，而徒劳形、苦神，以身徇百姓，若尧、禹然，则是黔首之役，非畜天下者也⑥，故谓之桎梏也。惟明主能行督责，以独断于上，则权不在臣下，然后能灭仁义之涂，绝谏说之辩，荦（luò）然行恣睢之心⑦，而莫之敢逆。如此，群臣、百姓救过不给，何变之敢图！"二世说。于是行督责益严，刑者相半于道，而死人日成积于市，秦民益骇惧思乱。

郎中令赵高恃恩专恣，多以私怨杀人，恐大臣言之，乃说二世曰："天子所以贵者，但以闻声，群臣莫得见其面也。今坐朝廷，谴举有不当⑧，则见短于大臣，非所以示神明于天下也。不如深拱禁中，与臣及侍中习法者待事；事来有以揆之，则大臣不敢奏疑事，天下称圣主矣。"二世乃不坐朝廷，事皆决于高。李斯以为言，高乃见斯曰："关东群盗多，而上益发繇（yáo）⑨，治阿房宫。臣欲谏，为位贱，此真君侯之

---

① 诮让：责问。
② 申子：申不害。
③ 恣睢：放纵。
④ 桎梏：古代刑具，泛指束缚人的枷锁。
⑤ 适：适意、满足。
⑥ 畜：统治。
⑦ 荦然：卓绝的样子。
⑧ 谴：责。举：用。
⑨ 繇：同"徭"。

事,君何不谏?"斯曰:"上居深宫,欲谏无间。"高曰:"请候上闲语君。"于是待二世方燕乐,妇女居前,使人告斯"可奏事矣"。斯至上谒,如此者三。二世怒,高因曰:"沙丘之谋,丞相与焉。今陛下为帝,而丞相贵不益,其意亦望裂地而王矣。且其长男由守三川①,楚盗皆其傍县子,以故公行过三川。闻其文书相往来,未得其审,故未敢以闻。且丞相居外,权重于陛下。"二世乃使人按验三川守与盗通状②。斯闻之,乃上书言高罪,又与右丞相冯去疾、将军冯劫进谏曰:"群盗并起,皆以戍、漕、转、作事苦③,赋税大也。请且止阿房宫作者,减四边戍、转。"二世曰:"君不能禁盗,又欲罢先帝所为,是上无以报先帝,次不为朕尽忠力,何以在位!"下吏按罪。去疾、劫自杀。斯自负其辩,有功,无反心,乃就狱。二世属高治之,高皆妄为反辞以相傅④,遂具斯五刑论,腰斩咸阳市。斯顾谓其中子曰⑤:"吾欲与若复牵黄犬,俱出上蔡东门逐狡兔⑥,岂可得乎!"遂父子相哭,而夷三族。二世乃以高为中丞相,事皆决焉。

纲 章邯击破楚军于定陶⑦,项梁死。

目 梁再破秦军,益轻秦,有骄色。宋义谏曰:"战胜而将骄卒隋者败⑧。臣为君畏之!"弗听。二世悉起兵益章邯击楚军,大破之定陶,梁死。

---

① 三川:郡名,治今河南洛阳市。

② 按验:核查。

③ 戍:守边。漕:水运。转:陆运。作:兴作,劳作,谓土木工役之事。

④ 相傅:牵强附会。

⑤ 中:同"仲",排行居中的儿子。

⑥ 上蔡:县名,在今河南上蔡县西。

⑦ 定陶:县名,在今山东菏泽市东南。

⑧ 隋:惰。

　　怀王徙都彭城,并项羽、吕臣军自将之,号羽为鲁公。

纲楚立魏豹为魏王。

纲章邯击赵,围赵王于巨鹿①,楚以宋义为上将军救之。

目章邯北击赵,破邯郸。张耳以赵王走巨鹿②,王离围之。陈余北收兵,得数万人,军其北,章邯军其南。赵数请救于楚。楚王闻宋义先策武信君必败③,召与计事,大悦之,因以为上将军,项羽为次将,范增为末将,以救赵。义号"卿子冠军"④,诸别将皆属焉。

纲楚遣沛公伐秦。

目初,楚怀王与诸将约:"先入定关中者王之。"是时秦兵尚强,诸将莫利先入关。独项羽怨秦,奋身愿与沛公西。诸老将曰:"羽慓悍猾贼⑤,所过无不残灭,不如更遣长者,扶义而西⑥,无侵暴,宜可下。羽不可遣,独沛公素宽大长者,可遣。"王乃遣沛公收陈王、项梁散卒以伐秦。

纲甲午,三年(前207),冬十一月,楚次将项籍矫杀宋义而代之,大破秦军,虏其将王离。

目宋义至安阳⑦,留四十六日不进。项羽曰:"秦围赵急,宜疾引兵渡

---

① 巨鹿:郡名,治今河北巨鹿县。
② 赵王:赵歇。
③ 策:测度。武信君:项梁。
④ 卿子:时人对贵族人物的尊称,与"公子"接近。冠军:意即全军之首领。
⑤ 猾贼:喜欢干残忍之事。
⑥ 扶义:扶义犹言仗义。
⑦ 安阳:县名,在今山东曹县东。

河①。楚击其外，赵应其内，破秦军必矣！"宋义曰："今秦攻赵，战胜则兵罢，我乘其敝；不胜，则我鼓行而西，必举秦矣。"因下令曰："有猛如虎，很如羊②，贪如狼，强不可使者，皆斩之！"遣其子襄相齐，送之无盐③，饮酒高会。项羽曰："今岁饥民贫，卒食半菽（shū）④，而饮酒高会。不引兵渡河，因赵食，并力攻秦，乃曰'承其敝'。夫以秦之强，攻新造之赵，其势必举，何敝之承？且国兵新破⑤，主坐不安席，扫境内而属将军，国家安危，在此一举。今不恤士卒，而徇其私，非社稷之臣也！"十一月，羽晨朝义，即其帐中斩之。遣使报命于王，王因以羽为上将军。羽乃悉引兵渡河，已渡，皆沉船破甑，烧庐舍，持三日粮，以示士卒必死，无还心。与秦军遇，九战，皆破之，章邯引却，遂虏王离。时诸侯军救巨鹿者十余壁，莫敢纵兵；及楚击秦，皆从壁上观。楚战士无不一当十，呼声动天地，观者人人惴恐。既破秦军，诸侯将入辕门⑥，膝行而前，莫敢仰视。羽由是始为诸侯上将军，诸侯兵皆属焉。

纲 春二月，沛公击昌邑⑦，彭越以兵从。

目 越，昌邑人，常渔巨野泽中⑧，为群盗。楚兵起，泽间少年相聚百余人，

---

① 河：漳河，在今河南林州市北。
② 很：今作"狼"，不听从，乖戾。
③ 无盐：县名，在今山东东平县东。
④ 菽：豆。
⑤ 国兵新破：指项梁定陶之败。
⑥ 辕门：军行以车为阵，车辕所向之门。
⑦ 昌邑：县名，在今山东金乡县西北。
⑧ 巨野泽：即大野泽，一名巨泽，在今山东巨野县北。

请越为长。略地收散卒,得千余人,至是以其兵归沛公。

纲 沛公使郦食其(yì jī)说陈留①,下之。

目 沛公过高阳②,高阳人郦食其,家贫落魄,为里监门③。其里人有为沛公骑士者,食其谓曰:"吾闻沛公慢而易人,多大略,此真吾所愿从游。"骑士曰:"公不好儒,客冠儒冠来者,辄解而溺其中④。与人言,常大骂。未可以儒生说也。"郦生曰:"第言之。"骑士从容言之。沛公至传舍⑤,则使人召郦生。生至,入谒,沛公方踞床⑥,使两女子洗足而见生。生长揖不拜,曰:"足下必欲诛无道秦,不宜倨见长者!"公乃辍洗而起,延生上坐,问计。生曰:"足下兵不满万,欲以径入强秦,此所谓探虎口者也。夫陈留,天下之冲⑦,又多积粟。臣善其令,请得使之令下。"于是遣生行,而引兵随之,遂下陈留。号生为广野君,为说客,使诸侯。其弟商亦聚众四千人,来属沛公。

纲 夏四月,沛公攻颍川,略南阳。秋七月,南阳守齮(yǐ)降。

目 四月,沛公攻颍川,因张良略韩地。六月,略南阳。七月,郡守齮降。引兵而西,无不下者。所过亡得卤掠⑧,秦民皆喜。

---

① 陈留:县名,在今河南开封市祥符区东南。
② 高阳:里名,在今河南杞县。
③ 监门:守门人。
④ 溺:小便。
⑤ 传舍:馆驿。
⑥ 踞:据物而坐。
⑦ 冲:交通要道。
⑧ 卤:同"掳"。

纲 章邯以军降楚。

目 章邯军棘原①，项羽军漳南②。秦兵数却，二世使人让邯。邯恐，使长
史欣请事咸阳，留司马门三日③，赵高不见。欣恐，走还报曰："赵高
用事于中，下无可为者。今战胜，高疾吾功；不胜，不免于死。"邯遂与
羽约，请降。乃与盟于洹水上，立邯为雍王，置楚军中，而使欣将其军
为前行。

纲 八月，沛公入武关。赵高弑帝于望夷宫④，立子婴为王。九月，子婴讨
杀高，夷三族。

〔赵高指鹿为马〕

目 初，中丞相赵高欲专秦权，恐群臣不听，乃持鹿献于二世曰："马也。"
二世笑曰："丞相误邪，谓鹿为马？"问左右，或默，或言鹿。高因阴中
诸言鹿者以法。后群臣皆莫敢言其过。

八月，沛公攻入武关。高前数言"关东盗无能为"，至是二世使责
让高。高惧，乃与其婿咸阳令阎乐谋，诈为有大贼，召吏发卒，使
乐将之入望夷宫。乐前数二世曰："足下骄恣，诛杀无道，天下皆
畔。其自为计！"二世曰："吾愿得一郡为王。"弗许。"愿为万户
侯。"又弗许。"愿与妻子为黔首。"乐曰："臣受命丞相，为天下诛
足下。足下虽多言，臣不敢报！"麾其兵进。二世自杀。赵高乃立

---

① 棘原：地名，在今河北巨鹿县西南。
② 漳南：漳河之南。
③ 司马门：皇宫的外门。
④ 望夷宫：宫名，在今陕西三原县南。

子婴为秦王。

九月,高令子婴朝见受玺,子婴称疾不行。高自往请,子婴遂刺杀高,三族其家以徇。

〔沛公破峣关,子婴降于汉,秦朝就此灭亡〕

纲沛公击峣关①,破之。

目秦遣兵拒峣关,沛公欲击之。张良曰:"未可。愿益张旗帜为疑兵,而使郦生、陆贾往说秦将,啖以利②。"秦将果欲连和,沛公欲许之。良又曰:"不如因其怠而击之。"沛公遂引兵击秦军,大破之。

右秦自庄襄王至子婴,合四十三年。子婴为王四十六日降于汉。

评秦朝:

公元前221年,秦完成了对东方六国的兼并,结束了数百年诸侯割据战乱的局面,建立了中国历史上第一个中央集权的多民族统一国家。秦王朝创立的皇帝制度、以丞相为统领的中央百官公卿制度和以郡县制为主体的地方管理体制,深刻影响了其后两千多年帝制时代的政治格局。秦始皇北伐匈奴,南征岭南,使秦朝的统治范围大为扩展,为中国历史疆域的形成奠定了基础。秦王朝在全国范围内废除分封制,由中央政府派遣郡县官员管理地方事务,将边地众多族群也置于郡县管辖之下,强化了中央对地方的控制。"车同轨、书同文"、统一度量衡及货币等政策的推行,使政治统一成为中国历史发展的主流。秦朝的建立,在中国历史上具有划时代的意义。但其统治者不惜民力,大兴土木,加重了民

---

① 峣关:一名"蓝田关",在今陕西蓝田县东南。
② 啖:引诱。

众负担;法网过密,刑罚过重,增添了人民痛苦,终致二世而亡,成为历史记忆中的惨痛教训。

邓国军 评注

何　晋　杨　坤　审定

纲鉴易知录卷九

卷首语：本卷起汉元年(前 206)，止汉四年，所记为楚汉之争四年间史事。刘邦率先攻入关中，除秦苛法。项羽后至，屠咸阳城，凭借军事优势自立为西楚霸王，并废弃"怀王之约"，封刘邦为汉王。刘邦忍忿就国，与楚展开争夺，在萧何、张良、韩信等人协助下，联合各路反楚力量，逐渐扭转了战局。项羽粮草匮乏，腹背受敌，被迫与刘邦订立和约，以鸿沟为界中分天下。

汉 纪

西汉世系表

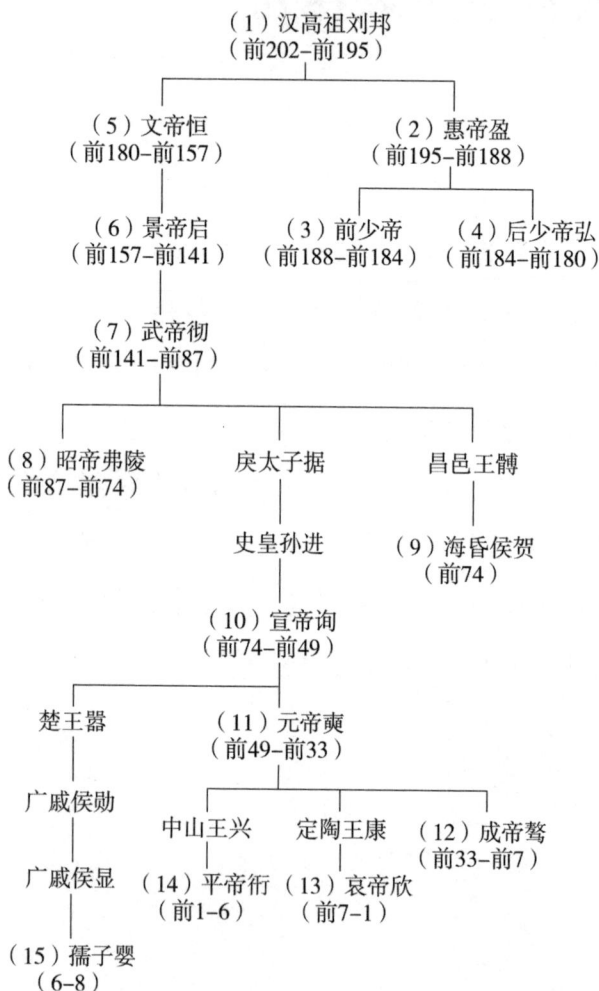

（1）汉高祖刘邦
（前202–前195）

（5）文帝恒
（前180–前157）

（2）惠帝盈
（前195–前188）

（6）景帝启
（前157–前141）

（3）前少帝
（前188–前184）

（4）后少帝弘
（前184–前180）

（7）武帝彻
（前141–前87）

（8）昭帝弗陵
（前87–前74）

戾太子据

昌邑王髆

史皇孙进

（9）海昏侯贺
（前74）

（10）宣帝询
（前74–前49）

楚王嚣

（11）元帝奭
（前49–前33）

广戚侯勋

中山王兴

定陶王康

（12）成帝骜
（前33–前7）

广戚侯显

（14）平帝衎
（前1–6）

（13）哀帝欣
（前7–1）

（15）孺子婴
（6–8）

太祖高皇帝

〔刘邦率先攻入关中，与百姓约法三章〕

纲 乙未（前206）①，冬十月②，沛公至霸上③，秦王子婴奉玺、符、节以降。

目 沛公至霸上，秦王子婴素车、白马，系颈以组④，封皇帝玺、符、节，降轵（zhǐ）道旁⑤。诸将请诛之。沛公曰："始怀王遣我，固以能宽容。且人已降，杀之不祥。"乃以属吏。

纲 沛公入咸阳，还军霸上，除秦苛法。

目 沛公西入咸阳，诸将皆争取金帛财物。萧何独先入收丞相府图籍藏之⑥，以此得具知天下阨塞、户口多少、强弱之处。沛公见秦宫室、帷帐、宝货、妇女，欲留居之。樊哙谏曰："凡此奢丽之物，皆秦所以亡也，公何用焉！愿急还霸上，无留宫中！"不听。张良曰："秦为无道，故公得至此。夫为天下除残贼，宜缟（gǎo）素为资⑦。今始入秦，即安其乐，此所谓'助桀为虐'。且忠言逆耳利于行，毒药苦口利于病，愿听哙言⑧！"公乃还军霸上。悉召父老豪杰谓曰："父老苦秦苛法久

---

① 楚义帝心元年，西楚霸王项籍元年，汉王刘邦元年。
② 冬十月：秦至汉初以十月为岁首。
③ 霸上：地名，在今陕西西安市东。
④ 组：系印的丝带。
⑤ 轵道：亭名，在今陕西西安市灞桥区。
⑥ 图籍：地图与户籍。
⑦ 缟素：缟、素均为白色生绢，比喻俭朴。
⑧ 毒药：气性酷烈之药，非使人中毒之药。

矣。诸侯约，先入关者王之。吾当王关中①。与父老约法三章耳，杀人者死，伤人及盗抵罪。余悉除去。凡吾所以来，为父老除害，非有所侵暴，毋恐。"乃使人与秦吏行县、乡、邑，告谕之。秦民大喜，惟恐沛公不为秦王②。

纲 项籍诈坑秦降卒二十余万于新安③。

目 项羽率诸侯兵欲西入关。先是，诸侯吏卒繇戍过秦中，秦人遇之多无状④。及秦军降楚，诸侯吏卒乘胜折辱，奴虏使之，秦吏卒多怨，窃言。羽计众心不服，至关必危。于是夜击，坑二十余万人新安城南，而独与章邯及长史欣、都尉翳入秦。

〔项羽入关，屠咸阳〕

纲 沛公遣兵守函谷关⑤，项籍攻破之。遂屠咸阳，杀子婴，掘始皇帝冢，大掠而东。

目 或说沛公："急遣兵守函谷关，无内诸侯军⑥。"沛公从之。项羽至，大怒，攻破之，进至戏⑦，飨士卒，欲击沛公。时羽兵四十万，在鸿门⑧。

① 关中：狭义指渭河平原，广义指函谷关以西秦国故地，也包括秦岭以南的汉中、巴、蜀，陇山以西的陇西，黄河以北的上郡在内。
② 秦王：此处指关中秦地之王。
③ 新安：县名，今河南新安县。
④ 无状：所行丑恶，无善状。
⑤ 函谷关：指函谷故关，在今河南灵宝市北。
⑥ 内：通"纳"，使进入。
⑦ 戏：地名，在今陕西西安市临潼区东。
⑧ 鸿门：今名项王营，在今陕西西安市临潼区东。

沛公兵十万,在霸上。范增曰:"沛公居山东时①,贪财、好色。今入关,财物无所取,妇女无所幸,此其志不在小。急击勿失。"羽季父项伯素善张良,夜驰告之,欲与俱去。良曰:"良为韩王送沛公,今有急亡去,不义。"因固要伯入见沛公,公奉卮酒为寿,约为婚姻。曰:"吾入关,秋毫不敢有所近,籍吏民,封府库,而待将军,所以守关者,备他盗耳。日夜望将军至,岂敢反乎!愿伯具言臣之不敢倍德。"项伯许诺,曰:"旦日不可不蚤自来谢。"去,具以告羽,且曰:"人有大功而击之,不义,不如因善遇之。"羽曰:"诺。"

〔鸿门宴〕

沛公旦日从百余骑来见羽,谢。羽因留饮,范增数目羽,举所佩玉玦示之者三②,羽不应。增出,使项庄入前为寿,请以剑舞,因击沛公杀之。庄入为寿,毕,拔剑起舞。项伯亦拔剑起舞,常以身翼蔽沛公,庄不得击。于是张良出见樊哙,告以事急。哙带剑拥盾直入,瞋目视羽,头发上指,目眦(zì)尽裂③。羽曰:"壮士!"赐斗卮酒,一生彘肩,哙立饮啖之。羽曰:"能复饮乎?"哙曰:"臣死且不避,卮酒安足辞!夫秦有虎狼之心,天下皆叛。怀王与诸将约曰:'先入咸阳者王之。'今沛公先破秦入咸阳,劳苦功高,未有封爵之赏,而将军听细人之说,欲诛有功之人。此亡秦之续耳,窃为将军不取也!"羽无以应,命之坐。沛公遂起如厕,脱身独骑,哙等步从趣霸上,留张良使谢羽。羽问:

---

① 山东:崤山以东。山西为秦,山东为六国。
② 玦:环状而有缺口的玉佩,古人示之以表决断或决绝之意。
③ 眦:眼眶。

"沛公安在?"良曰:"闻将军有意督过之,脱身独去,已至军矣。"因以白璧一双献羽,玉斗一双与增。羽受璧。增拔剑撞破玉斗,曰:"唉,竖子不足与谋!夺将军天下者,必沛公也。吾属今为之虏矣①!"

居数日,羽引兵西,屠咸阳,杀秦降王子婴,烧宫室,火三月不灭。掘始皇帝冢,收货宝、妇女而东。秦民大失望。韩生说羽曰:"关中阻山带河②,四塞之地,地肥饶,可都以霸。"羽见秦残破,又思东归,曰:"富贵不归故乡,如衣绣夜行耳!"韩生退曰:"人言楚人沐猴而冠,果然!"羽闻之,烹韩生。

〔项羽尊怀王为义帝,自立为西楚霸王〕

纲 春正月,项籍尊楚怀王为义帝。

目 项羽既入关,使人致命怀王。王曰:"如约③。"羽怒曰:"怀王者,吾家所立耳,非有功伐,何以得专主约!"乃阳尊怀王为义帝,徙于江南,都郴④。

纲 二月,项籍自立为西楚霸王。

目 王梁、楚地九郡,都彭城⑤。

〔项羽立刘邦为汉王,并三分关中钳制刘邦〕

纲 立沛公为汉王。

──────────

① 今:即将。
② 阻山带河:指关中有崤山、函谷关之险阻,被黄河围绕。
③ 约:指此前怀王与诸将"先入定关中者王之"之约。
④ 郴:县名,今湖南郴州市。
⑤ 彭城:县名,今江苏徐州市。

目　项籍与范增疑沛公，而业已讲解①，又恶负约，以巴、蜀道险，秦之迁人居之，乃曰："巴、蜀亦关中地也。"故立沛公为汉王，王巴、蜀、汉中，都南郑②。而三分关中③，王秦降将，以距塞汉路。

纲　夏四月，诸侯罢兵就国。

纲　汉以萧何为丞相，遣张良归韩。

目　初，汉王以项羽负约，怒欲攻之。萧何曰："虽王汉中之恶，不犹愈于死乎？"王曰："何也？"何曰："今众不如，百战百败，不死何为！夫能绌于一人之下④，而信于万乘之上者⑤，汤、武是也。臣愿大王王汉中，养其民以致贤人，收用巴、蜀，还定三秦，天下可图也。"王曰："善。"乃就国，以何为丞相。

项王使卒三万人从汉王之国。张良送至褒中⑥，王遣良归韩，良因说王烧绝所过栈道⑦，以备盗兵，且示羽无东意。

〔田荣自立齐王，起兵反楚〕

纲　五月，齐田荣击走齐王都，遂弑胶东王市⑧，自立为齐王。秋七月，使

---

① 讲解：讲和。
② 南郑：县名，今陕西汉中市。
③ 三分关中：指项羽立雍王章邯、塞王司马欣、翟王董翳。
④ 绌：通"屈"，屈居。
⑤ 信：通"伸"，伸张。
⑥ 褒中：地名，非西汉褒中县，具体所指存在争议。
⑦ 栈道：一说指褒斜栈道，一说指子午栈道。
⑧ 胶东：国名，都今山东平度市东南三十公里。

彭越击杀济北王安①，又击破西楚军。

目 田荣闻项羽徙田市而立田都为齐王，大怒，拒击都，走之，因留市不令之胶东。市畏羽，窃亡之国。荣怒，追击杀之。是时彭越在巨野②，有众数万人，无所属。荣与越将军印，使击田安，杀之，遂并王三齐③。又使越击楚，大破其军。

纲 西楚杀韩王成，张良复归汉。

目 项王以张良从汉王，废韩王成而杀之，良遂间行归汉④。良多病，未尝特将⑤，常为画策臣，时时从汉王。

〔韩信归汉；刘邦回师平定三秦〕

纲 汉王以韩信为大将，留萧何给军食。八月，还定三秦，雍王邯迎战，败走废丘⑥。塞王欣、翟王翳降。

目 初，淮阴人韩信⑦，家贫，无行⑧，数从其下乡南昌亭长寄食⑨。数月，亭长妻患之，乃晨炊蓐食⑩，食时，信往，不为具食。信怒，竟绝去。钓

---

① 济北：国名，都今山东泰安市东。
② 巨野：泽名，在今山东菏泽市巨野县北。
③ 三齐：齐国、济北国、胶东国。
④ 间行：秘密前往。
⑤ 特将：独自统率军队。
⑥ 废丘：县名，雍国都城，传统观点认为在今陕西兴平市东南，考古发现显示可能在今西安市长安区东马坊村。
⑦ 淮阴：县名，今江苏淮安市淮阴区。
⑧ 行：好的品行。
⑨ 南昌：亭名，在今江苏淮安市淮阴区东南。亭长：秦在县下设亭，有亭长，主管治安。
⑩ 晨炊蓐食：在寝席上进食早饭，指提前用早饭。

于城下,有漂母见其饥而饭之。信喜,曰:"吾必有以重报母。"母怒曰:"大丈夫不能自食。吾哀王孙而进食①,岂望报乎!"淮阴少年或众辱之曰:"若虽长大,好带刀剑,中情怯耳②。能死,刺我。不能死,出我胯下!"于是信熟视之,俯出胯下。一市皆笑。

及项梁渡淮,信仗剑从之。后又数以策干羽,不用。亡归汉,未知名。坐法当斩,其辈皆已斩,次至信,信仰视,适见滕公③,曰:"上不欲就天下乎,何为斩壮士?"滕公奇其言,壮其貌,释不斩。与语,说之,言于王。王亦未之奇也。

信数与萧何语,何奇之。王至南郑,将士皆歌讴思归,多道亡者④。信度何等已数言,王不我用,即亡去。何不及以闻,自追之。人言于王曰:"丞相何亡。"王怒,如失左右手。居一、二日,何来谒,王骂曰:"若亡,何也?"曰:"臣不敢亡,追亡者耳。"王曰:"所追者谁?"曰:"韩信也。"王复骂曰:"诸将亡者以十数,公无所追。追信,诈也!"何曰:"诸将易得。如信,国士无双。王必欲长王汉中,无所事信。必欲争天下,非信无足与计事者。顾王策安决耳。"王曰:"吾亦欲东耳,安能郁郁久居此乎!"于是王欲召信拜大将。何曰:"王素慢无礼,今拜大将,如呼小儿,此信之所以亡也。必欲拜之,择日斋戒,设坛具礼,乃可耳。"王许之。诸将皆喜,人人自以为得大将。至拜,乃韩信也,一军皆惊。礼毕,上坐。王曰:"丞相数言将军,将军何以教寡人乎?"信辞谢,因曰:"大王自料,勇悍仁强孰与项王?"王默然良久,曰:"不如

---

① 王孙:对青年男性的尊称。
② 中情:内在实际情形。
③ 滕公:夏侯婴。
④ 道亡:中途逃亡。

也。"信再拜贺曰:"惟信亦以为大王不如也。然臣尝事项王,请言项王之为人也:项王喑(yīn)恶叱咤①,千人皆废②,然不能任属贤相,此匹夫之勇耳。见人慈爱,言语呕(xū)呕③,至人有功当封爵者,印刓(wán)敝忍不能予④,此妇人之仁也。虽霸天下,不居关中而都彭城,逐义帝置江南,所过残灭,民不亲附。名虽为霸,实失天下心,故其强易弱。今大王诚能反其道,任天下武勇,何所不诛?以天下城邑封功臣,何所不服?以义兵从思东归之士,何所不散?且三秦王将秦子弟数岁,所杀亡不可胜计。又欺其众降诸侯,及项王坑秦卒,惟此三人得脱。秦父兄怨之,痛入骨髓,而楚强以威王之。大王入关,秋毫无所害,除秦苛法。于诸侯之约,又当王关中,而失职入汉中,秦民无不恨者。今举而东,三秦可传檄而定也⑤。"王大喜,自以为得信晚,遂部署诸将,留萧何收巴、蜀租,给军粮食。

八月,从故道出⑥,章邯迎战,败走废丘。王至咸阳,欣、翳皆降。张良遗项王书曰:"汉王失职⑦,欲得关中,如约即止,不敢东。"又以齐、梁反书遗之,羽以故无西意,而北击齐。

纲 王陵以兵属汉。

目 陵,沛人,聚党居南阳,至是始以属汉。楚执其母,欲以招之。其母因

---

① 喑恶:怀怒气。叱咤:发怒声。
② 废:伏倒在地。
③ 呕呕:温和的样子。
④ 刓敝:摩挲致损。
⑤ 传檄而定:仅发檄文晓慰百姓,不用出兵即可平定。
⑥ 故道:指陈仓道,是汉中和关中之间的交通通道。
⑦ 失职:失去职权,指刘邦未能如约王关中。

使者语陵曰："汉王长者,终得天下。无以我故持二心。"遂伏剑而死。

[项羽弑杀义帝]

纲丙申(前205)①,冬十月,西楚霸王项籍弑义帝于江中。

目项籍使人趣义帝行,其大臣稍稍叛之。籍乃密使吴芮、黥布②、共敖,击杀之江中。

纲汉王如陕③,镇抚关外父老。

[刘邦定都栎阳]

纲十一月,汉王还都栎(yuè)阳④。

纲春正月,楚击齐,王荣败走死。楚复立田假为齐王。

[陈平归汉]

纲三月,汉王渡河,魏王豹降。虏殷王卬。以陈平为护军中尉⑤。

目阳武人陈平⑥,家贫,好读书。里中社,平为宰⑦,分肉食甚均。父老曰："善,陈孺子之为宰!"平曰:"嗟乎,使平得宰天下,亦如是肉矣!"

———————

① 西楚二年,汉二年。
② 黥布:英布,秦时曾受黥刑,故称黥布。
③ 陕:县名,治今河南三门峡市陕州区老城。
④ 栎阳:县名,今陕西西安市阎良区。
⑤ 护军中尉:刘邦为陈平临时设置,监督诸将,调节诸部关系。
⑥ 阳武:县名,今河南原阳县。
⑦ 宰:社宰,主持祭社神,为众人分肉。

事魏王咎,为太仆①。不用,去事项羽。殷王反,羽使平击降之。还,拜都尉②,赐金二十镒(yì)③。及汉下殷,羽怒,将诛定殷将吏。平惧,乃封其金与印,使使归羽,乃挺身仗剑间行归汉。因魏无知求见,王与语,悦之。问:"居楚何官?"曰:"为都尉。"即拜都尉,使参乘(cān shèng)④,典护军。诸将尽谨(huān)⑤。王闻之,益厚平。周勃等言于王曰:"陈平虽美如冠玉,其中未必有也。居家时,尝盗其嫂⑥。平为护军,多受诸将金。愿王察之!"王召让魏无知,无知曰:"臣所言者,能也。王所问者,行也。今有尾生、孝己之行⑦,而无益胜负之数,王何暇用之乎?"王召让平曰:"先生事魏不中,事楚而去,今又从吾游,信者固多心乎?"平曰:"魏王不能用臣,故去。项王不能信人,所任爱非诸项,即妻之兄弟。臣闻汉王能用人,故来归。然裸身来⑧,不受金无以为资。诚臣画计有可采者,愿大王用之。使无可用者,金具在,请封输官,得乞骸骨⑨。"王乃谢平,厚赐之,拜护军中尉,尽护诸将。诸将乃不敢复言。

〔刘邦为义帝发丧,公告诸侯讨伐项羽〕

纲 汉王至洛阳,为义帝发丧,告诸侯讨项籍。

---

① 太仆:主管车辆、马匹之官。
② 都尉:地位略低于将军的统兵武官。
③ 镒:重量单位,合二十两,一说二十四两。
④ 参乘:同骖乘,古时乘车,尊者在左,驾车者在中,又一人在右,称骖乘,多由亲信充任。
⑤ 谨:哗然。
⑥ 盗其嫂:指陈平与其嫂有不正当关系。
⑦ 尾生、孝己:皆古代有品行之人。尾生有守信之行,孝己有孝行。
⑧ 裸:陈平之意是自己身无分文,为其受金开脱。
⑨ 乞骸骨:请求骸骨归葬故乡,官吏因年老而自请退职的委婉说法。

目 汉王至洛阳,新城三老董公遮说曰①:"顺德者昌,逆德者亡。兵出无名,事故不成。故曰:'明其为贼,敌乃可服。'项羽无道,放杀其主,天下之贼也。夫仁不以勇,义不以力,大王宜率三军为之素服,以告诸侯而伐之,则四海之内莫不仰德,此三王之举也②。"于是汉王发丧,哀临三日③,告诸侯曰:"天下共立义帝,北面事之④。今项羽弑之,大逆无道!寡人悉发关中兵,收三河士⑤,愿从诸侯王击楚之杀义帝者!"

纲 夏四月,齐王荣弟横立荣子广为王,击王假走之。

[彭城之战项羽以少胜多,诸侯纷纷背汉向楚]

纲 汉王率五诸侯兵伐楚⑥,入彭城。项籍还破汉军,以汉太公⑦、吕后归。

目 项羽虽闻汉东,欲遂破齐而后击汉,以故汉王得率五诸侯兵,凡五十六万人伐楚。彭越收魏地,得十余城,至是将其兵三万人归汉,请立魏后。汉王曰:"西魏王豹,真魏后。"乃以彭越为魏相国,将其兵略梁

---

① 新城:秦县名,汉置新城县,今河南伊川县,多认为与秦新城县同地。三老:乡官名,掌教化。此处为"县三老",或从乡三老中选出,除掌教化外,亦掌向上反映民情。遮说:拦路诉说。
② 三王:夏、商、周三代圣王。
③ 临:聚众为丧事而悲痛哭泣。
④ 北面:君主面朝南坐,臣子朝见面朝北,故以北面代指对人称臣。
⑤ 三河:河内、河南、河东三郡,今山西西南、河南中北部一带。
⑥ 五诸侯:具体说法不一,可泛指从刘邦讨伐项羽的诸侯。
⑦ 太公:刘邦父。

地。遂入彭城,收其货宝美人,日置酒高会。羽闻之,自以精兵三万,还击破汉军。汉军入谷、泗、睢水,死者二十余万人,水为不流。围汉王三匝,会大风,昼晦,王乃得与数十骑遁去。欲过沛,收家室,道逢子盈及女①,载以行,而太公、吕后为楚军所获。诸侯复背汉与楚。王间往从吕后兄周吕侯于下邑②,收其兵。

纲　汉王遣随何使九江③。

目　初,项羽击齐,征兵九江,黥布称疾,遣将将数千人往。及汉入彭城,布又不佐楚。羽由是怨之。至是,汉王西过梁地,问群臣曰:"吾欲捐关以东等弃之,谁可与共功者?"张良曰:"九江与楚有隙,彭越与齐反梁地,此两人可急使,而汉将独韩信可属大事,当一面。捐之此三人,则楚可破也。"王谓左右曰:"孰能为我使九江,令倍楚,留项王数月④,我取天下可以百全。"谒者随何请使⑤,王遣之。

纲　五月,汉王至荥(xíng)阳⑥。

目　王至荥阳,诸败军皆会,萧何发关中老弱未傅者⑦,悉诣荥阳,汉军复大振。楚以故不能过荥阳而西。汉遂筑甬道⑧,属(zhǔ)之河⑨,以取

---

① 子盈及女:盈即刘邦嫡子刘盈,后来的汉惠帝;女即刘邦长女,后嫁张耳之子敖。
② 间往:走小道秘密前往。周吕侯:吕后兄,名泽,周吕为封号。下邑:县名,今安徽砀山县。
③ 九江:国名,都今安徽六安市东北。
④ 留:牵制。
⑤ 谒者:官名,掌接待宾客,或奉命出使。
⑥ 荥阳:县名,治今河南郑州市西北古荥镇。
⑦ 未傅:未登记在徭役名册。
⑧ 甬道:为提防敌军抢掠物资而建造的两旁有墙或其它障蔽物的通道。
⑨ 属:连通。

敖仓粟①。

纲魏王豹叛汉。

纲汉王还栎阳,立子盈为太子。

纲关中饥,人相食。

〔萧何守关中,建立稳固的后方基地〕

纲秋八月,汉王如荥阳,命萧何守关中,立宗庙、社稷。

目王如荥阳,命萧何侍太子,守关中,为法令约束,立宗庙、社稷。事有
　不及奏决者,辄以便宜施行,上来以闻。计关中户口,转漕、调兵以给
　军②,未尝乏绝。

〔韩信击魏破赵〕

纲汉韩信击魏,虏王豹,遂北击赵代。

目汉使郦生说魏王豹③,且召之。豹不听曰:"汉王慢而侮人,骂诸侯、
　群臣如骂奴耳,吾不忍复见也!"于是汉王以韩信为左丞相,与灌婴、
　曹参俱击魏。王问食其:"魏大将谁也?"对曰:"柏直。"王曰:"是口
　尚乳臭,安能当韩信!""骑将谁也?"曰:"冯敬。"曰:"虽贤,不能当灌
　婴。步卒将谁也?"曰:"项它。"曰:"不能当曹参。吾无患矣!"信亦

---

① 敖仓:秦所置粮仓,在今河南荥阳市东北敖山上。
② 转漕:转运粮饷。陆运称转,水运称漕。
③ 郦生:郦食其。

问:"魏得无用周叔为大将乎?"曰:"柏直也。"信曰:"竖子耳!"遂击虏豹,定魏地。

信请兵三万人,愿以北举燕、赵,东击齐,南绝楚粮道。王遣张耳与俱。九月,破代兵,禽夏说。

纲 丁酉(前 204)①,冬十月,韩信大破赵军,禽王歇,斩代王余,遣使下燕。

目 韩信、张耳击赵,赵聚兵井陉口②,号二十万。广武君李左车谓陈余曰:"信、耳乘胜远斗,其锋不可当。今井陉之道,车不得方轨③,骑不得成列,其势粮食必在后。愿假臣奇兵三万,从间道绝其辎重④,足下深沟高垒勿与战。彼前不得斗,退不得还,野无所掠,不十日而两将之头可致麾下,否则必为二子所禽矣。"余常自称义兵,不用诈谋奇计,不用左车策。

信间视知之,大喜,乃敢遂下。未至井陉口,止舍⑤。夜半,传发⑥,遣轻骑二千人,人持一赤帜,从间道革(bì)山而望赵军⑦。戒曰:"赵空壁逐我⑧,即疾入赵壁,拔其帜而易之。"令裨将传餐⑨,曰:"今日破赵会食⑩!"乃

① 西楚三年,汉三年。
② 井陉口:要隘名,又名土门关,在今河北井陉县井陉山上。
③ 方轨:两车并行。
④ 间道:小道。辎重:作后勤补给用的物资、装备、车辆等。
⑤ 止舍:驻扎宿营。
⑥ 传发:传令启程。
⑦ 革山:依靠山上草木作掩护。"革"通"蔽"。
⑧ 壁:军营壁垒。
⑨ 裨将:副将。
⑩ 会食:会食与传餐相对,餐为小食,食为大食,指破赵后聚餐大食。

使万人先行，出，背水阵。赵望见皆大笑。平旦①，信建大将旗鼓，鼓行出井陉口。赵开壁击之，大战良久。于是信、耳佯弃旗鼓，走水上军，赵果空壁逐之。信所遣骑驰入赵壁，拔赵帜立汉帜。水上军皆殊死战，赵军已不能得信等，欲归壁，见帜，大惊，遂乱，遁走。汉兵夹击，大破之，斩陈余，禽赵王歇。诸将问曰："兵法：'右倍山陵，前左水泽。'今背水而胜，何也？"信曰："兵法不曰'陷之死地而后生，置之亡地而后存'乎？且信非得素拊循士大夫也②，所谓'驱市人而战之'，非置死地，使人自为战，彼将皆走，尚可得而用之乎！"诸将皆服。

信以千金募生得李左车者，解其缚③，东乡坐④，师事之。问曰："仆欲北攻燕，东伐齐，何若而有功？"左车谢曰："臣，败亡之虏，何足以权大事！"信曰："诚令成安君听足下计⑤，信亦已禽矣！今愿委心归计，足下勿辞。"左车曰："将军虏魏王，禽夏说，不终朝而破赵二十万众，威震天下，此将军之所长也。然众劳卒罢(pí)⑥，其实难用。燕若不服，齐必自强，此将军之所短也。善用兵者，不以短击长，而以长击短。为将军计，莫若按甲休兵，北首燕路⑦，而遣辩士奉书于燕，暴其所长，燕必不敢不听从。燕已从而东临齐，虽有智者不知为齐计矣。兵固有'先声而后实'者，此之谓也。"信从其策，燕从风而靡。遣使报汉，请以张耳王赵，汉王许之。

---

① 平旦：清晨。
② 拊循：训练、调度。士大夫：旧时军职中有大夫、士，故以士大夫泛指将士。
③ 缚：捆绑。
④ 乡：通"向"。
⑤ 成安君：陈余。
⑥ 罢：通"疲"。
⑦ 首：向。

<u>纲</u>是月晦,日食。十一月,晦,日食。

〔**黥布归汉**〕

<u>纲</u>十二月,随何以九江王布归汉。

<u>目</u>随何至九江,说黥布曰:"汉王使臣敬进书大王御者,窃怪大王与楚何亲也?"布曰:"寡人北乡而臣事之。"何曰:"大王与楚俱为诸侯,而北乡臣事之者,必以楚为强,可托国也。项王伐齐,身负版筑①,为士卒先。大王宜悉众自将,为楚前锋。乃发四千人以助楚。汉入彭城,项王未出齐也。大王宜悉兵渡淮,日夜会战彭城下。乃无一人渡淮者,垂拱而观其孰胜。夫托国于人者,固若是乎?大王提空名以乡楚,而欲厚自托,臣窃为大王不取也!然大王不倍楚者,以汉为弱也。夫楚虽强,天下负之以不义之名,以其背盟约而杀义帝也。今汉王收诸侯,守荥阳,下蜀、汉之粟,坚守而不动。楚人深入敌国,老弱转粮,进不得攻,退不能解。楚不如汉,其势亦易见矣。大王不与万全之汉,而自托于危亡之楚,臣窃为大王不取也!"布阴许之,未敢泄。

楚使者在传舍②,方急责布发兵,何直入曰:"九江王已归汉,楚何以得发兵?"因说布杀楚使而攻楚。楚击破之,布乃间行与何归汉。十二月,至汉。汉王方踞床洗足,召布入见。布悔,怒,欲自杀。及出就舍,帐御、食饮、从官皆如汉王居③,布又大喜过望。汉益其兵,与俱屯

---

① 版筑:筑土墙用的夹板和杵,泛指土木营造之事。
② 传舍:驿站所设供行人休息的房舍。
③ 帐御:帷帐、衣服等,泛指室内陈设及日用品。

成皋①。

纲 汉遣郦食其立六国后，未行而罢。

目 楚数侵夺汉甬道，汉军乏食。郦食其曰："昔汤放桀，武王伐纣，皆封其后。秦伐诸侯，灭其社稷。今诚能立六国后，其君臣、百姓，必皆戴德慕义，愿为臣妾。大王南乡称霸，楚必敛衽而朝②。"王曰："善。趣刻印，先生因行佩之矣。"未行，张良来谒。王方食，具以告良。良曰："臣请借前箸，为大王筹之③：昔汤、武封桀、纣之后者，度能制其死生之命也；今大王能制项籍之死命乎？武王入殷，发粟散财，休马放牛，示不复用；今大王能之乎？且天下游士，离亲戚，弃坟墓，从大王游者，徒欲望咫尺之地；今复立六国后，游士各归事其主，大王谁与取天下乎？且夫楚惟无强，六国复挠而从之④，大王焉得而臣之乎？诚用客谋，大事去矣！"汉王辍食，吐哺⑤，骂曰："竖儒几败而公事⑥！"令趣销印⑦。

纲 夏四月，楚围汉王于荥阳。亚父范增死⑧。

目 汉王谓陈平曰："天下纷纷，何时定乎？"平曰："项王骨鲠之臣⑨，亚

————————

① 成皋：县名，今河南荥阳市成皋故城。
② 敛衽：整理衣襟，表示恭敬。
③ 箸：借助刘邦食筷为其测算筹划。
④ 挠：屈服。
⑤ 吐哺：吐出嘴里正在咀嚼的食物。
⑥ 而公：犹言你老子，倨傲的自称语。"而"通"尔"。
⑦ 销印：销毁本欲立六国后人为王之印。
⑧ 亚父：项羽对范增的敬称。
⑨ 骨鲠：骨卡在咽部，比喻耿直忠言，使人难受。

父、钟离昧之属,不过数人耳。项王为人,意忌信谗,诚能捐金行间①,以疑其心,破楚必矣。"王乃与平黄金四万斤,不问其出入。平多纵反间,言昧等功多,不得裂地,欲与汉灭楚而分其地。羽果疑昧等。及楚围荥阳急,汉王请和。羽使至汉,陈平为太牢具举进②,而佯惊曰:"吾以为亚父使也!"乃持去,而更以恶草具进③。使归以报,羽大疑亚父。亚父欲急攻下荥阳,羽不听。亚父怒曰:"天下事大定矣,君王自为之,愿请骸骨归!"未至彭城,疽发背死。

纲 五月,汉王走入关。彭越击楚,楚还兵击之,汉王复军成皋。

目 楚围荥阳益急,汉将军纪信曰:"事急矣!臣请诳楚。"于是陈平夜出女子东门二千余人,楚因击之。信乃乘王车,出东门,曰:"食尽,汉王降楚。"楚皆之城东观。王乃令周苛守荥阳,而与数十骑出西门去。羽烧杀信。

王入关,收兵欲复东。辕生曰:"愿君王出武关④,羽必南走。王深壁勿战⑤,令荥阳、成皋间且得休息,而韩信等亦得安辑赵地⑥,连燕、齐,王乃复还荥阳,则楚备多而力分,复与之战,破之必矣!"王从之。羽果南,王不与战。会彭越破楚军杀薛公,羽东击越,汉王复军成皋。

纲 六月,楚破彭越,还拔荥阳及成皋。汉王走渡河,夺韩信军,遣信

---

① 行间:派出间谍。
② 太牢:祭祀或宴请,牛、羊、猪三牲具备。
③ 草具:粗劣的饭食。
④ 武关:地名,在今陕西商南县南丹江沿岸,亦有观点据考古发掘瓦当判断在陕西丹凤县。
⑤ 深壁:构筑牢固的工事以自守。
⑥ 安辑:安抚。

击齐。

目项羽既破彭越，还拔荥阳，烹周苛，遂围成皋。汉王逃去，北渡河，宿
小修武①。晨，自称汉使，驰入赵壁。张耳、韩信未起，即卧内夺其印
符②，以麾召诸将，易置之。令耳守赵，信收赵兵未发者击齐。

楚遂拔成皋欲西。王欲捐成皋以东而屯巩、洛以距楚③。郦生曰："王
者以民为天，而民以食为天。夫敖仓，天下转输久矣④，闻其下藏粟甚
多。楚拔荥阳不坚守敖仓，乃引而东，此天所以资汉也。愿急进兵，收
取荥阳，据敖仓之粟，塞成皋之险，杜太行之道，距蜚狐之口⑤，守白马
之津⑥，以示诸侯形制之势，则天下知所归矣。"王乃复谋取敖仓。

纲秋七月，有星孛于大角⑦。

纲八月，汉王军小修武，遣人烧楚积聚⑧。

目汉王得韩信军，复大振。引兵临河，南乡，欲复与楚战。郑忠说止。
王乃使刘贾、卢绾渡白马津，入楚地，佐彭越，烧楚积聚，以破其业。

纲彭越下梁十七城，楚复击取之。

目彭越下梁十七城。项羽闻之，使曹咎守成皋，戒曰："即汉欲战，慎勿

————————

① 小修武：县名，战国始设，秦始皇又改南阳为修武，南阳较大名"大修武"，原修武被称
　　为"小修武"以示区别，今河南获嘉县。
② 印符：印信和兵符。
③ 巩：县名，今河南巩义市。
④ 转输：运粮。
⑤ 蜚狐口：要隘名，南口在今河北涞源县北，北口在今河北蔚县南。
⑥ 白马之津：渡口名，在今河南滑县东北。
⑦ 星孛于大角：大角星旁出现彗星。
⑧ 积聚：积累聚集起来的物资。

与战!"而自引兵东击越所下城。围外黄①,数日乃降,羽欲尽坑之。外黄令舍人儿②,年十三,说羽曰:"彭越强劫外黄,外黄恐,故且降,以待大王。今又坑之,百姓安所归心哉!且如此,则从此以东十余城皆莫可下矣!"羽从之。梁复为楚。

纲 汉王遣郦食其说齐,下之。

目 郦食其说汉王曰:"今燕、赵已定,惟齐未下。诸田宗强③,近楚,多诈。虽遣数万之师,未可以岁月破也。臣请得奉明诏说齐王④,使为东藩。"王曰:"善。"郦生乃说齐王曰:"王知天下之所归乎?"王曰:"不知也。"请问之,生曰:"归汉。"王曰:"何也?"生曰:"汉王先入咸阳,收天下兵,以责义帝之处,立诸侯之后,与天下同其利,天下贤才乐为之用。项王有倍约之名,有弑义帝之负,记人之罪,忘人之功,贤才怨之,莫为之用。故天下之事归于汉王,可坐而策也。今又已据敖仓,塞成皋,守白马,距蜚狐,天下后服者先亡矣。"齐王纳之,遂与汉平⑤,而罢守备,日与生纵酒为乐。

韩信欲东兵,闻之而止。蒯(kuǎi)彻说曰:"将军受诏击齐,而汉独发间使下之⑥,宁有诏止将军乎?且郦生一士,伏轼⑦,掉三寸舌⑧,下齐

① 外黄:县名,今河南民权县。
② 舍人:王公贵官的侍从宾客、亲近左右。
③ 诸田:田氏宗族,为齐国王族。
④ 齐王:田广。
⑤ 平:讲和。
⑥ 间使:伺机行事的使者。
⑦ 伏轼:倚靠在车前横木上,指驾车。
⑧ 掉:摇动。

七十余城。将军以数万众,岁余乃下赵五十城耳。为将数岁,反不如一竖儒之功乎!"信遂渡河。

纲 戊戌(前203)①,冬十月,汉韩信袭破齐,齐王烹郦食其,走高密②。

纲 汉王复取成皋,与楚皆军广武③。

目 汉数挑楚战,曹咎不出。使人辱之,咎怒,渡兵汜水。半渡,汉击破之,咎自刭。汉王乃引兵渡河,复取成皋,军广武,就敖仓食。羽闻之,亦还军广武,相守。楚食少,乃为高俎④,置太公其上,告汉王曰:"今不急下⑤,吾烹太公。"王曰:"吾与若俱北面受命怀王,约为兄弟,吾翁即若翁,必欲烹而翁,幸分我一杯羹。"羽怒,欲杀之。项伯曰:"为天下者不顾家,杀之无益,只益祸耳。"羽谓汉王曰:"天下匈匈数岁⑥,徒以吾两人。愿与王挑战,决雌雄,毋徒苦天下父子为也。"王笑谢曰:"吾宁斗智,不能斗力。"因数之曰:"羽负约,王我于汉,罪一;矫杀卿子冠军⑦,罪二;救赵不报,而擅劫诸侯入关,罪三;烧秦宫室,掘始皇帝冢,私其财,罪四;杀秦降王子婴,罪五;诈坑秦子弟新安二十万,罪六;王诸将善地,而徙逐故王,罪七;出逐义帝,自都彭城,夺韩、梁地,罪八;使人阴杀义帝江南,罪九;为政不平,主约不信,天下所不容,大逆无道,罪十也。"羽大怒,伏弩射汉王,伤胸,王乃扪足

---

① 西楚四年,汉四年。
② 高密:县名,今山东高密市,一说今山东潍坊市坊子区。
③ 广武:县名,今河南荥阳市。时西属汉,东属楚,楚、汉皆有广武城。
④ 高俎:高桌上的砧板。一说指供瞭望用的车上的高台。
⑤ 下:退让,投降。
⑥ 匈匈:动乱不安。
⑦ 卿子冠军:指宋义。

曰:"房中吾指。"因病创卧,张良强请起行劳军,以安士卒,王从之。疾甚,因驰入成皋。

〔汉军平定齐地〕

纲楚救齐。十一月,汉韩信击破之,杀其将龙且,虏齐王广。田横自立为齐王,战败走,信遂定齐地。

目楚使龙且将兵二十万救齐。或曰:"汉兵远斗穷战,其锋不可当,不如深壁。汉兵客居,其势无所得食,可不战而降也。"且曰:"吾知韩信为人,易与耳!寄食于漂母,无资身之策①;受辱于胯下,无兼人之勇②。不足畏也!"进与汉军夹潍水而陈。信夜令人囊沙③,壅水上流④。且渡击且,佯败还走。且喜曰:"吾固知信怯也。"遂追之。信使决壅囊,水大至,且军大半不得渡。信急击杀且。追至城阳⑤,虏齐王广。田横遂自立为齐王,灌婴击走之,尽定齐地。

纲汉立张耳为赵王。

纲汉王还栎阳,留四日,复如广武。

纲春二月,汉立韩信为齐王,征其兵击楚。

目韩信使人言于汉王曰:"齐伪诈多变,反覆之国也,请为假王以镇之。"

---

① 资身:资养自身,立身。
② 兼人:胜过他人。
③ 囊沙:用囊盛沙。
④ 壅:堵塞。
⑤ 城阳:县名,今山东莒县。

汉王大怒,骂曰:"吾困于此,且暮望若来。乃自立邪(yé)!"张良、陈平蹑王足,附耳语曰:"汉方不利,宁能禁信之自王乎?不如因而立之,使自为守。不然,变生。"王悟,复骂曰:"大丈夫定诸侯,即为真王,何以假为!"二月,遣良操印立信为齐王,征其兵击楚。

项羽闻龙且死,大惧,使武涉说信,欲与连和,三分天下。信谢之曰:"臣事项王官不过郎中,位不过执戟①。言不听,画不用,故倍楚而归汉。汉王授我上将军印,予我数万众,解衣衣我,推食食我,言听计用,故吾得至于此。夫人深亲信我,我倍之,不祥。虽死不易!幸为信谢项王。"

武涉已去,蒯彻以相人之术说信曰:"仆相君之面②,不过封侯。相君之背③,贵不可言。"信曰:"何谓也?"彻曰:"楚、汉分争,智勇俱困,两主之命,县于足下④。莫若两利而俱存之,三分天下,鼎足而居,其势莫敢先动。足下据强齐,从燕、赵,因民之欲,西向为百姓请命,则天下风走而响应矣。盖闻'天与不取,反受其咎。时至不行,反受其殃'。愿足下熟虑之!"信曰:"汉王遇我甚厚,吾岂可以乡利而倍义乎?"彻曰:"勇略震主者身危,功盖天下者不赏。今足下戴震主之威,挟不赏之功,欲持是安归乎?"信谢曰:"先生休矣,吾方念之。"数日,彻复说曰:"夫功者,难成而易败;时者,难得而易失。时乎,时乎,不再来!"信犹豫,不忍倍汉。又自以功多,汉终不夺我齐,遂谢彻。彻因去,佯狂为巫。

---

① 执戟:执戟郎中,执戟宿卫殿门。
② 面:此为双关,暗指效忠汉王。
③ 背:亦为双关,暗指背离汉王。
④ 县:通"悬"。

纲 秋七月,汉立黥布为淮南王①。

纲 汉初为算赋②。

目 民年十五以上至五十六,出赋钱,人百二十,为一算。治库兵车马。

纲 汉以周昌为御史大夫。

〔刘邦、项羽以鸿沟"中分天下"〕

纲 楚与汉约,中分天下。九月,归太公、吕后于汉,解而东归。

目 项羽自知少助,食尽,韩信又进兵击之。汉遣侯公说羽,请太公。羽乃与汉约,中分天下,鸿沟以西为汉③,以东为楚。九月,归太公、吕后,解而东归。汉王欲西归,张良、陈平曰:"汉有天下大半,楚兵饥疲,今释弗击,此养虎自遗患也。"王从之。

周金泰　评注

陈侃理　审定

———————

① 淮南:国名,都今安徽六安市北。
② 算赋:汉代对成年人征收的人头税。
③ 鸿沟:古运河,在今河南境内。

纲鉴易知录卷一〇

　　卷首语:本卷起汉五年(前202),止汉十二年,所记为西汉开国,刘邦在位八年间史事。垓下之围,项羽自刎乌江,楚汉之争至此结束。刘邦称帝,建立西汉,大封功臣并制定朝仪,初建皇权威严。对内相继剪除韩信、彭越、英布等异姓诸侯王,巩固了汉室政权。对外征讨匈奴,但困于白登,始与匈奴和亲。西汉初并天下,内外危机四伏,刘邦因势利导,经济上恢复生产与政治上消除隐患并重,为有汉一代的强盛奠定了基础。

汉　纪

太祖高皇帝

〔垓下之围，项羽自刎乌江〕

纲 己亥，汉太祖高皇帝五年（前202），冬十月，王追项籍至固陵①，齐王信、魏相国越及刘贾诱楚周殷，迎黥布皆会。十二月，围籍垓下②。籍走自杀。楚地悉定。

目 十月，汉王追项羽至固陵，齐王信、魏相国越期会不至。楚击汉军，大破之。汉王复坚壁自守③，谓张良曰："诸侯不从，奈何？"对曰："楚兵且破，二人未有分地，其不至固宜。君王能与共天下，可立致也。信之立，非君王意，不自坚。且其家在楚，欲得故邑。越本定梁地，亦望王，而君王不早定。今能出捐此地以许两人，使各自为战，则楚易破也。"王从之。于是信、越皆引兵来。

十一月，刘贾围寿春④，诱楚大司马周殷，殷畔楚⑤，举九江兵迎黥布皆会。

---

① 固陵：县名，今河南周口市淮阳区。
② 垓下：地名，在今安徽灵璧县东南。
③ 坚壁：巩固壁垒。
④ 寿春：县名，今安徽寿县。
⑤ 畔：通"叛"。

十二月,羽至垓下,兵少食尽,信等以大军乘之①,羽败入壁②,汉及诸侯兵围之数重。羽夜闻汉军四面皆楚歌,乃大惊曰:"汉皆已得楚乎,是何楚人之多也!"起饮帐中,悲歌慷慨,泣数行下,左右皆泣,莫能仰视。于是羽乃乘其骏马,从八百余骑,直夜③,溃围南出,驰走渡淮。至阴陵④,迷失道,问一田父,田父绐曰:"左。"左,乃陷大泽中,汉骑将灌婴追及之。

至东城⑤,乃有二十八骑,汉追者数千人。羽谓其骑曰:"吾起兵八岁,七十余战,未尝败北。今卒困此,此天亡我,非战之罪也!今日固决死,必溃围斩将,令诸君知之。"于是大呼驰下,斩汉一将,一都尉,杀数十百人。谓其骑曰:"何如?"皆曰:"如大王言!"于是羽欲东渡乌江⑥,亭长舣(yǐ)船待⑦,曰:"江东虽小,地方千里,亦足王也。愿大王急渡!"羽笑曰:"籍与江东子弟八千人渡江而西,今无一人还。纵江东父兄怜而王我,我独不愧于心乎!"乃刎而死。

楚地悉定,独鲁不下,王欲屠之。至城下,犹闻弦诵之声。谓其守礼义之国,为主死节,因持羽头示之,乃降。以鲁公礼,葬羽于谷城⑧。封项伯等四人为列侯,赐姓刘氏。

---

① 乘:掩袭,追逐。
② 壁:营垒。
③ 直夜:当夜。
④ 阴陵:县名,治今安徽定远县靠山乡古城村。
⑤ 东城:县名,治今安徽定远县东南。
⑥ 乌江:今名乌江浦,在今安徽和县东北。
⑦ 舣:使船靠岸。
⑧ 谷城:县名,今山东平阴县。

评项羽败亡：

　　楚汉战争之初，项羽取得一系列战役胜利，但在军事、政治上的弱点也日益显露。他不愿承秦故都，而东都彭城，犯了战略错误。未能建立稳固的后方根据地，长时间两线作战。不能妥善对待旧主，放逐义帝而自立为霸王，道义上处于不利地位。分封诸侯而具体举措失当，政治上陷入孤立。虽骁勇善战，但居功自傲，不善用人，致使韩信、陈平等弃楚投汉。最终项羽丧失前期战果，自刎而亡。刘邦转败为胜。

纲 王还至定陶①，驰入齐王信壁，夺其军。

纲 春正月，更立齐王信为楚王，魏相国越为梁王。

目 韩信至楚，召漂母赐千金。召辱己少年以为中尉②，曰："此壮士也。"

〔刘邦即皇帝位，西汉开国〕

纲 二月，王即皇帝位。

目 诸侯王皆请尊汉王为皇帝。二月甲午，即位于汜水之阳③。

纲 帝西都洛阳。

纲 夏五月，兵罢归家。

〔刘邦南宫置酒，论得天下原因〕

纲 置酒南宫④。

---

① 定陶：今山东菏泽市定陶区。
② 中尉：秦末战争时期，中尉职掌尚不清晰，此处或为底层武官。
③ 汜水：在今山东曹县北，接菏泽市界，今菏泽市南有汉高祖坛遗迹。
④ 南宫：遗址位于河南洛阳市以东的汉魏故城内。

目 置酒洛阳南宫,上曰:"吾所以有天下者何? 项氏所以失天下者何?"
高起、王陵对曰:"陛下使人攻城略地,因以与之,与天下同其利。项
羽不然,有功者害之,贤者疑之,战胜而不予人功,得地而不予人利,
此其所以失天下也。"上曰:"公知其一,未知其二。夫运筹帷幄之中,
决胜千里之外,吾不如子房;镇国家,抚百姓,给馈饷①,不绝粮道,吾
不如萧何;连百万之众,战必胜,攻必取,吾不如韩信。三者皆人杰,
吾能用之,此吾所以取天下者也。项羽有一范增而不能用,此所以为
我禽也。"群臣悦服。

纲 召故齐王横②,未至,自杀。

目 田横与其徒属五百余人入海,居岛中③。帝恐其为乱,赦横罪,召之
曰:"横来,大者王,小者侯;不来,且举兵加诛。"横乃与其客二人乘传
诣洛阳④。至尸乡厩置⑤,谓其客曰:"横始与汉王俱南面称孤⑥,今
汉王为天子,而横乃为亡虏,北面事之,其耻固已甚矣。且吾烹人之
兄⑦,与其弟并肩而事主⑧。纵彼不动,我独不愧于心乎!"遂自刭,令
客奉其头,从使者驰奏之。帝为流涕,以王礼葬之。二客自刭,余五
百人在岛中者,闻之亦皆自杀。

---

① 馈饷:军粮。
② 齐王横:田横自立为齐王。
③ 岛:今名田横岛,在今山东即墨市横门湾中。
④ 传:驿站车马。
⑤ 尸乡:亭名,在今河南偃师市。厩置:驿站。
⑥ 南面:君主临朝南面而坐,以南面指代称王。
⑦ 兄:指郦商兄食其。
⑧ 弟:指郦商。

$\boxed{纲}$ 以季布为郎中①。斩丁公以徇②。

$\boxed{目}$ 初，楚人季布为项籍将，数窘辱帝③。籍灭，帝购求布千金④，敢有舍匿，罪三族。布乃髡钳（kūn qián）为奴⑤，自卖于鲁朱家。朱家心知其季布也，买置田舍。身之洛阳见滕公，曰："季布何罪！臣各为其主用，职耳。今上始得天下，而以私怨求一人，何示不广也！且以布之贤，汉求之急，此不北走胡，南走越耳。夫忌壮士以资敌国，此伍子胥所以鞭荆平之墓也⑥。"滕公言于上，上乃赦布，召拜郎中，朱家遂不复见之。

布母弟丁公，亦为项羽将，逐窘帝彭城西。短兵接，帝急，顾谓丁公曰："两贤岂相厄哉⑦！"丁公乃还。至是来谒，帝以徇军中，曰："丁公为臣不忠，使项王失天下者也。"遂斩之，曰："使后为人臣无效丁公也！"

〔刘邦接受娄敬建议，定都关中〕

$\boxed{纲}$ 帝西都关中。以娄敬为郎中，赐姓刘氏。

$\boxed{目}$ 齐人娄敬戍陇西⑧，过洛阳，求见上曰："陛下都洛阳，岂欲与周室比隆哉？"上曰："然。"敬曰："洛邑天下之中，有德则易以王，无德则易以亡。夫秦地，被山带河⑨，四塞以为固，卒然有急，百万之众可具。

———————

① 郎中：掌管宫殿门户、车骑等事，内充侍卫，外从作战。

② 徇：示众。

③ 窘辱：困迫凌辱。

④ 购求：悬赏捉拿。

⑤ 髡：剃发。钳：以铁圈束颈。

⑥ 荆平：楚平王。

⑦ 厄：困。

⑧ 陇西：郡名，治今甘肃临洮县。

⑨ 被山带河：靠着山，环着河，形容地势险固。

此亦扼天下之亢而拊(fǔ)其背也①。"帝问群臣,群臣皆山东人,争言:"周王数百年,秦二世即亡。洛阳东有成皋,西有渑池②,倍河向洛,其固足恃也。"上问张良。良曰:"洛阳虽有此固,四面受敌,非用武之国也。关中左殽、函③,右陇、蜀④,沃野千里。阻三面而固守,独以一面东制诸侯,此所谓金城千里⑤,天府之国,敬说是也。"上即日西都关中。拜敬郎中,号奉春君,赐姓刘氏。

纲 张良谢病辟谷⑥。

目 良素多病,入关,即杜门,道引不食谷⑦。曰:"家世相韩。及韩灭,不爱万金之资,为韩报仇强秦⑧,天下振动。今以三寸舌,为帝者师,封万户侯,此布衣之极,于良足矣。愿弃人间事,欲从赤松子游耳⑨。"

纲 秋七月,赵王张耳卒。

目 子敖嗣。敖尚帝长女鲁元公主为后⑩。

纲 后九月,治长乐宫⑪。

---

① 亢:咽喉。拊:拍,轻击。
② 渑池:县名,今河南渑池县。
③ 殽:殽山。函:函谷。
④ 陇:陇山。蜀:蜀山。
⑤ 金城:如金属铸成的坚固城墙,比喻坚固。
⑥ 辟谷:不吃五谷以求成仙的道术。
⑦ 道引:即导引,行气引体的养生术。
⑧ 为韩报仇:指张良博浪沙刺秦之事。
⑨ 赤松子:亦称"赤诵子",相传为上古仙人。
⑩ 尚:仰攀婚姻。
⑪ 长乐宫:故址在今陕西西安市西北。

纲　庚子,六年(前201),冬十二月,帝会诸侯于陈①,执楚王信以归。至洛阳,赦为淮阴侯。

目　楚王信初之国,行县邑②,陈兵出入。人有上书告信反者,帝以问诸将,皆曰:"亟发兵坑竖子耳!"帝默然。又问陈平。平曰:"陛下兵精孰与楚,诸将用兵孰过信?"上曰:"皆不及也。"平曰:"如此而举兵攻之,是趣(cù)之战也③。古者天子有巡狩,会诸侯。陛下第出④,伪游云梦⑤,会诸侯于陈。陈,楚之西界,信闻天子以会出游,其势必无事,而郊迎谒⑥,谒而因擒之,此特一力士之事耳。"帝以为然。乃告诸侯会陈:"吾将南游云梦。"因随以行。上至陈,信谒上,上令武士缚信,载后车。信曰:"果若人言⑦:'狡兔死,走狗烹;高鸟尽,良弓藏;敌国破,谋臣亡。'天下已定,我固当烹!"遂械系以归⑧。

田肯贺曰:"陛下得韩信,又治秦中⑨。秦,形胜之国也,带河阻山,地势便利,其以下兵于诸侯,譬犹于高屋之上建瓴水也⑩。夫齐⑪,东有

①　陈:县名,今河南周口市淮阳区。
②　行:巡行。
③　趣:通"促",促使。
④　第:但,姑且。
⑤　云梦:上古泽名,在今江汉平原一代,汉以后消亡,后人夸其范围跨江南北。一说云梦非泽名,指水草丰饶之地,为楚王狩猎区域。
⑥　迎谒:迎接谒见。
⑦　人言:指蒯彻之语,他曾劝韩信自立为王,与楚、汉三分天下。
⑧　械系:戴上镣铐,拘禁起来。
⑨　治秦中:定都秦之关中。
⑩　建瓴:倾倒瓶中之水,形容居高临下、难以阻挡的形势。
⑪　齐:此处指故齐国地。

琅邪、即墨之饶,南有泰山之固,西有浊河之限①,北有渤海之利。地方二千里,持戟百万②,此东西秦也。非亲子弟,莫可使王齐者。"上曰:"善!"

至洛阳,赦信,封淮阴侯。信知帝畏恶其能,多称病,不朝从③。居常鞅(yāng)鞅④,羞与绛、灌等列⑤。上尝从容与信言诸将能将兵多少。上问曰:"如我能将几何?"信曰:"陛下不过能将十万。"上曰:"于君何如?"曰:"臣多多益善。"上笑曰:"多多益善,何为为我擒?"信曰:"陛下不能将兵,而善将将,此信之所以为陛下擒也。且陛下乃所谓天授,非人力也。"

〔刘邦大封功臣〕

纲 始剖符封功臣为彻侯⑥。

目 始封功臣,酂(cuó)侯萧何食邑独多⑦。功臣皆曰:"臣等身被坚执锐,多者百余战,少者数十合。今萧何未尝有汗马之劳,徒持文墨议论,顾反居臣等上,何也?"帝曰:"诸君知猎乎? 追杀兽兔者,狗也。发纵

---

① 浊河:黄河。
② 持戟:代指战士。
③ 朝从:朝见侍从。
④ 鞅鞅:不满意、不快乐的样子。"鞅"通"怏"。
⑤ 绛:绛侯周勃。灌:灌婴。
⑥ 剖符:封功臣时将符节剖分为二,君臣各执其一。彻侯:又称列侯,二十等爵中最高级,受爵者可以县立国。
⑦ 酂:侯国名,汉初酂县有二:一为沛郡酂县,音 cuó,在今河南永城市;一为南阳郡酂县,音 zàn,在今湖北老河口市。萧何封地存在争议,疑初封沛酂,后嗣徙封南阳酂。

指示者①,人也。今诸君徒能得走兽耳,功狗也。至如萧何,发纵指示,功人也。"群臣皆莫敢言。张良亦无战斗功,帝使自择齐三万户。良曰:"臣始起下邳(pī)②,与上会留③,此天以臣授陛下。陛下用臣计,幸而时中。臣愿封留足矣,不敢当三万户。"乃封良为留侯。封陈平为户牖(yǒu)侯④,平辞曰:"此非臣之功也。"上曰:"吾用先生谋,战胜克敌,非功而何?"平曰:"非魏无知,臣安得进?"上曰:"子可谓不背本矣!"乃赏无知。

纲 春正月,立从兄贾为荆王,弟交为楚王,兄喜为代王,子肥为齐王。

纲 以曹参为齐相国。

目 参之至齐,尽召诸先生,问所以安集百姓⑤。而齐故诸儒以百数,言人人殊。参闻胶西有盖公⑥,善治黄老言,使人请之。盖公为言:"治道贵清静,而民自定。"参乃避正堂以舍之⑦。用其言,齐国安集,称贤相焉。

纲 更以太原郡为韩国,徙韩王信王之。

纲 封雍齿为什方侯⑧。

---

① 发纵:发现猎物踪迹,比喻指挥调度。"纵"通"踪"。
② 下邳:县名,今江苏邳州市。
③ 留:县名,今江苏沛县。
④ 户牖:侯国名,今河南原阳县。
⑤ 安集:安定聚合。
⑥ 胶西:郡名,时属刘肥齐国,治今山东高密市。
⑦ 正堂:正中的厅堂,正屋。
⑧ 什方:又作"汁方",侯国名,旧说在今四川什邡市,亦有观点认为在山东单县、金乡县一带。

目 上已封大功臣二十余人，其余争功不决，未得行封。上从复道望见诸将①，往往相与坐沙中语。曰："此何语?"留侯曰："陛下起布衣，以此属取天下。今所封皆故人所亲爱，所诛皆平生所仇怨。此属畏陛下不能尽封，又恐见疑平生过失及诛，故相聚谋反耳。"上乃忧曰："为之奈何?"留侯曰："陛下平生所憎，群臣所共知，谁最甚者?"上曰："雍齿与我有故怨，数尝窘辱我。"留侯曰："今急先封雍齿，则群臣人人自坚矣。"于是乃封雍齿为什方侯，而急趣丞相、御史定功行封。群臣皆喜，曰："雍齿尚为侯，我属无患矣。"

纲 诏定元功位次②。赐丞相何剑履上殿③，入朝不趋④。

目 诏定元功十八人位次。皆曰："曹参功最多，宜第一。"鄂千秋进曰："参虽有野战略地之功，此特一时之事耳。上与楚相距五岁，失军亡众，跳身遁者数矣⑤，萧何常从关中遣军补其处。又军无见粮，何转漕关中，给食不乏。陛下虽数亡山东，何常全关中以待陛下。此万世之功也。今奈何以一旦之功，而加万世之功哉! 何第一，参次之。"上曰："善。"于是乃赐何带剑履上殿，入朝不趋。上曰："吾闻进贤受上赏。"乃封千秋为安平侯⑥。

纲 帝归栎阳。

---

① 复道：悬崖或建筑物间悬空架起的道路。
② 元功：功臣。
③ 剑履上殿：经帝王特许，上殿不解剑脱履，以示殊荣。
④ 入朝不趋：经帝王特许，入朝不急步而行，以示殊荣。
⑤ 跳身：轻身逃走。
⑥ 安平：侯国名，今河北安平县。

纲 夏五月,尊太公为太上皇。

目 上五日一朝太公。太公家令说曰①:"皇帝虽子,人主也。太公虽父,人臣也。奈何令人主拜人臣,而使威重不行乎?"后上朝,太公拥彗②、迎门、却行③。上大惊,下扶太公。太公曰:"帝,人主,奈何以我乱天下法!"上乃诏尊太公为太上皇,赐家令金五百斤。

〔韩王信叛降匈奴〕

纲 秋,匈奴寇边,围马邑④。韩王信叛与连兵⑤。

目 初,匈奴畏秦,北徙。及秦灭,复稍南渡河。单于头曼有太子曰冒顿(mò dú),后有少子,欲杀冒顿而立之。冒顿遂杀头曼自立。悉复蒙恬所夺故地,控弦之士三十余万⑥。至是,围韩王信于马邑。信使使求和解,汉疑信有二心,使人让之。信恐诛,遂以马邑降之。匈奴遂攻太原,至晋阳⑦。

〔叔孙通起朝仪,刘邦乃知为皇帝之贵〕

纲 令博士叔孙通起朝仪⑧。

----

① 太公家令:刘邦为其父太公置,掌太公家政。
② 拥彗:拿扫帚扫门,表示恭敬迎接。
③ 却行:倒退着走,表示对人恭敬。
④ 马邑:县名,今山西朔州市朔城区。
⑤ 韩王信:韩国旧贵族,非名将韩信。连兵:集结军队。
⑥ 控弦:拉弓,借指士兵。
⑦ 晋阳:县名,今山西太原市晋源区。
⑧ 博士:官名,掌通古今,以备咨议。

目帝悉去秦苛仪,法为简易。群臣饮酒争功,醉或妄呼,拔剑击柱,帝益厌之。叔孙通说上曰:"夫儒者难与进取,可与守成。臣愿征鲁诸生,共起朝仪。"帝曰:"得无难乎?"通曰:"五帝异乐,三王不同礼。礼者,因时世、人情为之节文者也①。臣愿颇采古礼,与秦仪杂就之。"上曰:"可试为之,令易知,度吾所能行者为之!"于是通使征鲁诸生。有两生不肯行,曰:"今死者未葬,伤者未起,又欲起礼、乐。礼、乐所由起,积德百年而后可兴也。吾不忍为公所为,公去矣!"通笑曰:"若真鄙儒,不知时变!"遂与所征及上左右与其弟子百余人,为绵蕞(zuì)②,野外习之。月余,言于上曰:"可试观矣。"上使行礼,曰:"吾能为此。"乃令群臣习肄③。

纲辛丑,七年(前200),冬十月,长乐宫成,朝贺,置酒。

目长乐宫成,诸侯群臣皆朝贺。先平明④,谒者治礼,以次引入殿门,陈东、西乡。卫官侠陛及罗立廷中⑤,皆执兵,张旗帜。于是皇帝传警出房⑥,引诸侯王以下至吏六百石,以次奉贺,莫不震恐肃敬。礼毕,置法酒⑦。诸侍坐者皆俯,抑首,以次起上寿⑧。觞九行,谒者奏"罢酒"。御史执法,举不如仪者,辄引去。竟朝罢酒,无敢喧哗失礼者。

---

① 节文:节制文饰。
② 绵蕞:演习朝仪时用丝绵捻成绳索,束茅草等物立在地上,用绳索牵引,以标明位次尊卑。
③ 习肄:练习。
④ 平明:天刚亮时。
⑤ 侠陛:陛为升殿之阶,侠陛指在殿阶两侧侍卫。"侠"通"夹"。
⑥ 传警:帝王出时,左右侍者传声,以示戒肃。
⑦ 法酒:朝廷举行大礼时的酒宴,因进酒有礼,故称。
⑧ 上寿:向尊者敬酒。

于是上曰："吾乃今日知为皇帝之贵也!"拜通太常①。初,秦悉内六
国礼仪,择其尊君、抑臣者存之。及通制礼,颇有所增损,大抵皆袭
秦故。

〔白登之围〕

纲 帝自将讨韩王信,信及匈奴皆败走。帝追击之,被围平城②,七日
乃解。

目 上自将击韩王信,破其军。信亡走匈奴。上闻冒顿居代谷③,使人觇
(chān)之④。冒顿匿其壮士、肥牛马,但见老弱羸畜。使者十辈来⑤,皆
言匈奴可击。上复使刘敬往,使未还,悉兵二十二万北逐之。敬还报
曰:"两国相击,此宜矜夸,见所长⑥。今臣往,徒见羸瘠老弱,此必欲见
短⑦,伏奇兵以争利。愚以为匈奴不可击也。"上怒骂曰:"齐虏⑧,以口
舌得官,今乃妄言沮吾军!"械系敬广武⑨。遂先至平城,兵未尽到,
冒顿纵精兵四十万骑,围帝于白登七日⑩,汉兵中外不得相救饷⑪。

---

① 太常:列卿之一,掌礼乐祭祀。
② 平城:县名,今山西大同市。
③ 代谷:地名,在今山西代县西北。
④ 觇:侦察。
⑤ 辈:批次。
⑥ 见所长:显示自己的长处。
⑦ 见短:显示自己的短处。
⑧ 齐虏:齐地奴才,刘敬为齐人,故称。
⑨ 广武:县名,今山西代县。
⑩ 白登:指"白登山",在今山西大同市东。
⑪ 救饷:支援解救,输送粮饷。

帝用陈平秘计,使使间厚遗(wèi)阏氏(yān zhī)①,冒顿乃解围去。汉亦罢兵归。斩前使十辈。赦刘敬,曰:"吾不用公言,以困平城。"号为建信侯。更封陈平为曲逆侯。平常从征伐,凡六出奇计,辄益封邑焉。

纲 十二月,还至赵。

目 上还过赵,赵王敖执子婿礼甚卑,上箕踞(jī jù)慢骂之②。赵相贯高、赵午等皆怒曰:"吾王,孱王也!"乃说王,请杀之。敖啮其指出血,曰:"君何言之误! 先人亡国,赖帝得复,德流子孙,秋毫皆帝力也。愿君无复出言!"高等相谓曰:"吾王长者,不倍德。且吾等义不辱,何洿(wū)王为③! 事成,归王。事败,则独身坐耳。"

纲 匈奴寇代④,代王喜弃国自归。立子如意为代王。

〔西汉定都长安,萧何治未央宫〕

纲 春二月,帝至长安,始定徙都。

目 上至长安。萧何治未央宫⑤,上见其壮丽,甚怒,曰:"天下匈匈数岁,成败未可知,是何治宫室过度也!"何曰:"天下方未定,故可因以就宫室。且天子以四海为家,非壮丽无以重威,且无令后世有以加也。"上说,遂自栎阳徙都之。

---

① 厚遗:厚加馈赠。阏氏:匈奴单于正妻。
② 箕踞:两脚张开,两膝微曲而坐,形状像箕,是轻慢傲视的姿势。慢:通"漫",随意。
③ 洿:通"污",连累。
④ 代:国名,都今河北蔚县东北。
⑤ 未央宫:汉代宫殿,遗址在今陕西西安市西北郊汉长安故城内西南隅。

纲 壬寅,八年(前199),冬,击韩王信余寇于东垣①。

目 上东击韩王信余寇,过柏人②。贯高等壁人于厕中③,上欲宿,心动而去④。

纲 十二月,还宫。

[汉始与匈奴和亲]

纲 癸卯,九年(前198),冬,遣刘敬使匈奴,结和亲。

目 匈奴数苦北边,上患之。刘敬曰:"天下初定,士卒罢于兵,未可以武服也。冒顿杀父妻母,以力为威,未可以仁义说也。诚以適长公主妻之,彼必慕以为阏氏,生子必为太子。冒顿在,固为子婿。死则外孙为单于,可无战以渐臣也。"帝曰:"善!"乃取家人子⑤,名为长公主,以妻单于,使刘敬结和亲约。

纲 十一月,徙齐、楚大族豪杰于关中。

目 刘敬言:"匈奴河南地,去长安近者七百里,轻骑一日一夜可以至秦中。且诸侯初起时,非齐诸田、楚昭、屈、景莫能兴⑥。今关中少民,北近匈奴,东有强族;一日有变,陛下未得高枕而卧也。愿徙六国后

---

① 东垣:县名,今河北正定县。
② 柏人:县名,今河北隆尧县。
③ 壁人:藏人于厕壁之中。
④ 心动:心中震悸不安。
⑤ 家人子:汉代无官职名号的宫人。
⑥ 诸田:齐大姓。昭、屈、景:楚三大姓。

及豪杰、名家居关中①,无事可以备胡,有变率以东伐,此强本弱末之术也。"于是徙昭、屈、景、怀、田氏及豪杰于关中②,与利田宅③,凡十余万口。

纲　春正月,赵王敖废,徙代王如意为赵王。

目　贯高怨家知其谋④,上变告之。于是逮捕赵王敖及诸反者,诏敢从者族。赵午等皆自到,高独怒骂曰:"公等皆死,谁白王不反者?"乃辒(jiàn)车胶致⑤,诣长安。郎中田叔、客孟舒皆自髡钳,为王家奴以从。高对狱曰:"独吾属为之,王实不知。"搒(péng)笞刺剟(duō)⑥,身无可击者,终不复言。廷尉以闻⑦。上曰:"壮士!谁知者?"泄公曰:"臣素知之,此固赵国立义不侵为然诺者也。"上使泄公持节往问之曰:"赵王果有谋不?"高曰:"吾三族皆以论死,岂爱王过于吾亲哉。顾为王实不反。"具道所以王不知状。泄公以报,乃赦敖,废为宣平侯,而徙如意王赵。上贤高,赦之。高曰:"所以不死者,白王不反也。今王已出,吾责已塞⑧,死不恨矣。且人臣有篡弑之名,何面目复事上哉!"乃仰绝亢⑨,遂死。上召叔等,与语,汉廷臣无能出其右者,尽拜守、相。

———————

① 名家:有名望的大家族。
② 怀、田:齐二大族。
③ 与利田宅:给予上好的耕地、住宅。
④ 怨家:仇人。
⑤ 辒车:囚车。胶致:密封。
⑥ 搒笞:拷打。刺剟:以铁器刺人身体。
⑦ 廷尉:列卿之一,掌刑狱的最高长官。
⑧ 塞:弥补。
⑨ 绝亢:刎颈。

纲 夏六月晦,日食。以萧何为相国。

纲 甲辰,十年(前197),夏五月,太上皇崩。秋七月,葬万年①,令诸侯王国皆立庙。

纲 以周昌为赵相,赵尧为御史大夫。

目 定陶戚姬有宠,生赵王如意。吕后年长,益疏。上以太子仁弱,谓如意类己,常留之长安,欲废太子而立之。大臣争之,皆莫能得。御史大夫周昌廷争之强,上问其说。昌为人吃,又盛怒,曰:"臣口不能言,然臣期期知其不可②!陛下欲废太子,臣期期不奉诏!"上欣然而笑。吕后闻之,跪谢昌曰:"微君③,太子几废。"

时赵王年十岁,上忧万岁之后不全也,符玺御史赵尧请为赵王置贵强相,及吕后、太子、群臣素所敬惮者。上问其人,尧以昌对。上乃以昌相赵,而以尧代为御史大夫。

上犹欲易太子,于是吕后使建成侯吕释之强要留侯画计④。留侯曰:"此难以口舌争也。顾上有所不能致者四人,曰东园公、绮里季、夏黄公、角(lù)里先生。今令太子为书,卑辞安车,固请其来。来以为客,时从入朝,令上见之,则一助也。"于是吕后使人奉太子书招之,四人至,客建成侯家。

---

① 万年:地名,在今陕西西安市临潼区东。
② 期期:口吃的象声词。
③ 微:无,没有。
④ 建成:侯国名,今河南永城市。画计:筹谋计策。

〔代相陈豨之乱〕

纲 九月,代相国陈豨(xī)反,帝自将击之。

目 初,上以阳夏侯陈豨为代相国①,监赵、代边兵。豨常慕魏无忌之养士②,及告归过赵③,宾客随之者千余乘。周昌求见上,言豨宾客甚盛,擅兵数岁,恐有变。上令人覆案豨客诸不法事④,多连引豨⑤。豨恐,遂反。上自击之。至邯郸,喜曰:"豨不南据邯郸而阻漳水,吾知其无能为矣!"昌奏:"常山亡二十城⑥,请诛守、尉⑦。"上曰:"守、尉反乎?"对曰:"不。"上曰:"是力不足,亡罪。"令昌选赵壮士可将者白,见四人,封各千户,以为将。左右谏曰:"封此何功?"上曰:"非汝所知。赵、代地皆豨有。吾征天下兵未至,今独邯郸中兵耳,吾何爱四千户,不以慰赵子弟!"又闻豨将皆故贾人,上曰:"吾知所以与之矣。"乃多以金购之,豨将多降。

〔吕后、萧何计杀韩信〕

纲 乙巳,十一年(前196),冬,破豨军。春正月,后杀淮阴侯韩信,夷三族。

---

① 阳夏:侯国名,今河南太康县。
② 魏无忌:即信陵君,战国魏公子,好养士。
③ 告归:官吏请假回家。
④ 覆案:复审案件。
⑤ 连引:牵连引及。
⑥ 常山:郡名,治今河北石家庄市长安区东北。
⑦ 守:太守。尉:郡尉。

目冬,太尉周勃道太原入代地,陈豨军败①。

淮阴侯信舍人弟上变告:"陈豨前过赵、代,过辞信,信辟左右曰②:
'公之所居,天下精兵处也。而公,陛下之信幸臣也。人言公畔,陛下
必不信。再至,则疑矣。三至,必怒而自将。吾为公从中起,天下可
图也。'豨曰:'谨奉教。'今信阴与豨通谋,欲与家臣夜诈赦诸官徒
奴,发以袭吕后、太子。部署已定,待报未发。"吕后与萧何谋,诈言豨
已得死,绐信入贺。使武士缚信,斩之。信曰:"吾悔不用蒯彻之计,
乃为儿女子所诈③!"遂夷三族。

纲帝还至洛阳。

目上还,闻韩信言"恨不用蒯彻计",乃诏捕彻至。上曰:"若教淮阴侯
反乎?"对曰:"然。"上怒曰:"烹之!"彻曰:"秦失其鹿④,天下共逐
之,高材疾足者先得⑤。且当是时,臣独知信,非知陛下也。跖(zhí)
之狗吠尧,尧非不仁,狗固吠非其主。"上曰:"置之⑥。"

纲立子恒为代王⑦。

纲二月,诏郡国求遗贤⑧。

---

① 太尉:三公之一,掌军政事务,汉初不常置。
② 辟:通"避",摒退。
③ 儿女子:妇孺之辈。
④ 鹿:以鹿比喻帝位。
⑤ 高材疾足:高材指才能高,疾足指迈步快。形容才能出众,行事敏捷。
⑥ 置:赦免。
⑦ 代:国名,高祖十一年,废太原、雁门二郡,合其地而置,都今山西太原市晋源区。
⑧ 遗贤:弃置未用的贤才。

目诏曰："盖闻王者莫高于周文,伯者莫高于齐桓①,皆待贤人而成名。今天下贤者智能,岂特古之人乎?患在人主不交故也,士奚由进②。今吾以天之灵、贤士大夫定有天下,以为一家,欲其长久,世世奉宗庙亡绝也。贤人已与我共平之矣,而不与我共安利之,可乎?贤士大夫有肯从我游者,诸侯王、郡守必身劝,为之驾,遣诣相国府,有而弗言,觉免③。年老癃(lóng)病,勿遣④。"

［诛杀梁王彭越］

纲梁王越废徙蜀。三月,杀之,夷三族。

目上之击陈豨也,征兵于梁,梁王称病,使将将兵诣邯郸。上怒,让之。梁王恐,欲自往谢。其将扈辄曰:"往则为禽。不如遂反。"王不听。梁太仆得罪,亡走汉,告之。上使使掩梁王⑤,囚之洛阳。有司治:"反形已具⑥,论如法。"赦为庶人,传处蜀⑦。至郑,逢吕后从长安来,王为吕后涕泣,自言无罪。后与俱至洛阳,白上曰:"彭王壮士,今徙之蜀,此自遗患,不如遂诛之。妾谨与俱来。"乃令人告越复谋反,夷三族。枭首洛阳,下诏:"收视者捕之⑧。"梁大夫栾布使于齐,还,奏

① 伯:同"霸",称霸。
② 奚:怎么,何。
③ 觉免:一旦发觉,就免其官。
④ 癃病:残疾、重病。
⑤ 掩:乘人不备而袭击捉拿。
⑥ 反形:反叛形迹。
⑦ 传:由驿站递送。
⑧ 收视:收殓顾视。

事头下,祠而哭之。吏捕以闻。上欲烹之,布曰:"方上之困彭城,败荥阳也,王与楚则汉破,与汉则楚破。且垓下之会,微彭王,项氏不亡。天下已定,而陛下以苛小案诛灭之,臣恐功臣人人自危也。"于是上乃释布,拜为都尉。

纲 夏四月,还宫。

〔陆贾出使南越,说称《诗》《书》,著《新语》〕

纲 五月,立故秦南海尉赵佗为南粤王①。

目 初,秦南海尉任嚣病且死,召龙川令赵佗行南海尉事②。嚣死,佗即移檄绝道③,聚兵诛秦吏,击并桂林、象郡④,自立为南越武王。至是,诏立以为南越王,使陆贾即授玺、绶,与剖符通使,使和集百越,无为南边患害。贾至,说佗令称臣奉汉约。归报,帝大悦,拜贾为大中大夫⑤。贾时时前说称《诗》《书》,帝骂之曰:"乃公居马上得之,安事《诗》、《书》⑥!"贾曰:"居马上得之,宁可以马上治之乎?且汤、武逆取而以顺守之,文武并用,长久之术也。乡使秦已并天下⑦,行仁义,法先圣,陛下安得而有之!"帝有惭色,曰:"试为我著秦所以失天下,吾所以得

① 南海:秦郡名,治今广东广州市越秀区。粤:同"越"。
② 龙川:县名,今广东龙川县。
③ 移檄:发布文告晓示。
④ 桂林:秦郡名,治所史书不详,或以为在今广西桂平市一带。象郡:秦郡名,治所史书不详,或以为在今广西崇左市。
⑤ 大中大夫:即太中大夫,侍从皇帝左右,掌顾问应对。
⑥ 乃公:犹言你老子,倨傲的自称语。
⑦ 乡使:假使。

之者,及古成败之国。"贾乃粗述存亡之征,凡著十二篇。每奏一篇,
帝未尝不称善,号其书曰《新语》。

纲 帝有疾。

目 帝有疾,恶见人,诏户者无得入群臣①,十余日。舞阳侯樊哙排闼直
入②,大臣随之。上独枕一宦者卧。哙等流涕曰:"始陛下与臣等起
丰、沛,定天下,何其壮也! 今天下已定,又何惫也! 且陛下独不见赵
高之事乎?"帝笑而起。

〔诛杀淮南王黥布〕

纲 秋七月,淮南王布反,帝自将击之。立子长为淮南王。布击杀荆王
贾,又败楚军,遂引兵西。

目 初,淮阴侯死,黥布已心恐。及彭越诛,醢(hǎi)其肉以赐诸侯③,布大
恐,发兵反。上召故楚令尹薛公问之。令尹曰:"往年杀彭越,前年杀韩
信。此三人者,同功一体之人也,自疑祸及身,故反尔! 使布出于上计,
山东非汉之有也。出于中计,胜败之数未可知也。出于下计,陛下高枕
而卧矣。"上曰:"何谓也?"对曰:"东取吴,西取楚,并齐,取鲁,传檄燕、
赵④,固守其所,此上计也。东取吴,西取楚,并韩,取魏,据敖仓之粟,
塞成皋之口,此中计也。东取吴,西取下蔡⑤,归重于越⑥,身居长沙,

---

① 户者:守门之人。
② 舞阳:侯国名,今河南舞阳县。排闼:推门,撞开门。
③ 醢:酷刑,把人杀死后剁成肉酱。
④ 传檄:发布晓喻或声讨的文书。
⑤ 下蔡:县名,今安徽凤台县。
⑥ 重:军用物资。

此下计也。"上曰:"是计将安出?"对曰:"布故骊山之徒①,自致万乘②,此皆为身,不顾后虑者也,必出下计。"于是上自将兵而东。

布之初反,谓其将曰:"上老,厌兵,必不能来。淮阴、彭越皆死,余不足畏也。"东击荆,荆王贾走死。击楚,楚败。遂引兵西。

纲 丙午,十二年(前195),冬十月,帝破布军于蕲(qí)西③,布亡走,长沙王臣诱而诛之。

目 上与布兵遇于蕲西,布兵精甚。上望其置陈如项籍军,恶之。遥谓布曰:"何苦而反?"布曰:"欲为帝尔!"上怒骂之,遂大战。布军败走江南,长沙王臣使人诱与走越,杀之。

纲 帝还,过沛④,复其民,世世无有所与⑤。

目 上还,过沛,留,置酒沛宫,悉召故人、父老、诸母⑥、子弟佐酒⑦,道旧故为笑乐⑧。酒酣,上击筑⑨,自歌曰:"大风起兮云飞扬,威加海内兮归故乡,安得猛士兮守四方!"于是起舞,慷慨伤怀,泣数行下,谓沛父兄曰:"游子悲故乡。吾虽都关中,千秋万岁后,吾魂魄犹思沛。且朕自沛公以诛暴逆,遂有天下,其以沛为朕汤沐邑⑩,复其民,世世无有

---

① 徒:刑徒。
② 万乘:兵车万乘,一般代指天子,此处代指大诸侯国国王。
③ 蕲:县名,今安徽宿州市埇桥区。
④ 沛:今江苏沛县。
⑤ 复:免除赋役。与:通"预",干预。
⑥ 诸母:称与父亲同辈或年龄相近的妇女。
⑦ 佐酒:陪同饮宴。
⑧ 道旧故:谈论往事,叙说旧情。
⑨ 筑:古击弦乐器,已失传,大体形似筝。
⑩ 汤沐邑:国君、皇后、公主等受封者收取赋税的私邑。

所与。"

纲太尉周勃诛陈豨,定代地。

纲立兄子濞(bì)为吴王。

目更以荆为吴国。濞,喜之子也。

[刘邦过鲁祭孔子,皇帝祭孔之始]

纲十一月,过鲁,以太牢祠孔子。

纲遂还宫。

目上还长安,疾益甚,愈欲易太子。张良谏,不听。叔孙通谏曰:"晋献公以骊姬故,废太子,国乱数十年。秦以不蚤定扶苏,自使灭祀①,此陛下所亲见。今必欲废適而立少,臣愿先伏诛,以颈血污地!"帝曰:"吾直戏耳!"通曰:"太子,天下本,本一摇,天下震动,奈何以天下为戏乎!"上佯许,而犹欲易之。后置酒,太子侍,留侯所招四人者从,年皆八十余,须眉皓白,衣冠甚伟。上怪问之,四人前对,各言姓名。上乃大惊曰:"吾求公数岁,公避逃我,今何自从吾儿游乎?"四人曰:"陛下轻士善骂,臣等义不辱,故恐而亡匿。今闻太子为人仁孝、恭敬、爱士,天下莫不延颈愿为太子死者②,故臣等来耳。"上曰:"烦公幸卒调护太子。"四人者出,上召戚夫人指视之曰:"我欲易之,彼四人者辅之,羽翼已成,难动矣。"上起罢酒,遂不易太子,留侯本招此四人

① 灭祀:断绝宗庙祭祀,指朝代灭亡。
② 延颈:伸长脖子远望,表示殷切盼望。

之力也。

纲 下相国何廷尉狱，数日赦出之。

目 萧何以长安地狭，上林中多空地①，弃，请令民得入田，毋收藁（gǎo）②，为禽兽食。上大怒，下何廷尉，械系之。数日，王卫尉侍③，前问曰："相国何大罪，陛下系之暴也？"上曰："相国多受贾竖金④，而为之请吾苑以自媚于民，故系治之。"王卫尉曰："夫职事苟有便于民而请之，真宰相事，且陛下距楚数岁，相国一摇足⑤，则关以西非陛下有也！相国不以此时为利，今乃利贾人之金乎？"帝不怿⑥，即赦出之。何入谢，帝曰："相国为民请苑，吾不许，我不过为桀、纣主，而相国为贤相。吾故系相国，欲令百姓闻吾过也。"

纲 燕王绾谋反。春二月，遣樊哙以相国将兵讨之，立子建为燕王。

纲 诏陈平斩樊哙，以周勃代将其军。平传哙诣长安。

目 帝病甚，人或言：樊哙党于吕氏，即一日上晏驾⑦，欲以兵诛赵王如意之属。帝大怒，用陈平谋，召绛侯周勃受诏床下，曰："陈平驰传载勃代哙将，至军，即斩哙头。"二人行，计之曰："哙，帝之故人也，功多，又吕后弟婴（xū）之夫。今帝特以忿怒故，欲斩之，恐后悔，宁囚而致上，

---

① 上林：上林苑，皇家苑囿，供帝王游猎用。
② 藁：禾秆。
③ 卫尉：列卿之一，掌宫门警卫。
④ 贾竖：对商人的贱称。
⑤ 摇足：动足，比喻稍有举动。
⑥ 怿：喜悦。
⑦ 晏驾：帝王死亡的讳称。

上自诛之。"未至军，为坛，以节召唅，反接①，载槛(jiàn)车，传诣长安。令勃代将，定燕反县。

〔刘邦驾崩〕

纲 夏四月，帝崩。

目 上击黥布时，为流矢所中，行道，疾甚。吕后迎良医，入见，上嫚骂之曰："吾以布衣提三尺取天下②，此非天命乎！命乃在天，虽扁鹊何益！"罢之。后问："陛下百岁后，萧相国死，谁令代之？"曰："曹参。"其次，曰："王陵，然少戆(zhuàng)③，陈平可以助之。平智有余，然难独任。周勃厚重少文，然安刘氏者必勃也。"复问其次，上曰："此后亦非乃所知也。"遂崩于长乐宫。

纲 卢绾亡入匈奴。

纲 五月，葬长陵④。

目 初，高祖不修文学，而性明达，好谋，能听，自监门⑤、戍卒，见之如旧。初顺民心，作三章之约。天下既定，命萧何次律、令，韩信申军法，张苍定章程，叔孙通制礼仪，又与功臣剖符作誓，丹书铁券⑥，金匮(guì)

---

① 反接：把双手在背后捆绑起来。
② 三尺：剑，古代剑一般长三尺。
③ 戆：鲁莽，愚直。
④ 长陵：刘邦陵墓，在今陕西咸阳市东北。
⑤ 监门：守门小吏。
⑥ 铁券：帝王赐给功臣享受优遇或免罪的凭证。

石室①,藏之宗庙。虽日不暇给,规模弘远矣。

纲 太子盈即位,尊皇后曰皇太后。赦樊哙,复爵邑。令郡国立高庙。

周金泰　评注

陈侃理　审定

———————————————

① 金匮石室:朝廷秘藏重要文书之地。

纲鉴易知录卷一一

卷首语:本卷起汉惠帝元年(前194),止汉文帝前元六年(前174),所记为惠帝朝、吕后临朝称制及文帝初期之史事。汉惠帝及吕后统治期间崇尚"无为",继续奉行高帝时期制定的与民休息的基本国策,奖励农耕,废除苛法,确保了国家统治秩序的恢复。吕后之死令高层政局颇有震动,功臣、外戚、宗室连环相诛,最终汉文帝在多方势力妥协下登基,汉朝政局渐趋平稳。

汉　纪

孝惠皇帝

〔吕后杀赵王如意,惠帝从此不理朝政〕

纲 丁未,孝惠皇帝元年(前194),冬十二月,太后杀赵王如意。

目 太后令永巷囚戚夫人①,令春。召赵王如意,三反,相周昌曰②:"高帝属臣赵王③,闻太后欲诛之,臣不敢遣。王亦病,不能奉诏。"太后怒,召昌至,复召赵王来。帝自迎入宫,挟与起居饮食。太后欲杀之,不得间。帝晨出射,赵王少,不能蚤起,太后使人持鸩饮之。遂断戚夫人手足,去眼,煇(xūn)耳④,饮瘖(yīn)药⑤,使居厕中,命曰"人彘(zhì)"。召帝观,帝惊大哭,因病,岁余不能起。使人请太后曰:"此非人所为。臣为太后子,终不能治天下。"遂日饮,为淫乐,不听政。

纲 戊申,二年(前193),冬十月,齐王肥来朝。

目 齐悼惠王来朝,饮太后前,帝以王兄也,置之上坐。太后怒,酌鸩酒赐之。帝欲取饮,太后恐,自起泛(fěng)之⑥。齐王大恐,出,献城阳

---

① 永巷:少府下属机构之一,掌管后宫嫔妃事务。

② 相:周昌任赵国相。

③ 属:同"嘱"。

④ 煇:通"薰",以药薰耳致聋。

⑤ 瘖药:哑药。

⑥ 泛:翻。

郡①,为鲁元公主汤沐邑,乃得归。

纲 春正月,两龙见兰陵井中②。

纲 陇西地震。

纲 夏,旱。

〔萧规曹随〕

纲 秋七月,相国酂侯萧何卒,以曹参为相国。

目 相国何病,上问曰:"君即百岁后,谁可代君?"对曰:"知臣莫如主。"帝曰:"曹参何如?"曰:"帝得之矣!"七月薨,谥曰文终。何置田宅,必居穷僻处,为家,不治垣屋,曰:"后世贤,师吾俭;不贤,毋为势家所夺。"

参闻何薨,告舍人:"趣治行③。"居无何④,使者果召参。参去,属其后相曰⑤:"以齐狱、市为寄,慎勿扰也!"后相曰:"治无大于此者乎?"参曰:"狱、市,所以并容也。今扰之,奸人何所容乎?"

始参微时,与何善。及为将相,有隙。至何且死,所推贤唯参。参代何为相,举事无所变更,一遵何约束。择吏木讷重厚长者,召为丞相史⑥。言文刻深,欲务声名者,辄斥去之。日夜饮醇酒。宾客见参不

---

① 城阳郡:治今山东莒县。
② 兰陵:县名,今山东兰陵县。
③ 治行:整理行装。
④ 无何:不久。
⑤ 后相:接替曹参任齐相之人。
⑥ 丞相史:丞相属官,佐丞相监察地方。

事事，皆欲有言，参辄饮以醇酒，莫得开说①。见人有细过，专掩匿覆盖之，府中无事。参子窋（zhú）为中大夫②，帝怪参不治事，使窋私问之，参怒，答窋曰："趣入侍！天下事非若所当言也③。"至朝时，帝让参曰："乃者我使谏君也④。"参免冠谢曰："陛下自察圣武孰与高帝？"上曰："朕乃安敢望先帝！""臣孰与萧何贤？"上曰："君似不及也。"参曰："陛下言是也。高帝与萧何定天下，法令既明。今陛下垂拱，参等守职，遵而勿失，不亦可乎！"帝曰："善。"参为相三年，百姓歌之曰："萧何为法，较若画一⑤。曹参代之，守而勿失。载其清净，民以宁壹⑥。"

〔吕后朝依旧与匈奴和亲〕

綱 己酉，三年（前192），春，与匈奴和亲。

目 匈奴冒顿方强，为书遗高后，辞极褒嫚。高后怒，议斩其使，发兵击之。樊哙曰："臣愿得十万众，横行匈奴中！"季布曰："哙可斩也！前匈奴围高帝于平城，汉兵三十二万，哙为上将军，不能解围。今歌吟未绝，伤夷甫起，而妄言以十万众横行，是面谩也⑦。且夷狄，得其善言不足喜，恶言不足怒也。"高后曰："善。"报书逊谢，遗以车马。冒顿复使使来谢，因献马，遂和亲。

---

① 开说：进言、陈述。
② 中大夫：皇帝侍从官员，掌议论。
③ 若：你。
④ 乃者：从前。
⑤ 较若画一：明确一致。
⑥ 宁壹：安定统一。
⑦ 谩：欺骗。

纲 庚戌,四年(前191),冬十月,立皇后张氏。

目 后,帝姊鲁元公主女也,太后欲为重亲①,故以配帝。

纲 春正月,举民孝弟力田者,复其身。

纲 三月,帝冠②。

纲 除挟书律。

纲 立原庙③。

目 帝以朝长乐宫,数跸(bì)烦民④,乃筑复道武库南⑤。叔孙通谏曰:"此高帝月出游衣冠之道也⑥,子孙奈何乘宗庙道上行哉!"帝惧曰:"急坏之!"通曰:"人主无过举。今已作,百姓皆知之矣。愿陛下为原庙于渭北⑦,衣冠月出游之,益广宗庙,大孝之本。"乃诏有司立原庙。

纲 宜阳雨血⑧。

纲 辛亥,五年(前190),冬,雷,桃李华,枣实。

纲 夏,大旱。秋八月,相国、平阳侯曹参卒。

纲 壬子,六年(前189),冬十月,以王陵为右丞相,陈平为左丞相。

---

① 重亲:亲上加亲。
② 冠:男子成年举行加冠礼。
③ 原庙:正庙以外另立的宗庙。
④ 跸:帝王出入时清道止行。
⑤ 武库:贮存武器及军事装备之地。
⑥ 游衣冠:汉制每月初一将高帝衣冠从陵墓宫殿移至祭祀高帝的宗庙中。
⑦ 渭北:指咸阳。高帝长陵在渭北,建原庙于此,则衣冠可不渡渭水。
⑧ 宜阳:县名,今河南宜阳县。

纲 夏,留侯张良卒。

纲 以周勃为太尉。

纲 癸丑,七年(前188),春正月朔,日食。

纲 夏五月,日食既。

纲 秋八月,帝崩。

〔诸吕掌南北军〕

纲 太后使吕台、吕产将南、北军①。

目 帝崩,太后哭泣不止。张良子辟彊谓陈平曰:"帝无壮子,太后畏君等。今请拜吕台、吕产为将,居南、北军。诸吕皆居中用事,如此太后心安,君等脱祸矣。"从之,诸吕权由此起。

纲 九月,葬安陵②。太子即位,太后临朝称制。

目 初,太后命张皇后取他人子养之而杀其母,以为太子,至是即位。

高皇后吕氏

纲 甲寅,高皇后吕氏元年(前187)。

纲 冬十一月,太后以王陵为帝太傅③。陈平为右丞相,审食其为左丞相。

---

① 南、北军:保卫宫城之兵为南军,由卫尉统领;保卫京城之兵为北军,由中尉统领。
② 安陵:汉惠帝陵,在今陕西咸阳市东,一说在今陕西泾阳县东南。
③ 太傅:古官名,掌辅弼天子,秦不置,吕后此时置,位在三公上但无实权。

任敖为御史大夫。

〔白马之盟〕

目太后议欲立诸吕为王,王陵曰:"高帝刑白马盟曰:'非刘氏而王,天下共击之。'"陈平、周勃曰:"高帝定天下,王子弟。今太后称制,王诸吕,无所不可。"及退,陵让平、勃曰:"始与高帝歃(shà)血盟,诸君不在邪! 今欲阿意背约①,何面目见高帝地下乎?"平、勃曰:"面折廷争②,臣不如君。全社稷,定刘氏之后,君亦不如臣。"于是太后以陵为帝太傅,实夺之相权,陵遂病免归。乃以平为右丞相,审食其为左丞相,不治事,令监宫中。食其故得幸于太后,公卿皆因而决事。太后怨赵尧,乃抵尧罪。任敖尝为沛狱吏,有德于太后,故以为御史大夫。

纲夏四月,立张偃为鲁王。

纲封山、朝、武为列侯。立彊为淮阳王,不疑为恒山王③。

目皆太后所名孝惠子也。

纲立吕台为吕王。

纲秋,桃李华。

纲乙卯,二年(前186),冬十一月,吕王台卒。

────────────

① 阿意:迎合他人意旨。
② 面折廷争:在朝廷上犯颜直谏,据理力争。
③ 淮阳:国名,都今河南周口市淮阳区。恒山:国名,都今河北石家庄市长安区。

纲 春正月,地震,武都山崩①。

纲 夏五月,太后封齐王弟章为朱虚侯,令入宿卫。

纲 六月晦,日食。

纲 秋七月,恒山王不疑卒。

纲 行八铢钱。

纲 太后立山为恒山王,更名义。

纲 丙辰,三年(前185),夏,江、汉水溢。

纲 秋,星昼见。

纲 伊、洛、汝水溢。

纲 丁巳,四年(前184),夏四月,太后封女弟嬃(xū)为临光侯②。

纲 废少帝,幽杀之。五月,立恒山王义为帝,更名弘。以朝为恒山王。

纲 戊午,五年(前183),春,南越王佗反。

目 有司请禁南越关市铁器③。南越王曰:"此必长沙王计,欲倚中国击
　　灭南越而并王之,自为功也。"遂自称南越武帝,攻长沙,败数县而去。

---

① 武都:此处指汉初武都道,后改道为县,今甘肃礼县。

② 女弟:妹妹。

③ 关市:设在边境关口与少数民族及周边国家的交易市场。

〔诸吕擅权用事〕

纲 己未,六年(前182),冬十月,太后废吕王嘉,立台弟产为吕王。

纲 春,星昼见。

纲 行五分钱。

纲 庚申,七年(前181),春正月,日食,昼晦。

纲 二月,太后徙梁王恢为赵王,吕王产为梁王①。

纲 秋七月,赵王恢自杀,太后立吕禄为赵王。

目 赵王恢以吕产女为后。王有爱姬,后酖杀之。王悲愤,自杀。太后以为用妇人弃宗庙礼,废其嗣。使使告代王恒,欲徙王赵,代王谢,愿守代边,太后乃立兄子禄为赵王。

是时,诸吕擅权用事。朱虚侯章年二十,有气力,忿刘氏不得职。尝入侍燕饮②,太后令为酒吏③。章自请曰:"臣将种也,请得以军法行酒。"太后许之。酒酣,章为《耕田歌》,曰:"深耕穊(jì)种④,立苗欲疏,非其种者,锄而去之!"太后默然。顷之,诸吕有一人醉,亡酒⑤,章追斩之,还报,左右皆大惊,业已许其军法,无以罪也。自是诸吕

① 赵:国名,都今河北邯郸市丛台区。梁:国名,此梁国当时应名为吕国,疆域略同于故梁国,都今山东菏泽市定陶区。
② 燕饮:宴饮。"燕"同"宴"。
③ 酒吏:宴饮时主持酒政之人。
④ 穊:密。
⑤ 亡酒:逃席避酒。

惮之。

陈平尝燕居深念,陆贾往,直入坐,而平不见。陆生曰:"何念之深也!"平曰:"生揣我何念?"生曰:"足下极富贵,无欲矣。不过患诸吕、少主耳。"平曰:"然。奈何?"生曰:"天下安,注意相。天下危,注意将。将相和调,则士豫附①。天下虽有变,权不分。为社稷计,在两君掌握耳。君何不交欢太尉?"因为平画吕氏数事。平用其计,两人深相结,吕氏谋益衰。

纲 九月,遣将军周灶将兵击南越。

纲 辛酉,八年(前180),夏,江、汉水溢。

〔诛杀诸吕〕

纲 秋七月,太后崩,遗诏产为相国,禄女为帝后。审食其为帝太傅。

目 初,太后被(fú)②,还,过轵道,见物如苍犬③,来撠(jǐ)掖(yè)④。卜之,云"赵王如意为祟",遂病掖伤。病甚,乃令禄为上将军,居北军,产居南军。戒曰:"我崩,大臣恐为变,必据兵卫宫,慎毋送丧,为人所制!"至是崩。

纲 齐王襄发兵讨诸吕,相国产使大将军灌婴击之。婴留屯荥阳,与齐连和。九月,太尉勃、丞相平、朱虚侯章诛产、禄及诸吕,齐王、灌婴兵

---

① 豫附:和乐而亲附。

② 袚:三月上巳日,临水洗濯,祓除不祥的仪式。

③ 物:此处特指精怪。

④ 撠:抓。掖:通"腋"。

皆罢。

目诸吕欲为乱，未敢发。朱虚侯以吕禄女为妇，知其阴谋，告其兄齐王襄，令发兵西，己为内应，以诛诸吕，立齐王为帝。于是齐王发兵击济南，遗诸侯王书，陈诸吕罪。产等遣灌婴将兵击之。婴至荥阳，谋曰："诸吕欲危刘氏，今我破齐，是益其资也。"乃谕齐王与连和，以待吕氏变，共诛之。齐王乃还兵西界待约。

时太尉勃不得主兵。郦商老病，其子寄与禄善，平、勃使人劫商，令寄绐说禄曰："高帝与吕后共定天下，刘氏所立九王，吕氏所立三王，皆大臣之议，诸侯亦以为宜。今太后崩，帝少，而足下不急之国，乃将兵留此，为大臣诸侯所疑。何不归将印，以兵属太尉。请梁王归相印①，与大臣盟而之国。齐兵必罢，足下高枕而王千里，此万世之利也。"禄然其计，犹豫未决。

九月，平阳侯窋见产，会郎中令贾寿使从齐来②，具以灌婴与齐、楚合从告产，且趣产急入宫。窋闻其语，驰告平、勃。勃欲入北军，不得，乃令襄平侯纪通持节③，矫内勃北军④。复令寄语禄，解印以兵授勃。勃入军门，令曰："为吕氏右袒⑤，为刘氏左袒！"军中皆左袒。然尚有南军，平乃召朱虚侯章佐勃。勃令章监军门，令窋告卫尉："毋入产殿门！"产欲入宫为乱，至殿门，弗得入，徘徊往来。勃尚恐不胜，未敢公言诛之，乃谓章曰："急入宫卫帝！"予卒千余人，入宫

---

① 梁王：指吕产。
② 郎中令：列卿之一，掌宫廷戍卫，侍从皇帝左右。
③ 节：古代遣使时凭证之物。
④ 矫：假传诏令。
⑤ 袒：露臂。"左袒""右袒"是一种鼓舞军心的手段。

门,击产杀之。帝遣谒者持节劳章,章欲夺其节,不得,则从舆载①,因节信驰斩长乐卫尉吕更始。还报勃,勃起拜贺。遂遣人分部悉捕诸吕男女,无少长皆斩之,而废鲁王张偃。遣章告齐王罢兵,灌婴兵亦罢归。

〔汉文帝即位〕

纲　诸大臣迎立代王恒。后九月,至,即位。诛吕后所名孝惠子弘等。赦。

目　诸大臣谋曰:"少帝及诸王,皆非真孝惠子也。吕后诈名他人子而立之,以强吕氏。即长用事,吾属无类矣②!"或言:"齐王,高帝长孙,可立。"大臣皆曰:"吕氏几危宗庙。今齐王舅驷钧,虎而冠,即立齐王,复为吕氏矣。代王,高帝子,最长,仁孝宽厚,太后家薄氏,谨良。"乃召代王。

代郎中令张武等曰:"汉大臣习兵,多诈。愿称疾毋往,以观其变。"中尉宋昌曰:"秦失其政,豪杰并起,卒践天子之位者,刘氏也。天下绝望,一矣。高帝封王子弟地,犬牙相制③,此所谓磐石之安也。天下服其强,二矣。除秦苛政,约法令,施德惠,人人自安,难动摇,三矣。夫以吕太后之严,立三王,擅权制。然而太尉以一节入北军,一呼士皆左袒。此乃天授,非人力也。今大臣虽欲为变,百姓弗为使,故因天下之心,而欲迎立大王。大王勿疑也!"王乃命昌参乘,武等六人乘

---

① 从舆载:与谒者同车共载。
② 无类:无幸存者。
③ 犬牙相制:地界互相突入突出,像狗的上下牙那样交错彼此牵制。

传,诣长安,至渭桥,群臣拜谒称臣,王下车答拜。太尉勃进曰:"愿请间①。"昌曰:"所言公,公言之;所言私,王者无私。"勃乃跪上天子玺、符。王谢曰:"至邸而议之②。"

后九月晦,至邸。丞相平等皆再拜言曰:"愿大王即天子位!"王西乡让者三,南乡让者再,遂即位。章弟东牟侯兴居请除宫,乃与太仆滕公入宫,载少帝出。奉法驾迎帝③,即夕入未央宫④。夜,拜宋昌为卫将军⑤,镇抚南、北军。以张武为郎中令,行殿中。有司分部诛少帝及诸王于邸。帝还至前殿,夜下诏书,赦天下。

太宗孝文皇帝

纲　壬戌,太宗孝文皇帝元年(前179),冬十月,以陈平为左丞相,周勃为右丞相,灌婴为太尉。论功,益户有差⑥。

目　陈平谢病,曰:"高祖时,勃功不如臣,及诛诸吕,臣功亦不如勃,愿以右丞相让勃。"从之。

勃朝罢趋出,意得甚,上礼之恭,常目送之。郎中袁盎进曰:"丞相何如人也?"上曰:"社稷臣。"盎曰:"丞相功臣,非社稷臣。夫社稷臣,主在与在,主亡与亡。方吕氏时,刘氏不绝如带,时丞相本兵柄⑦,不

---

① 请间:请求私下交谈。
② 邸:郡国所设驻京办事处。
③ 法驾:天子车驾。
④ 即夕:当天晚上。
⑤ 卫将军:将军名号,掌京城、皇宫禁卫军队。
⑥ 益户:增加封户。
⑦ 本:掌握。

能正。吕后崩,大臣共诛诸吕,丞相适会其成功。今丞相如有骄主色,而陛下谦让。臣主失礼,窃为陛下不取也!"后朝,上益庄,丞相益畏。

〔汉文帝废除"收孥相坐"律令〕

纲 十二月,除收孥相坐律令①。

目 诏曰:"法者,治之正也。今犯法已论,而使无罪之父母、妻子、同产坐之②,及为收孥③,朕甚不取,其除收孥诸相坐律令。"

纲 春正月,立子启为皇太子。

纲 三月,立窦氏为皇后。

目 后,太子母也,故立之。后弟广国与兄长君,厚赐田宅,家于长安。周勃、灌婴等曰:"吾属不死,命且悬此两人。两人所出微,不可不为择师傅、宾客。又复效吕氏,大事也!"于是乃选士之有节行者与居。两人由此为退让君子,不敢以尊贵骄人。

纲 诏定振穷养老之令。

目 诏曰:"方春和时,草木群生,皆有以自乐,而吾百姓鳏(guān)、寡、孤、独,或阽(diàn)于危亡④,而莫之省忧。为民父母,将何如?其议所以振贷之。"又曰:"老者非帛不暖,非肉不饱。今岁首,不时使人存问长

---

① 收孥相坐:一人有罪株连全家老少,文帝此时虽下诏除之,但新垣平谋逆后复施行。
② 同产:兄弟姐妹,认定标准存在争议,或认为同父所生,或认为同母所生。
③ 收孥:没收罪犯妻、子为官奴婢。
④ 阽:临近,多用于临近险境。

老,又无布帛、酒肉之赐,将何以佐天下子孙孝养其亲哉! 具为令。"
有司请八十已上,月赐米、肉、酒,九十已上,加帛、絮。

綱夏四月,齐、楚地震,山崩,大水溃出。

〔汉文帝却马,勤俭治国〕

綱令四方毋来献。

目时有献千里马者。帝曰:"鸾旗在前①,属车在后②,吉行日五十里③,
师行三十里④,朕乘千里马,独先安之?"下诏曰:"朕不受献也,其令
四方毋复来献!"

綱封宋昌为壮武侯⑤。

目帝既施惠天下,诸侯、四夷,远近欢洽。乃修代来功,封宋昌为壮
武侯。

綱秋八月,右丞相勃免。

目帝益明习国家事。朝而问右丞相勃曰:"天下一岁决狱几何?"勃谢不
知。又问:"一岁钱谷出入几何?"勃又谢不知。惶愧,汗出沾背。上
问左丞相平。平曰:"有主者。陛下即问决狱,责廷尉。问钱谷,责治
粟内史⑥。"上曰:"然则君所主者何事也?"平谢曰:"宰相者,上佐天

---

① 鸾旗:天子仪仗中的彩旗,上绣鸾凤,故称。
② 属车:帝王出行时的侍从车。
③ 吉行:为吉事而行。
④ 师行:为兵戎而行。
⑤ 壮武:侯国名,今山东青岛市即墨区。
⑥ 治粟内史:列卿之一,掌国家财政。

子,理阴阳,顺四时,下遂万物之宜,外镇抚四夷诸侯,内亲附百姓,使卿大夫各得任其职焉。"帝乃称善。勃大惭,乃谢病免,平专为丞相。

〔陆贾二度出使南越,赵佗称臣奉贡〕

纲 遣大中大夫陆贾使南越,南越王佗称臣奉贡。

目 初,隆虑侯灶击南越①,会暑湿,大役②,不能逾岭③。赵佗因此以兵威、财物赂遗闽越、西瓯(ōu)、骆④,役属焉,东西万余里。乘黄屋左纛(dào)⑤,称制与中国侔(móu)⑥。

帝乃为佗亲冢在真定者置守邑⑦,岁时奉祀。召其昆弟厚赐之。复使陆贾使南越,赐佗书曰:"朕,高皇帝侧室之子也,弃外,奉北藩于代。孝惠皇帝即世,高后自临事⑧,不幸有疾,诸吕为变,赖功臣之力诛之。朕以王、侯、吏不释之故,不得不立。乃者,闻王遗将军隆虑侯书,求亲昆弟,请罢长沙两将军。朕以王书,罢将军博阳侯⑨。亲昆弟在真定者,已遣人存问,修治先人冢。前日闻王发兵于边,为寇不止,长沙

---

① 隆虑:侯国名,今河南林州市。
② 役:通"疫"。
③ 岭:大庾岭,在今广东南雄市北,江西大余县南。
④ 闽越:春秋七闽地,战国越人所居,故称闽越。刘邦封故越国宗室为闽越王,都今福建福州市。西瓯:百越部族之一,在今广西郁林、贵港一带。骆:百越部族之一,在今广西南部,广东北部,越南北部。
⑤ 黄屋左纛:帝王所用车。黄屋指用黄缯做里子的车盖,左纛指设在车衡左边以牦牛尾或雉尾制成的饰物。
⑥ 侔:相等,齐。
⑦ 真定:县名,今河北石家庄市长安区。置守邑:派官员打理坟墓周围的领地。
⑧ 临事:治理政事。
⑨ 博阳:侯国名,陈濞封国,今山东泰安市。

苦之。虽王之国,庸独利乎？必多杀士卒,伤良将吏,寡人之妻,孤人之子,独人父母。得一亡十,朕不忍为也。虽然,王之号为帝。两帝并立,亡一乘之使以通其道,是争也。争而不让,仁者不为也。愿与王分弃前恶,终今以来,通使如故。"

贾至南越,佗恐,顿首谢罪,愿奉明诏,长为藩臣,奉贡职。下令国中曰:"两雄不俱立,两贤不并世。汉皇帝,贤天子,今去帝、制、黄屋左纛。"因为书,称:"蛮夷大长老夫臣佗①,昧死再拜上书皇帝陛下:老夫,故越吏也,高皇帝幸赐臣佗玺,以为南越王。孝惠皇帝义不忍绝,所赐老夫者甚厚。高后用事,别异蛮夷,出令曰:'毋与蛮夷越金铁、田器、马、牛、羊。即予,予牡,毋予牝(pìn)。'老夫处僻,马牛羊齿已长②,自以祭祀不修,有死罪,使内史藩、中尉高、御史平凡三辈上书谢过,皆不反。又风闻父母坟墓已坏削,兄弟宗族已诛论。吏相与议曰:'今内不得振于汉,外无以自高异。'故更号为帝,自帝其国,非敢有害于天下。高皇后闻之,大怒,削去南越之籍,使使不通。老夫窃疑长沙王谗臣,故发兵以伐其边。老夫处越四十九年,于今抱孙矣。然夙兴夜寐,寝不安席,食不甘味者,以不得事汉也。今陛下幸怜,复故号,通使汉如故,老夫死,骨不腐矣。"

纲 召河南守吴公为廷尉。以贾谊为大中大夫。

目 上闻河南守吴公治平③,为天下第一,召以为廷尉。吴公荐洛阳人贾谊,帝召以为博士,时年二十余。一岁中,超迁至大中大夫。请改正

---

① 大长:首领,犹言酋长。
② 马牛羊齿已长:自谦衰老。
③ 治平:政治均平。

朔,易服色,定官名,兴礼乐,以立汉制,更秦法。帝谦让未遑也。

纲 癸亥,二年(前 178),冬十月,丞相、曲逆侯陈平卒。

纲 十一月,以周勃为丞相。

〔汉文帝下诏举贤求谏〕

纲 是月晦,日食,诏举贤良方正能直言极谏者。

目 颍阴侯骑贾山上书曰①:"臣闻雷霆之所击,无不摧折者;万钧之所压,无不糜灭者②。今人主之威,非特雷霆也;势重,非特万钧也。开道而求谏,和颜色而受之,用其言而显其身,士犹恐惧而不敢自尽,而况于纵欲、恣暴,恶闻其过乎!昔者周盖千八百国,以九州之民,养千八百国之君,君有余财,民有余力,而颂声作。秦皇帝以千八百国之民自养,力罢不能胜其役,财尽不能胜其求,身死才数月耳,天下四面而攻之,宗庙灭绝矣。秦皇帝居灭绝之中,而不自知者,何也?亡养老之义,亡辅弼之臣,退诽谤之人,杀直谏之士,是以天下已溃而莫之告也。今陛下使天下举贤良方正之士,天下之士,莫不精白以承休德③。乃直与之驰驱射猎,一日再三出,臣恐朝廷之懈弛也。陛下节用爱民,平狱缓刑,天下莫不说喜。臣闻山东吏布诏令,民虽老赢癃疾,扶杖而往听之,愿少须臾毋死,思见德化之成也。今功业方就,名闻方昭,豪俊之臣,方正之士,直与之日日猎射,击兔伐狐,以伤大业,

———————

① 颍阴:侯国名,灌婴封地,今河南许昌市。骑:在侯家为骑从。
② 糜灭:破碎毁灭。
③ 精白:精诚纯洁。

绝天下之望,臣窃悼之!夫士,修之于家而坏之于天子之廷,臣窃愍之。陛下与众臣宴游,与大臣、方正朝廷论议,游不失乐,朝不失礼,议不失计,轶事之大者也。"上嘉纳其言。

上每朝,郎、从官上书疏,未尝不止辇受其言。言不可用置之,言可用采之,未尝不称善。

帝从霸陵上,欲西驰下峻阪①。中郎将袁盎骑,并车揽辔②。上曰:"将军怯邪?"盎曰:"臣闻'千金之子,坐不垂堂③'。圣主不乘危,不徼幸。今陛下骋六飞④,驰下峻山,有如马惊车败,陛下纵自轻,奈高庙、太后何!"上乃止。

上所幸慎夫人,在禁中常与皇后同席坐。及幸上林,布席,盎引却慎夫人坐。夫人怒,上亦怒。盎因前说曰:"臣闻尊卑有序,则上下和。今已立后,夫人乃妾,妾、主岂可与同坐哉!且陛下独不见'人彘'乎?"上说,语夫人,赐盎金五十斤。

纲 春正月,亲耕藉田⑤。

目 贾谊说上曰:"一夫不耕,或受之饥。一女不织,或受之寒。生之有时,而用之亡度,则物力必屈。古之治天下,至纤至悉,故其畜积足恃。今背本而趋末者甚众,淫侈之俗,日月以长,天下财产,何得不蹶⑥!即不

---

① 峻阪:陡坡。

② 揽辔:控御马匹缰绳。

③ 坐不垂堂:坐卧不靠近堂屋屋檐,怕被屋瓦掉下砸到。一说富家堂前台阶较高,垂坐有危险。

④ 六飞:古代皇帝的车驾六马,疾行如飞,故名。

⑤ 藉田:古代天子、诸侯征用民力耕种的田。每逢春耕前,天子诸侯亲耕藉田,以示对农业重视。

⑥ 蹶:枯竭。

幸有方二三千里之旱,国胡以相恤?卒然边境有急①,数十百万之众,国胡以馈之?夫积贮者,天下之大命也。苟粟多而财有余,何为而不成!以攻则取,以守则固,以战则胜,怀敌附远②,何招而不至!今驱民而归之农,皆著于本,使天下各食其力,末技、游食之民转而缘南亩③,则畜积足而人乐其所矣。"上感谊言,诏曰:"夫农者,天下之本也。其开藉田,朕亲率耕,以给宗庙粢(zī)盛。"

纲 三月,立赵幽王子辟疆为河间王④,朱虚侯章为城阳王⑤,东牟侯兴居为济北王⑥,子武为代王,参为太原王,揖为梁王⑦。

目 有司请立皇子为诸侯王。诏先立河间、城阳、济北王,然后立皇子。

〔汉文帝废除诽谤、妖言法〕

纲 夏五月,除诽谤、妖言法。

目 诏曰:"古之治天下,朝有进善之旌⑧,诽谤之木⑨,所以通治道而来谏者也。今法有诽谤、妖言之罪,是使众臣不敢尽情,而上无由闻过失也,将何以来远方之贤良!其除之。"

---

① 卒然:猝然。
② 怀敌:怀柔敌方。
③ 南亩:泛指田亩。南坡向阳,利于植物生长,故田地多向南开垦。
④ 河间:国名,都今河北献县东南。
⑤ 城阳:国名,都今山东莒县。
⑥ 济北:国名,都今山东济南市长清区南。
⑦ 梁:国名,都今山东菏泽市定陶区。
⑧ 进善之旌:为进善言之人发表意见而设置的一种标志旗帜。
⑨ 诽谤之木:让人书写谏言的竖立木牌。

纲秋九月,赐天下今年田租之半。

目诏曰:"农,天下之大本也,民所恃以生也。而民或不务本而事末,故生不遂,朕今亲率群臣农以劝之。其赐天下民今年田租之半。"

纲甲子,三年(前177),冬十月晦,日食。十一月晦,又食。

纲丞相绛侯勃免就国。

纲以灌婴为丞相。罢太尉官。

纲淮南王长来朝①,杀辟阳侯审食其②。

目初,赵王敖献美人于高祖,得幸,有娠。及贯高事发,美人亦坐系③。美人弟因审食其言吕后,吕后妒,弗肯白。美人已生子,恚(huì)④,即自杀。吏奉其子诣上,上悔之,封以为淮南王。

王蚤失母,附吕后,故吕后时得无患。而常怨食其,以为不强争之,使其母恨而死也。及上即位,骄蹇(jiǎn)不奉法⑤。上常宽假之。是岁入朝,往见食其,自袖铁椎椎杀之,驰走阙下⑥,肉袒谢罪⑦。帝伤其志为亲,故赦弗治。以此归国益骄恣,警跸称制⑧,拟于天子。袁盎谏曰:"诸侯太骄,必生患。"上不听。

———

① 淮南:国名,都今安徽寿县。
② 辟阳:侯国名,旧说在今河北衡水市冀州区,结合出土封泥或在今山东青州市。
③ 坐系:获罪入狱。
④ 恚:愤恨。
⑤ 骄蹇:傲慢。
⑥ 阙下:宫阙之下,借指帝王所居之处。
⑦ 肉袒:脱去上衣请罪。
⑧ 警跸:帝王出入时清道止行。

纲 夏五月,匈奴入寇。帝如甘泉①,遣丞相婴将兵击走之,遂如太原。济
北王兴居反,遣大将军柴武击之。秋七月,还宫。八月,兴居兵败自杀。

目 初诛诸吕,朱虚侯功尤大,大臣许以赵王章②,以梁王兴居。帝闻其初
欲立齐王,故绌其功③,割齐二郡以王之。兴居自以失职夺功,颇快
怏。闻帝幸太原,以为天子且自击胡,遂发兵反。帝遣柴武击之,兵
败自杀。

纲 以张释之为廷尉。

目 释之初为骑郎④,十年不得调。袁盎荐之为谒者。朝毕,因前奏事。
上曰:"卑之毋甚高论,令今可行也。"释之乃言秦、汉间得失。上说,
拜谒者仆射(yè)⑤。

从行,登虎圈⑥。上问上林尉诸禽兽簿⑦,尉不能对。虎圈啬夫从旁
代尉对⑧,甚悉,欲以观其能口对响应无穷者。帝曰:"吏不当若是
邪!"召释之拜啬夫为上林令。释之曰:"陛下以周勃、张相如何如人
也?"上曰:"长者。"释之曰:"此两人言事曾不能出口,岂效此啬夫喋
喋利口捷给哉! 以啬夫口辩而超迁之⑨,臣恐天下随风而靡,争为口

---

① 甘泉:甘泉山,在今陕西淳化县。
② 王:使之为王,这里指以刘章为赵国王。
③ 绌:通"黜",贬退。
④ 骑郎:郎中令属官,平时居宫中更直宿卫,皇帝出行则充车骑侍从。
⑤ 谒者仆射:谒者的长官,属郎中令,掌朝廷礼仪与传达使命。
⑥ 虎圈:养虎之所,在上林苑中。
⑦ 上林尉:上林令属官,掌上林苑禽兽宫馆之事。
⑧ 啬夫:此处为掌管虎圈事务的小吏。
⑨ 超迁:越级擢升。

辩而无其实。举错不可不审也①！"帝曰："善。"就车，召使参乘，徐行，问秦之敝。

拜公车令②。顷之，太子与梁王共车入朝，不下司马门③。释之追止之，劾不敬。薄太后闻之，帝免冠④，谢教儿子不谨。后乃使使承诏赦太子、梁王，然后得入。帝由是奇释之，拜为中大夫，是岁为廷尉。

上行出中渭桥⑤，有一人从桥下走，乘舆马惊，捕属廷尉。释之奏："犯跸，当罚金。"上怒，释之曰："法者，天子所与天下公共也。今法如是，更重之，是法不信于民也。且方其时，上使使诛之则已。今已下廷尉，廷尉，天下之平也，壹倾⑥，天下用法皆为之轻重，民安所措其手足！"上曰："廷尉言是也。"

其后人有盗高庙坐前玉环，得，下廷尉治。释之奏："当弃市⑦。"上大怒曰："人无道，乃盗先帝器！吾欲致之族，而君以法奏之，非吾所以共承宗庙意也⑧。"释之免冠，顿首谢曰："法如是，足也。今盗宗庙器而族之，假令愚民取长陵一抔(póu)土⑨，陛下且何以加其法乎？"帝乃白太后许之。

---

① 举错：举措。
② 公车令：即"公车司马令"，掌警卫宫殿之司马门，并集奏臣民上书和领朝廷征召事。
③ 司马门：皇宫外门，有司马主事，故名。
④ 免冠：脱去帽子，表示谢罪。
⑤ 中渭桥：初称渭桥，渭河三桥之一，今陕西西安市未央区西席村北厨城门一号桥遗址。
⑥ 壹倾：一旦有所偏向。
⑦ 弃市：汉代死刑中的最低一等。
⑧ 共：通"恭"。
⑨ 取长陵一抔土：不敢直言毁撤山陵，故以取土为喻。

纲 乙丑,四年(前 176),冬十二月,丞相婴卒,以张苍为丞相。

目 苍好书,博闻,尤邃律历①。

纲 召河东守季布②,至,罢归郡。

目 上召河东守季布,欲以为御史大夫。有言其使酒难近者③,至,留邸一月,见罢。布因进曰:"臣待罪河东④,陛下无故召臣,此人必有以臣欺陛下者。今臣至,无所受事⑤,罢去,此人必有毁臣者。夫以一人之誉而召臣,以一人之毁而去臣,臣恐天下有以窥陛下之浅深也!"上良久曰:"河东,吾股肱郡⑥,故特召君尔。"

〔贾谊遭谗〕

纲 以贾谊为长沙王太傅。

目 上议以贾谊任公卿之位。大臣多短之曰:"年少初学,专欲擅权,纷乱诸事。"上于是疏之,不用其议,以为长沙王太傅。

后帝思谊,召至。入见,上方受釐⑦,坐宣室⑧,因感鬼神事,而问鬼神之本。谊具道所以然之故。至夜半,帝前席。既罢,曰:"吾久不见贾生,自以为过之,今不及也。"

————————

① 邃:精通。
② 河东:郡名,治今山西襄汾县。
③ 使酒:借酒使性。
④ 待罪:古代官吏常恐失职获罪,以此为自谦之辞。
⑤ 受事:接受职事。
⑥ 股肱:大腿和胳膊,引申为重要。
⑦ 受釐:祭天地五畤,皇帝若不自行,需以祭余之肉归致皇帝。
⑧ 宣室:宫殿名,在未央宫中。

纲 下绛侯周勃廷尉狱,既而赦之。

目 周勃既就国,每河东守、尉行县至绛,勃恐诛,常被甲,令家人持兵以见之。人有告勃欲反,下廷尉逮治①。薄太后谓帝曰:"绛侯始诛诸吕,绾皇帝玺,居北军,不以此时反,今居一小县,顾欲反邪!"帝乃使使持节赦之,复爵邑。勃既出,曰:"吾尝将百万军,然安知狱吏之贵乎!"

纲 丙寅,五年(前175),春二月,地震。

纲 夏四月,更造四铢钱,除盗铸令。

目 初,秦用半两钱,高祖嫌其重,更铸荚(jiá)钱②。于是物价腾踊③,米石万钱。至是更造四铢钱,除盗铸钱令。

贾谊谏曰:"法使天下公得铸钱,敢杂以铅、铁者,其罪黥④。然铸钱非殽杂为巧⑤,则不可得赢。而殽之甚微,为利甚厚。夫事有召祸而法有起奸。今令细民人操造币之势,各隐屏而铸作⑥,因欲禁其厚利微奸,虽黥罪日报,其势不止。不如收之⑦。"贾山亦谏,以为:"钱者,无用器也,而可以易富贵。富贵者,人主之操柄也。令民为之,是与人主共操柄,不可长也。"皆不听。

---

① 逮治:缉捕治罪。
② 荚钱:即五分钱,汉初一种轻而薄的钱币,形如榆荚。
③ 腾踊:物价暴涨。
④ 黥:在人脸上刺字并涂墨之刑。
⑤ 殽杂:掺杂。"殽"通"淆"。
⑥ 隐屏:掩藏隐蔽。
⑦ 收之:收铜于官,指官府自铸,禁私人铸币。

时大中大夫邓通方宠幸,上欲其富,赐之蜀严道铜山①,使铸钱。吴王
濞有豫章铜山②,招致天下亡命者以铸钱,东煮海水为盐,以故无赋,
而国用饶足。以是吴、邓钱布天下。

纲 徙代王武为淮阳王。

纲 丁卯,六年(前174),冬十月,桃李华。

纲 淮南王长谋反,废徙蜀,道死。

目 淮南王长谋反,事觉,召至长安。赦,徙处蜀。袁盎谏曰:"上素骄淮
南王,弗为置严傅、相,以故至此。今暴摧折之,臣恐卒逢雾露病死,
陛下有杀弟之名,奈何?"上曰:"吾特苦之尔!"王果愤恚,不食死。
上闻,哭甚悲,谥曰厉王。

〔贾谊《治安策》论文帝朝潜在统治危机〕

纲 以贾谊为梁王太傅。

目 谊上疏曰:"臣窃惟今之事势,可为痛哭者一,可为流涕者二,可为长
太息者六③。进言者皆曰:'天下已安已治矣。'臣独以为未也。夫抱
火厝(cuò)之积薪之下而寝其上④,火未及然,因谓之安。方今之势,
何以异此!

①严道:即"庄道",东汉避汉明帝刘庄讳改,今四川荥经县。
②豫章:据《史记集解》当为"鄣郡",治今安徽宣城市。
③太息:大声叹气。
④抱火厝之积薪:即"抱火厝薪",把火放在柴草底下,比喻危机即将出现。"厝"同
"措"。

夫树国固必相疑之势,甚非所以安上而全下也。今或亲弟谋为东帝,亲兄之子西乡而击,今吴又见告矣。天子春秋鼎盛,行义未过①,德泽有加焉,犹尚如是。况莫大诸侯,权力且十此者乎! 屠牛坦一朝解十二牛,而芒刃不钝者,其排击剥割,皆众理解也②,至于髋(kuān)髀之所③,非斤则斧。夫仁义恩厚,人主之芒刃也;权势法制,人主之斧斤也。今诸侯王皆众髋髀也,释斧斤之用,而欲婴以芒刃④,臣以为不缺则折。欲天下之治安,莫若众建诸侯而少其力。力少则易使以义,国小则亡邪心。令海内之势,如身之使臂,臂之使指,莫不制从,下无倍畔之心,上无诛伐之志,法立而不犯,令行而不逆,卧赤子天下之上而安⑤,植遗腹⑥,朝委裘⑦,而天下不乱。陛下谁惮而久不为此!

天下之势方病大瘇(zhǒng)⑧,一胫之大几如要,一指之大几如股,平居不可屈伸。失今不治,必为痼疾,后虽有扁鹊,不能为已。可痛哭者,此病是也!

天下之势方倒县(xuán)⑨。天子者,天下之首也;蛮夷者,天下之足也。今匈奴慢侮侵掠,而汉岁致金、絮、采、缯以奉之。足反居上,首顾居下,倒县如此,莫之能解,犹谓国有人乎? 可为流涕者此也! 今

---

① 行义未过:行事合乎道义,没有什么过错。
② 理:纹路。解:支节。
③ 髋髀:胯骨与股骨,下文比喻互相勾结、势力强大的诸侯王。
④ 婴:通"撄",触犯。
⑤ 赤子:幼君。
⑥ 植:立。遗腹:未生之子。
⑦ 朝委裘:朝拜先帝遗留下来的皮裘。
⑧ 瘇:同"肿"。
⑨ 倒县:喻情况紧急。

不猎猛兽而猎田彘,不搏反寇而搏畜菟①,玩细娱而不图大患,德可远施,威可远加,而直数百里外,威令不伸,可为流涕者此也!今帝之身自衣皂绨(tí)②,而富民墙屋被文绣③。天子之后以缘其领,庶人孽妾以缘其履④,此臣所谓舛(chuǎn)也。夫百人作之,不能衣一人,欲天下亡寒,胡可得也。一人耕之,十人聚而食之,欲天下亡饥,不可得也。饥寒切于民之肌肤,欲其亡为奸邪,不可得也。可为长太息者此也!

商君遗礼义,弃仁恩,并心于进取。行之二岁,秦俗日败。故家富子壮则出分,家贫子壮则出赘。借父耰(yōu)锄⑤,虑有德色。母取箕箒,立而谇(suì)语⑥,抱哺其子,与公并倨,妇姑不相说,则反唇而相稽,其慈子、嗜利,不同禽兽者亡几矣。今其遗风余俗,犹尚未改,弃礼义、捐廉耻日甚,月异而岁不同矣,今其甚者杀父兄矣。而大臣特以簿书不报期会之间,以为大故,至于俗流失,世坏败,因恬而不知怪,以为是适然耳。夫移风易俗,使天下回心乡道,类非俗吏之所能为也。《管子》曰:‘礼、义、廉、耻,是谓四维。四维不张,国乃灭亡。’是岂可不为寒心哉!岂如今定经制⑦,令君君、臣臣,上下有差,父子六亲,各得其宜。此业一定,世世常安,而后有所持循矣。若夫经制

---

① 畜菟:家兔。“菟”通“兔”。
② 皂绨:用黑色厚缯做成的衣服。
③ 文绣:刺绣华美的丝织品。
④ 孽妾:地位低下的妾。
⑤ 耰锄:碎土平地和锄田去草的农具。
⑥ 谇语:责骂。
⑦ 经制:常法常规。

不定,是犹渡江河,亡维楫①,中流而遇风波,船必覆矣。可为长太息者此也!

夏、殷、周为天子,皆数十世。秦为天子,二世而亡。人性不甚相远也,何三代之君有道之长,而秦无道之暴也? 古之王者,太子乃生,固举以礼,有司斋肃端冕,见之南郊②,过阙则下,过庙则趋,故自为赤子而教固已行矣。孩提有识,三公三少③,明孝仁礼义,以道习之,逐去邪人,不使见恶行,选天下之端士有道术者,使与居处,故太子乃生而见正事,闻正言,行正道,左右前后皆正人也。夫三代之所以长久者,以其辅翼太子有此具也。秦使赵高傅胡亥,而教之狱,所习者非斩、劓(yì)人④,则夷人之三族也。故今日即位,而明日射人,忠谏者谓之诽谤,深计者谓之妖言,其视杀人,若艾(yì)草菅(jiān)然⑤。岂惟胡亥之性恶哉? 彼其所以道之者非其理故也。鄙谚曰:‘前车覆,后车诫。’天下之命,县于太子,太子之善,在于蚤谕教与选左右。夫心未滥而先谕教,则化易成也。教得而左右正,则太子正,而天下定矣。

凡人之智,能见已然,不能见将然。夫礼者禁于将然之前,而法者禁于已然之后,是故法之所为用易见,而礼之所为用难知也。若夫庆赏以劝善,刑罚以惩恶,先王执此之政,坚如金石,行此之令,信如四时。据此之公,无私如天地,岂顾不用哉? 然而曰礼云礼云者,贵绝恶于未萌而起教于微眇,使民日迁善、远罪而不自知也。为人主计者,莫

---

① 维楫:系船之绳和船桨。

② 南郊:古代南郊祭天,此处指以太子见于天。

③ 三公:太师、太傅、太保。三少:少师、少傅、少保。

④ 劓:割鼻之刑。

⑤ 艾:同“刈”,割。

如先审取舍,取舍之极定于内,而安危之萌应于外矣。夫人之置器,置诸安处则安,置诸危处则危。天下,大器也,在天子之所置之。汤、武置天下于仁、义、礼、乐,累子孙数十世,此天下所共闻也。秦王置天下于法令刑罚,祸几及身,子孙诛绝,此天下所共见也。今或言礼义之不如法令,教化之不如刑罚,人主胡不引殷、周、秦事以观之也!

人主之尊,譬如堂,群臣如陛,众庶如地。故陛九级上,廉远地①,则堂高,陛无级,廉近地,则堂卑。高者难攀,卑者易陵,理势然也。故古者圣王制为等列,内有公、卿、大夫、士,外有公、侯、伯、子、男,然后有官师、小吏,延及庶人,等级分明,而天子加焉,故其尊不可及也。

谚曰:‘欲投鼠而忌器。’此善喻也。鼠近于器尚惮不投,恐伤其器,况于贵臣之近主乎!廉耻节礼以治君子,故有赐死而亡戮辱,是以黥劓之罪不及大夫,以其离主上不远也。臣闻之:履虽鲜不加于枕,冠虽敝不以苴(chá)履②。夫已尝在贵宠之位,天子改容而礼貌之矣,吏民尝俯伏以敬畏之矣。今而有过,帝令废之可也,退之可也,赐之死可也,灭之可也。若夫束缚之,系绁(xiè)之③,输之司寇④,编之徒官⑤,小吏詈(lì)骂而搒(péng)笞之,殆非所以令众庶见也。古者大臣有坐不廉而废者,曰‘簠(fǔ)簋(guǐ)不饰’⑥;坐污秽淫乱者,曰‘帷薄不修’⑦;坐罢软不胜任者,曰‘下官不职’。故贵大臣定有罪矣,犹未斥

---

① 廉:堂的侧边。
② 苴:鞋底的草垫。
③ 绁:捆绑。
④ 司寇:监管刑徒的职官。
⑤ 徒官:管理刑徒的职官。
⑥ 簠簋不饰:簠簋是食器、祭器,簠簋不饰指为官不清正廉洁。
⑦ 帷薄不修:帷薄是用来分隔内外的帐帘,帷薄不修指内外杂沓,家庭生活淫乱。

然正以呼之也,尚迁就而为之讳也。其在大谴、大呵之域者,则白冠
氂(máo)缨①,盘水加剑②,造请室而请罪尔③,不执缚系引而行也。其
有中罪者,闻命而自弛,上不使人颈盭(h)而加也④。其有大罪者,北
面再拜,跪而自裁,上不使人捽(zuó)抑而刑之也⑤。曰:'子大夫自有
过尔,吾遇子有礼矣。'遇之有礼,故群臣自喜,婴以廉耻,故人矜节
行。化成俗定,则为人臣者皆顾行而忘利,守节而仗义,故可以托不
御之权,可以寄六尺之孤⑥,此厉廉耻、行礼谊之所致也,主上何丧焉!
此之不为,而顾彼之久行,故曰可为长太息者此也。"

上深纳其言,养臣下有节。是后大臣有罪,皆自杀,不受刑。

周金泰　评注

陈侃理　审定

---

① 氂缨:以长毛作冠缨,罪人所戴凶冠。
② 盘水加剑:以盘盛水,加剑其上,表示请罪自刭。
③ 请室:清洗罪过之室,即囚禁有罪官吏的牢狱。请,通"清"。
④ 盭:通"綟",草绿色的绶。
⑤ 捽抑:揪住往下按。
⑥ 六尺之孤:未成年的孤儿,六尺形容个子未长高。

纲鉴易知录卷一二

卷首语:本卷起汉文帝前元七年(前173),止汉景帝后元三年(前141),所记为文帝中后期及景帝朝之史事。文帝继续施行统治初期的勤俭政策,并废止肉刑,免除"农业税"。景帝即位后,进一步省刑约法,虽复田租,但只收半租。七国之乱爆发,中央政府平定叛乱,趁势加强对王国的控制。文景时期,社会经济全面恢复,百姓生活安定,史称"文景之治",为汉朝进入全盛做好了准备。

汉　纪

太宗孝文皇帝

纲 戊辰，七年（前元七年，前 173），六月，未央宫东阙罘罳（fú sī）灾①。

纲 己巳，八年（前 172），夏，封淮南厉王子四人为列侯。

目 民有歌淮南王者曰："一尺布，尚可缝；一斗粟，尚可舂（chōng）；兄弟二人不相容！"帝闻而病之。封王子安等四人为列侯。

纲 长星出东方②。

纲 辛未，十年（前 170），冬，将军薄昭有罪，自杀。

目 薄昭杀汉使者，帝不忍加诛，使公、卿从之饮酒，欲令自引分③。昭不肯，使群臣丧服往哭之，乃自杀。

纲 壬申，十一年（前 169），夏，梁王揖卒，徙淮阳王武为梁王④。

目 梁怀王揖薨，无子。徙淮阳王武为梁王。后岁余，贾谊亦死，死时年三十三矣。

---

① 罘罳：设在门外的屏风。
② 长星：彗星，有长形光芒，故名。
③ 引分：引决、自杀。
④ 梁：国名，都今河南商丘市睢阳区。

〔匈奴来犯，晁错献计"徙民实边"〕

[纲] 匈奴寇狄道①。

[目] 时匈奴数为边患，太子家令晁错言曰②："兵法曰：'有必胜之将，无必胜之民。'由此观之，安边境，立功名，在于良将，不可不择也。臣又闻用兵之急者有三：一曰得地形；二曰卒服习③；三曰器用利。故器械不利，以其卒予敌也；卒不可用，以其将予敌也；将不知兵，以其主予敌也；君不择将，以其国予敌也。四者，兵之至要也。臣又闻以蛮夷攻蛮夷，中国之形也。今匈奴地形、技艺与中国异。上下山阪④，出入溪涧，险道倾仄，且驰且射，风雨罢劳，饥渴不困，此匈奴之长技也。若夫平原易地，轻车突骑，劲弩长戟，射疏及远，下马地斗，剑戟相接，此中国之长技也。帝王之道，出于万全。今降胡、义渠⑤，来归义者，长技与匈奴同，可赐之坚甲利兵，益以边郡之良骑，平地通道，则以轻车⑥、材官制之⑦。两军相为表里，而各用其长技，此万全之术也。"帝嘉之，赐书宠答焉。错为人峭直刻深⑧，以其辩得幸太子，号曰"智囊"。

————————

① 狄道：县名，今甘肃临洮县。
② 太子家令：东宫属官，掌太子汤沐邑以及东宫刑狱、饮食、仓库等。
③ 服习：习熟武艺。
④ 山阪：山坡。
⑤ 义渠：春秋时戎狄邦国名，都今甘肃宁县，一说今甘肃庆阳市西峰区。秦昭襄王灭之置义渠县。
⑥ 轻车：西汉兵种之一，驾兵车作战的士兵。
⑦ 材官：西汉根据地方特点训练各个兵种，内郡平原及山阻地区训练的步卒为"材官"。
⑧ 峭直：严厉刚正。

纲 募民徙塞下①。

目 晁错又言曰:"胡人扰乱边境,备塞卒少则入。不救,则边民绝望而降敌;救之,才到则胡又已去。聚而不罢,为费甚大;罢之,则胡复入。如此连年,则中国贫苦,而民不安矣。陛下幸忧边境,发卒治塞,甚大惠也。然令远方之卒,守塞一岁而更,不知胡人之能。不如选常居者,先为室屋,具田器,乃募民,免罪,拜爵,复其家,予冬夏衣、廪食②。胡人入驱,而能止其所驱者,以其半予之,如是则邑里相救助,赴胡不避死。其与东方之戍卒,不习地势而心畏胡者,功相万也。"上从其言,募民徙塞下。

纲 癸酉,十二年(前168),冬十二月,河决酸枣③,东溃金堤④,兴卒塞之。

纲 春三月,除关,无用传⑤。

〔晁错《论贵粟疏》提出入粟于官、拜爵除罪等主张〕

纲 诏民入粟边,得拜爵、免罪。赐农民今年半租。

目 晁错言曰:"圣王在上而民不冻饥者,非能耕而食之,织而衣之也,为开其资财之道也。今海内为一,无有水旱之灾,而畜积未及者,何也?

---

① 塞下:边塞附近,泛指北方边境地区。
② 廪食:公家供给的粮食。
③ 酸枣:县名,今河南延津县。
④ 金堤:自今河南延津县至山东德州市,长达一千里。
⑤ 除关:废除关禁。传:出入关津时所用凭证。

地有遗利,民有余力,生谷之土未尽垦,山泽之利未尽出,游食之民未尽归农也。夫腹饥不得食,肤寒不得衣,虽慈母不能保其子,君安能以有其民哉!夫珠、玉、金、银,饥不可食,寒不可衣。粟、米、布、帛,一日弗得,而饥寒至。是故明君贵五谷而贱金玉。方今之务,莫若使民务农而已矣。欲民务农,在于贵粟。今募天下入粟县官①,得以拜爵、除罪,则富人有爵,农民有钱,粟有所渫(xiè)②。而贫民之赋可损,所谓损有余,补不足,令出而民利者也。爵者,上之所擅,出于口而无穷。粟者,民之所种,生于地而不乏。使人入粟于边,以受爵、免罪,不过三岁,塞下之粟必多矣。"帝从之。错复言:"边食足以支五岁,可令入粟郡县。郡县足支一岁,可时赦,勿收农民租。如此,德泽加于万民,民愈劝农,大富乐矣。"诏赐农民今年租税之半。

纲甲戌,十三年(前167),春二月,诏具亲耕、桑礼仪③。

目诏曰:"朕亲耕以供粢盛④,皇后亲桑以奉祭服,其具礼仪。"

纲夏,除秘祝⑤。

目初,秦时祝官有秘祝,即有灾祥,辄移过于下⑥。至是诏曰:"祸自怨起,福由德兴,百官之非,宜由朕躬。今秘祝之官,移过于下,朕甚不取。其除之!"

---

① 县官:官府。
② 渫:流通。
③ 亲耕、桑:藉田礼和亲蚕礼,皇帝亲耕、皇后亲蚕。
④ 粢盛:盛在祭器内供祭祀的谷物。
⑤ 秘祝:秦代祈祝之官,汉初因之。
⑥ 移过:转移灾祸。"过"通"祸"。

[汉文帝废除肉刑]

纲 五月,除肉刑。

目 齐太仓令淳于意有罪①,当刑②,其少女缇萦上书曰:"妾父为吏,齐中皆称其廉平,今坐法当刑。妾伤夫死者不可复生,刑者不可复属③,虽欲改过自新,其道无由。愿没入为官婢,以赎父刑罪。"天子怜悲其意,诏"除肉刑,有以易之,具为令"。

上既躬修玄默④,惩恶亡秦之政,论议务在宽厚,耻言人之过失。化行天下,告讦之俗易。吏安其官,民乐其业,畜积岁增,户口浸息。风流笃厚,禁罔疏阔⑤,罪疑者予民,是以刑罚大省,至于断狱四百,有刑错之风焉⑥。

[汉文帝免除"农业税"]

纲 六月,除田之租税。

目 诏曰:"农,天下之本,务莫大焉。今勤身从事而有租税之赋,是为本末者无以异也⑦。其除之!"

纲 乙亥,十四年(前166),冬,匈奴入寇。遣兵击之,出塞而还。

---

① 太仓令:掌管粮仓的官吏。
② 刑:肉刑,用锋刃永久性毁伤肌肤、肢体的刑罚,如面部刺青、割鼻、斩足等。
③ 属:接续。
④ 玄默:清静无为。
⑤ 禁罔:张布如网的禁令法律。罔,通"网"。
⑥ 错:通"措",搁置不用。
⑦ 本末:本指农业,末指商业。

目 匈奴十四万骑，入朝那、萧关①。上亲勒兵②，欲自征匈奴。群臣谏，不听，皇太后固要③，上乃止。以张相如、栾布为将军，击逐出塞而还。

[汉文帝令冯唐持节赦免魏尚]

纲 赦作徒魏尚复为云中守④。

目 上辇过郎署⑤，问郎署长冯唐曰：“父家安在⑥？”对曰：“赵人。”上曰：“昔有为我言赵将李齐之贤，战于巨鹿下。今吾每饭，意未尝不在巨鹿也。”对曰：“尚不如廉颇、李牧之为将也。”上拊髀曰⑦：“嗟乎，吾独不得颇、牧为将耳！岂忧匈奴哉！”唐曰：“陛下虽得之，弗能用也。”上曰：“公何以知之？”对曰：“上古王者之遣将也，跪而推毂（gǔ）⑧，曰：‘阃（kǔn）以内，寡人制之。阃以外，将军制之⑨。’军功爵赏皆决于外，归而奏之，此非虚言也。李牧为赵将，军市租皆自用飨士⑩。赏赐不从中覆，委任而责成功，故牧得尽其智能，而赵几霸。今魏尚为云中守，其军市租尽以飨士卒，匈奴远避，不近云中之塞。虏曾一入，尚击之，所杀甚众。上功幕府⑪，一言不相应，文吏以法绳之。且尚

---

① 朝那：县名，今宁夏彭阳县。萧关：要隘名，在今宁夏固原市东南。

② 勒兵：整治操练军队。

③ 固要：竭力劝阻。

④ 作徒：被判徒刑而罚作劳役之人。云中：郡名，治今内蒙古托克托县。

⑤ 郎署：郎官府署。

⑥ 父家：老家。

⑦ 髀：大腿。

⑧ 推毂：推车前进，帝王任命将帅时的隆重礼遇。

⑨ 阃：城郭门槛。此处“阃以内”“阃以外”喻指朝廷和边疆。

⑩ 军市：军队市场，所征市租可供军队享用。

⑪ 上功：上报斩首捕虏之功。幕府：将帅办公之地，因出征以帐幕为府署，故称。

坐上功首虏差六级,陛下下之吏,削其爵,罚作之①。由此言之,陛下虽有颇、牧,弗能用也!"上说。是日,令唐持节赦魏尚,复以为云中守,而拜唐为车骑都尉。

纲 春,增诸祀坛场珪币②。

目 诏广增诸祀坛场珪币,且曰:"先王远施不求其报,望祀不祈其福③,右贤左戚,先民后己,至明之极也。今吾闻祠官祝釐④,皆归福于朕躬,不为百姓,朕甚愧之。其令祠官致敬,无有所祈!"

纲 丙子,十五年(前165),春,黄龙见成纪⑤。

目 初,张苍以汉得水德,鲁人公孙臣以为当土德,其应,黄龙见。苍以为非是,罢之。至是,帝召臣为博士,与诸生申明土德,草改历、服色事⑥。苍由此自绌。

纲 夏四月,帝如雍⑦,始郊见五帝⑧。

纲 秋九月,亲策贤良能直言极谏者,以晁错为中大夫。

目 错以对策高第,擢为中大夫。又言宜削诸侯及法令可更定者,书凡三十篇。上虽不尽听,然奇其材。

---

① 罚作:罚做一年劳役。
② 珪币:祭祀用的玉帛。
③ 望祀:遥祭山川。
④ 釐:通"禧",福。
⑤ 成纪:县名,今甘肃静宁县。
⑥ 服色:车马、祭牲、衣冠等服用事物的颜色。
⑦ 雍:县名,今陕西宝鸡市凤翔区。
⑧ 五帝:青、白、赤、黄、黑五色帝。

纲作渭阳五帝庙①。

目赵人新垣平言长安东北有神气,成五采。乃作渭阳五帝庙。

纲丁丑,十六年(前164),夏四月,亲祠之。以新垣平为上大夫。

目上郊祠渭阳五帝庙,贵平至上大夫。而使博士、诸生刺六经中作《王制》②,议巡狩、封禅事。

纲分齐地,立悼惠王子六人为王。

目立悼惠王肥子将闾为齐王③,志为济北王,贤为菑川王④,雄渠为胶东王,卬为胶西王⑤,辟光为济南王。

纲分淮南地,立厉王子三人为王。

目安为淮南王,勃为衡山王⑥,赐为庐江王⑦。

纲诏更以明年为元年。治汾阴庙⑧。

目新垣平言:“阙下有宝玉气。”而使人持玉杯诣阙献之,刻曰“人主延寿”。又言:“候日再中⑨。”居顷之,日却,复中。于是始更以十七年

① 渭阳:渭河北岸。
② 刺:采取,选用。
③ 齐:国名,都今山东淄博市。
④ 菑川:国名,都今山东寿光市。
⑤ 胶西:国名,都今山东高密市。
⑥ 衡山:国名,都今湖北黄冈市。
⑦ 庐江:国名,都今江西鄱阳县。
⑧ 汾阴:县名,今山西万荣县。此时为汾阴侯周昌侯国。
⑨ 候:观测。日再中:太阳连续两次居于中天,即中午过后,太阳再次回到中午位置。

为元年,令天下大酺(pú)①。平言:"周鼎在泗水中。今河决,通于泗,而汾阴有金宝气,意鼎出乎!"于是治庙汾阴,欲祠出鼎。

纲戊寅,后元年(前163),冬十月,新垣平伏诛。

目人有上书告平"所言皆诈也",下吏治,诛夷平②。

纲诏议可以佐百姓者。

目诏御史曰:"间者数年不登③,又有水旱、疾疫之灾,朕甚忧之。意朕之政有所失,而行有过与? 何以致此? 夫度田非益寡,计民未加益,而食之甚不足者,毋乃百姓之从事于末以害农者蕃④,为酒醪(láo)以靡谷者多,六畜之食焉者众与? 其与丞相、列侯、吏二千石、博士议之。有可以佐百姓者,率意远思,无有所隐!"

〔汉廷复与匈奴和亲〕

纲己卯,二年(前162),夏,复与匈奴和亲。

目匈奴连岁入边,杀略甚众。上患之,乃遗匈奴书。单于亦使当户报谢⑤,复和亲。

〔申屠嘉出任丞相,责惩邓通〕

纲秋八月,丞相苍免,以申屠嘉为丞相。

---

① 大酺:大宴饮。
② 诛夷:诛杀。
③ 间:最近。登:丰收。
④ 蕃:众多。
⑤ 当户:匈奴官名。

目张苍免。帝以后弟广国贤,有行,欲相之,曰:"恐天下以吾私广国,久念不可。"而申屠嘉故以材官蹶张从高帝①,为人廉直,门不受私谒,遂以为丞相。

是时邓通方爱幸。嘉尝入朝,通居上旁,怠慢。嘉奏事毕,因言曰:"陛下幸爱群臣,即富贵之,至于朝廷之礼,不可以不肃。"罢朝,嘉坐府中,为檄召通:"不来,且斩!"通恐,言上。上曰:"汝第往。"通诣丞相,免冠徒跣(xiǎn)②,顿首谢。嘉坐自如,责曰:"朝廷者,高帝之朝廷也。通小臣,戏殿上,大不敬,当斩。吏,今行斩之!"通顿首出血,不解。上度丞相已困通,使使持节召通,而谢丞相曰:"此吾弄臣,君释之!"通至,为上泣曰:"丞相几杀臣!"

[周亚夫驻军细柳,治军严明]

纲癸未,六年(前158),冬,匈奴寇上郡、云中③,诏将军周亚夫等屯兵以备之。

目匈奴入上郡、云中,杀略甚众,烽火通于甘泉、长安。遣将军令免屯飞狐,苏意屯句注④,张武屯北地⑤,周亚夫次细柳⑥,刘礼次霸上,徐厉次棘门⑦,以备胡。上自劳军,至霸上及棘门军,直驰入,将以下骑送

---

① 材官蹶张:指材官中使用强弩的士兵,蹶张谓其能脚踏强弩使之张开。
② 免冠徒跣:摘掉帽子,光着脚,形容诚惶诚恐的样子。
③ 上郡:治今陕西肤施县。
④ 句注:山名,在今山西代县北,为古代九塞之一。
⑤ 北地:郡名,治今甘肃宁县,一说治今甘肃庆阳市。
⑥ 细柳:地名,在今陕西咸阳市西南渭河北岸。
⑦ 棘门:秦关门,今陕西咸阳市东北,渭水北岸。

迎。已而之细柳军,军士吏被甲,锐兵刃,彀(gòu)弓弩持满①,先驱至,不得入。曰:"天子且至!"军门都尉曰:"将军令曰:'军中闻将军令,不闻天子之诏。'"上至,又不得入。于是上乃使使持节诏将军:"吾欲劳军。"亚夫乃传言"开壁门"。门士请车骑曰:"将军约:军中不得驱驰。"于是天子乃按辔徐行②。至营,亚夫持兵揖曰:"介胄之士不拜③,请以军礼见。"天子为动,改容,式车④,使人称谢:"皇帝敬劳将军。"成礼而去。群臣皆惊。上曰:"嗟乎,此真将军矣!曩(nǎng)者霸上、棘门军⑤,若儿戏尔,其将固可袭而虏也。至于亚夫,可得而犯邪!"称善者久之。月余,匈奴远塞,兵罢。拜亚夫为中尉⑥。

纲 夏,大旱,蝗。诏弛利、省费以振民⑦。

纲 甲申,七年(前157),夏六月,帝崩,遗诏短丧。

〔汉文帝驾崩,葬霸陵〕

纲 葬霸陵⑧。

目 帝即位二十三年,宫室、苑囿、车骑、服御,无所增益。有不便,辄弛以

---

① 彀:使劲张弓。持满:拉紧弓弩弦。
② 按辔:扣紧马缰使马缓行。
③ 介胄:披甲戴盔。
④ 式车:用手扶车前横木,表示尊敬。
⑤ 曩:从前。
⑥ 中尉:列卿之一,掌京畿治安,指挥禁卫军部队。
⑦ 利:朝廷专营利益。
⑧ 霸陵:汉文帝陵,今陕西西安市白鹿原江村大墓。

利民。尝欲作露台，召匠计之，直百金①。上曰："百金，中人十家之产也②。吾奉先帝宫室，常恐羞之，何以台为！"身衣弋绨③，所幸慎夫人，衣不曳地，帷帐无文绣，以示敦朴，为天下先。治霸陵，皆瓦器，因其山，不起坟。吴王诈病不朝，赐以几杖④。群臣袁盎等谏说虽切，常假借纳用焉。张武等受赂金钱，觉，更加赏赐，以愧其心。专务以德化民。是以海内安宁，后世鲜能及之。

纲 太子启即位。尊皇太后曰太皇太后，皇后曰皇太后。

纲 秋九月，有星孛于西方。

孝景皇帝

纲 乙酉，孝景皇帝元年（前156），冬十月，尊高皇帝为太祖，孝文皇帝为太宗，令郡国立太宗庙。

目 丞相嘉等奏："功莫大于高皇帝，德莫盛于孝文皇帝。高皇帝宜为太祖之庙，孝文皇帝宜为太宗之庙，天子世世献⑤。郡国宜各立太宗庙。"制曰："可。"

〔汉景帝复收田租，但只收半租〕

纲 夏，复收民田半租，三十而税一。

---

① 直：通"值"。
② 中人：中等收入的人家。
③ 弋绨：黑色粗厚的丝织物。"弋"通"黓"。
④ 几杖：凭几与手杖，用以尊敬老者的礼物。
⑤ 世世献：不迁出宗庙，永久祭祀。

〔汉景帝省刑约法〕

纲 减笞法。

目 初，文帝除肉刑，外有轻刑之名，内实杀人。笞五百者率多死。是岁诏曰："加笞重罪无异，幸而不死，不可为人。其定律：笞五百曰三百，三百曰二百。"

纲 以张欧为廷尉。

目 欧事帝于太子宫，虽治刑名家①，为人长者②，未尝言案人。专以诚长者处官，官属亦不敢太欺。

纲 丙戌，二年(前155)，冬十二月，有星孛于西南。

纲 夏四月，太皇太后崩。

〔申屠嘉请诛杀晁错，被回绝后呕血而死〕

纲 六月，丞相嘉卒。

目 时内史晁错数请间言事，辄听。宠幸倾九卿，法令多所更定。丞相嘉自绌，疾错③。内史门东出不便，更穿一门南出。南出者，太上皇庙堧(ruán)垣也④。嘉闻，为奏，请诛错。客有语错，错恐，夜入宫自

---

① 刑名：循名责实，慎赏明罚之学。
② 长者：言行仁厚之人。
③ 疾：同"嫉"。
④ 堧垣：堧指宗庙外空地，堧垣则是空地外又一层墙，景帝认为"非真庙垣"。

归①。至朝,嘉请,上曰:"错所穿乃外堧垣,故冗官居其中。且我使为之,错无罪。"嘉罢朝,曰:"吾悔不先斩错,乃为所卖!"欧血而死②。

纲以陶青为丞相,晁错为御史大夫。

纲彗星出东北。

纲秋,衡山雨雹。

纲荧惑逆行守北辰,月出北辰间,岁星逆行天廷中。

纲丁亥,三年(前154),冬十月,梁王武来朝。

目梁孝王以窦太后少子,故有宠。居天下膏腴(yú)之地③,赏赐不可胜道。上尝与宴饮,从容言曰:"千秋万岁后,传于王。"王辞谢,虽知非至意④,然心内喜。詹事窦婴引卮酒进上曰⑤:"天下者,高祖之天下。父子相传,汉之约也,何以得传梁王!"太后因此憎婴。婴因病免,太后除婴门籍⑥。梁王以此益骄。

纲春正月,长星出西方。洛阳东宫灾。

[七国之乱爆发]

纲吴王濞、胶西王卬、胶东王雄渠、菑川王贤、济南王辟光、楚王戊、赵王

———————

① 自归:自行投案。
② 欧:同"呕"。
③ 膏腴:土地肥美。
④ 至意:诚挚的情意。
⑤ 詹事:官名,掌太后、皇后、太子家中事。卮酒:杯酒。
⑥ 门籍:出入宫门的名籍。

遂反。以周亚夫为太尉，将兵讨之。杀御史大夫晁错。二月，亚夫大破吴、楚军，濞亡走越，戊自杀。

目 初，孝文时，吴太子入见，得侍皇太子饮博①，争道②，不恭。皇太子引博局提杀之③。吴王称疾不朝京师，始有反谋。文帝赐吴王几杖，老，不朝，吴谋益解④。然以铜盐故，百姓无赋。他郡国吏欲来捕亡人者，公共禁弗予。如此者四十余年。

晁错数言吴过，可削。文帝不忍。及帝即位，错曰："高帝封三庶孽⑤，分天下半。今吴王不朝，于古法当诛。文帝不忍，德至厚，王当改过自新，反益骄，诱天下亡人谋作乱。今削之亦反，不削亦反。削之，其反亟，祸小。不削，其反迟，祸大。"上令列侯、公卿、宗室杂议，莫敢难，独窦婴争之。错又言楚、赵有罪，皆削一郡。胶西有奸，削其六县。

方议削吴，吴王恐，因发谋举事⑥。闻胶西王勇，好兵，使人说之，又身至胶西面约。遂发使约齐、菑川、胶东、济南，皆许诺。

初，楚元王好书，与鲁申公、穆生、白生俱受《诗》于浮丘伯，及王楚，以三人为中大夫。穆生不嗜酒，元王每为设醴⑦。及孙戊即位，常设，后忘设焉。穆生退曰："可以逝矣！醴酒不设，王之意怠。不去，楚人将钳我于市。"遂谢病去。戊坐削地事，遂与吴通谋。申公、白生谏戊，

---

① 饮博：饮酒博戏。
② 争道：下棋时争抢棋路。
③ 博局：棋盘。提：掷。
④ 解：同"懈"。
⑤ 三庶孽：指齐王刘肥、吴王刘濞、楚王刘交。
⑥ 发谋：开始谋划。
⑦ 醴：甜酒。

戍胥靡之①,使雅舂于市②。

及削吴会稽、豫章郡书至③,吴王遂起兵,杀汉吏。胶西、胶东、菑川、济南、楚、赵亦皆反。遗诸侯书,罪状晁错,欲合兵诛之。

初,文帝且崩,戒太子曰:"即有缓急,周亚夫真可任将兵。"至是,上乃拜亚夫为太尉,将三十六将军往击吴、楚。遣郦寄击赵,栾布击齐,窦婴屯荥阳,监齐、赵兵。

〔汉景帝诛杀晁错〕

初,错更令三十章,诸侯讙哗。错父闻之,从颍川来④,谓错曰:"上初即位,公为政用事,侵削诸侯,疏人骨肉,口语多怨,公何为也?"错曰:"不如此,天子不尊,宗庙不安。"父曰:"刘氏安矣而晁氏危!"遂饮药死,曰:"吾不忍见祸逮身!"后十余日,七国反,以诛错为名。

上与错议出军事,错欲令上自将兵而身居守。错素与吴相袁盎不善。盎夜见窦婴,为言吴所以反,愿至上前,口对状。婴入言,上乃召盎。盎入,上方与错调兵食。问之,盎曰:"愿屏左右。"上屏人,独错在,盎曰:"臣所言,人臣不得知。"乃屏错。盎曰:"吴、楚相遗书,言贼臣晁错擅適诸侯⑤,削夺之地,以故反,欲西共诛错,复故地而罢。今独有斩错,发使赦之,复其故地,则兵可无血刃而俱罢。"上默然良久,曰:"顾诚何如?吾不爱一人以谢天下。"错殊不知。上使中尉召错,绐载

---

① 胥靡:用绳索连着强制劳动。

② 雅舂:正身而舂米。

③ 豫章郡:此处记载有误,当为"鄣郡",治今安徽宣城市。

④ 颍川:郡名,治今河南禹州市。

⑤ 適:通"谪",责罚。

行市,错衣朝衣斩东市。乃使盎使吴。

谒者仆射邓公为校尉,以言军事见上,曰:"吴为反计数十岁矣,以诛错为名,其意不在错也。夫晁错患诸侯强大不可制,故请削之,以尊京师,万世之利也。计画始行,卒受大戮。内杜忠臣之口,外为诸侯报仇,臣窃为陛下不取也!"帝喟然曰:"吾亦恨之!"

盎至吴,吴欲劫使将,盎得间脱亡归报①。

〔周亚夫平定七国之乱〕

周亚夫言于上曰:"楚兵剽轻②,难与争锋,愿以梁委之,绝其饷道,乃可制也。"上许之。亚夫乘六乘传,将会兵荥阳。发至霸上,赵涉遮说亚夫曰:"吴王知将军且行,必置人于殽(xiáo)、渑(miǎn)之间。且兵事尚神密,将军何不右去,走蓝田,出武关,抵洛阳,直入武库。诸侯闻之,以为将军从天而下也。"亚夫如其计,至洛阳,喜曰:"今吾据荥阳,荥阳以东,无足忧者。"使吏搜殽、渑间,果得吴伏兵。乃请涉为护军③,而东北走昌邑④。

吴攻梁急,亚夫使轻骑出淮泗口⑤,绝吴、楚兵后,塞其饷道。吴兵欲西,梁城坚守,不敢西。即走汉军,亚夫坚壁不战。军中夜惊,内相攻击,扰乱至帐下,亚夫坚卧不起,顷之,复定。吴奔壁东南陬(zōu)⑥,

① 得间:有隙可乘,而得机会。
② 剽轻:强悍轻捷。
③ 护军:官名。掌监督诸将,调节诸部军队关系。
④ 昌邑:县名,今山东巨野县。
⑤ 淮泗口:河口名,泗水汇入淮水处,在今江苏淮安市洪泽区。
⑥ 陬:隅,角落。

亚夫使备西北。已而其精兵果奔西北,不得入。吴、楚士卒多饥死叛散,乃引而去。二月,亚夫出精兵追击,大破之。吴王濞弃军夜亡走,楚王戊自杀。

纲是月晦,日食。越人诛濞。齐王将闾及卬、遂皆自杀,雄渠、贤、辟光皆伏诛。

评汉初分封制度及七国之乱:

西汉初年,刘邦迫于楚汉之争后特殊的政治军事背景,分封多名异姓诸侯王。待形势稳定,陆续将其蕱除,转而分封兄弟子侄,形成郡国并行局面。诸侯王国对维护社会稳定发挥过积极作用,但势力逐渐膨胀,形成尾大不掉之势。汉景帝时,中央与王国矛盾激化,酿成七国之乱,成为西汉开国以来最大的政治危机。凭借文景以来稳固的政治基底和雄厚的经济实力,中央政府迅速平定了叛乱。景帝趁势"抑损诸侯,减黜其官",加强了朝廷对王国的控制,政令通达全国,汉王朝的政治权威和中央集权因之得到巩固。

纲戊子,四年(前153),春,复置关,用传出入。

纲夏四月,立子荣为皇太子,彻为胶东王。

纲己丑,五年(前152),春正月,作阳陵邑①,募民徙居之。

纲遣公主嫁匈奴单于。

纲庚寅,六年(前151),冬十二月,雷,大霖雨。

---

① 阳陵:汉景帝陵,在今陕西咸阳市东。

纲秋九月,废皇后薄氏。

〔**废太子刘荣,立刘彻为太子**〕

纲辛卯,七年(前150),冬十一月,废太子荣为临江王①。

目初,燕王臧荼孙女臧儿嫁王仲,生男信与两女。仲死,更嫁田氏,生
蚡。文帝时,臧儿长女为金王孙妇,生女俗。卜筮之,曰:"两女皆当
贵。"臧儿乃夺金氏妇,内之太子宫,生男彻。及帝即位,长公主嫖欲
以女嫁太子荣,其母栗姬以后宫诸美人皆因公主见帝,怒不许。公主
欲予彻,王夫人许之。由是公主日谗栗姬,而誉彻之美,帝亦自贤之。
王夫人知帝嗛(xián)栗姬②,因怒未解,阴使人趣大行请立栗姬为皇
后③。帝怒曰:"是而所宜言邪!"遂按诛大行,而废太子。太傅窦婴
力争不能得,乃谢病免。栗姬恚恨而死。

纲春,丞相青免,以周亚夫为丞相。罢太尉官。

纲夏四月,立夫人王氏为皇后,胶东王彻为皇太子。

纲以郅(zhì)都为中尉。

目始都为中郎将,敢直谏。尝从入上林,贾姬如厕,野彘卒入厕。上目
都,都不行,欲自救姬。都伏上前曰:"亡一姬,复一姬进,天下所少,
宁贾姬等乎!陛下纵自轻,奈宗庙、太后何!"上乃还。都为人勇悍公

---

① 临江:国名,都今湖北荆州市。
② 嗛:怀恨。
③ 大行:即大行令,列卿之一,掌蕃国及外邦事务。

廉,不发私书,问遗无所受①,请谒无所听②。及为中尉,尤严酷,行法不避贵戚。列侯、宗室见都,侧目而视,号曰"苍鹰"。

纲 壬辰,中元年(前149),夏四月,地震。

纲 衡山、原都雨雹③。

目 大者尺八寸。

纲 癸巳,二年(前148),春三月,征临江王荣,下吏④,荣自杀。

纲 夏四月,有星孛于西北。

〔梁王刘武角逐储君不成,刺杀袁盎〕

纲 秋九月,梁王武使人杀袁盎。

目 初,梁孝王以至亲有功,得赐天子旌旗,出跸入警。王宠信羊胜、公孙诡,胜、诡使王求为汉嗣。栗太子废,太后欲以梁王为嗣,尝因置酒谓帝曰:"宫车晏驾⑤,用梁王为继。"帝跪曰:"诺。"袁盎等曰:"昔宋宣公不立子而立弟,以生祸乱,五世不绝。小不忍,害大义,故《春秋》大居正。"由是太后议格⑥。梁王由此怨盎,乃与胜、诡谋,阴使人刺杀盎及他议臣十余人。于是天子意梁,逐贼,果梁所为。遣田叔往按,

---

① 问遗:贿赂。
② 请谒:请求拜见。
③ 原都:县名,在今陕西省北部一带,确地无考。
④ 下吏:交付司法官吏审讯。
⑤ 宫车晏驾:宫车晚出,比喻天子崩逝。
⑥ 格:停止。

捕胜、诡。胜、诡匿王后宫。内史韩安国见王,泣曰:"大王訧邪臣浮说,犯上禁,挠明法。天子以太后故,不忍致法。太后日夜涕泣,幸大王自改,大王终不觉寤①。有如太后宫车即晏驾,大王尚谁攀乎?"语未卒,王泣数行下,令胜、诡自杀,出之。

使邹阳见皇后兄王信曰:"长君弟得幸于上,而长君行迹多不循道理者。今梁王即伏诛,太后无所发怒,切齿侧目于贵臣,窃为足下忧之。长君诚为上言,毋竟梁事。太后德长君入骨髓,而长君之弟幸于两宫,金城之固也。"长君乘间言之,帝怒稍解。时太后忧梁事,不食,日夜泣不止,帝亦患之。田叔等还至霸昌厩,悉烧梁狱辞,空手来见。帝曰:"梁事安在?"田叔曰:"上毋以梁事为问也! 今梁王不伏诛,是汉法不行也。伏法而太后食不甘味,卧不安席,此忧在陛下也。"上大然之,使叔等谒太后,曰:"梁王不知也。为之者,幸臣羊胜、公孙诡之属耳,谨已伏诛,梁王无恙也。"太后立起坐餐,气平复。梁王因上书请朝,伏阙谢罪,太后、帝大喜,相泣,复如故。然帝益疏王,不与同车辇矣。以田叔为贤,擢为鲁相。

纲 甲午,三年(前147),夏四月,地震。

纲 旱,禁酤酒②。

纲 秋九月,蝗。有星孛于西北。是月晦,日食。

纲 丞相亚夫免。

――――――――――――

① 寤:同"悟"。
② 酤酒:卖酒。

目初,上废栗太子,周亚夫固争之,不得。而梁王每与太后言亚夫短。太后欲侯王信,帝与亚夫议之。亚夫曰:"高帝约:'非有功不侯。'信虽后兄,无功,侯之,非约也。"帝默然而止。后匈奴王徐卢等六人降,帝欲侯之以劝后。亚夫曰:"彼背其主而降,侯之,则何以责人臣不守节者乎?"帝曰:"丞相议不可用。"乃悉侯之。亚夫因谢病,免。

纲以刘舍为丞相。

纲丙申,五年(前145),秋八月,未央宫东阙灾。

纲九月,诏狱疑者谳(yàn)之①。

目诏曰:"狱者,人之大命,死者不可复生,朕甚悯之。诸狱疑,若虽文致于法而于人心不厌者②,辄谳之。"

纲丁酉,六年(前144),春二月,郊五畤③。

纲三月,雨雪。

纲夏四月,梁王武卒。分梁地王其子五人。

目梁孝王薨。太后哭,不食,曰:"帝果杀吾子!"帝哀惧不知所为,乃分梁为五国,尽立孝王男五人为王,女五人皆食汤沐邑。太后乃说,为帝加一餐。

---

① 谳:报请上级审理。
② 厌:服。
③ 五畤:即雍五畤,秦汉时期于雍地祭祀青、白、赤、黄、黑五色帝。

[汉景帝更减笞法定箠令]

纲 更减笞法,定箠(chuí)令①。

目 既减笞法,笞者犹不全。乃更减笞三百曰二百,笞二百曰一百。又定箠令,箠长五尺,其本大一寸,竹也。末薄半寸,皆平其节。当笞者笞臀,毕一罪,乃更人。自是笞者得全。

纲 六月,匈奴寇雁门、上郡②。

目 匈奴入雁门、上郡。李广为上郡守,尝从百骑出,卒遇匈奴数千骑,广骑欲驰还,广曰:"吾去大军数十里,今走,匈奴追射我立尽。今我留,匈奴必以我为大军之诱,不敢击。"令诸骑曰:"前!"未到匈奴陈二里所,令皆下马解鞍,以示不走。匈奴有白马将出,护其兵。广上马,与十余骑奔,射杀之而还,解鞍,令卒皆纵马卧。会暮,胡兵终怪之,不敢击,夜引而去。

纲 秋七月晦,日食。

纲 以宁成为中尉。

目 自郅都死,长安宗室多暴犯法。上乃召宁成为中尉。其治效郅都,其廉不如,然宗室、豪杰人人惴恐。

纲 戊戌,后元年(前143),春正月,诏治狱者务先宽。

---

① 箠令:笞刑之法。
② 雁门:郡名,治今山西右玉县。

目诏曰："狱,重事也。人有智愚,官有上下。狱疑者谳有司。有司所不能决,移廷尉。谳而后不当,谳者不为失。欲令治狱者务先宽。"

纲夏,大酺五日,民得酤酒。

纲地震。

目震凡二十二日。

纲丞相舍免。

纲秋七月晦,日食。

纲八月,以卫绾为丞相,直不疑为御史大夫。

目初,绾以中郎将事文帝,醇谨无他①。上为太子时,召文帝左右饮,而绾称病不行。文帝且崩,属上曰:"绾长者,善遇之。"故上亦宠任焉。不疑为郎,同舍有告归,误持其同舍郎金去。同舍郎疑不疑,不疑买金偿。后告归者至而归金,亡金郎大惭,以此称为长者。人或毁不疑,以为盗嫂②。不疑曰:"我乃无兄。"然终不自明也。

〔周亚夫下狱,饿死狱中〕

纲下条侯周亚夫狱,亚夫不食死。

目帝召周亚夫赐食,独置大胾(zì)③,无切肉,又不置箸。亚夫心不平,顾

① 无他:别无二心。
② 盗嫂:私通其嫂。
③ 胾:大块的肉。

谓尚席取箸①。上视而笑曰:"此非不足君所乎?"亚夫免冠谢上,上曰:"起!"亚夫因趋出。上目送之曰:"此鞅鞅非少主臣也。"居无何,亚夫子为父买工官尚方甲楯可葬者②,为人所告,事连污亚夫。召诣廷尉,不食五日,欧血而死。

纲 己亥,二年(前142),春正月,地一日三动。

纲 夏四月,诏戒二千石修职事③。

目 诏曰:"雕文刻镂,伤农事者也。锦绣纂组④,害女红(gōng)者也。农事伤则饥之本也,女红害则寒之原也。夫饥寒并至,而能亡为非者寡矣⑤。朕亲耕,后亲桑,以奉宗庙粢盛、祭服,为天下先,欲天下务农、蚕,素有蓄积,以备灾害。今岁或不登,民食颇寡,其咎安在?或诈伪为吏,以货赂为市,渔夺百姓,侵牟万民⑥。其令二千石各修其职,不事官职、耗乱者⑦,丞相以闻,请其罪。"

纲 秋,大旱。

纲 庚子,三年(前141),冬十月,日、月皆赤。

---

① 尚席:官名,掌管宴席。
② 工官:官署名,掌制器物。尚方:少府属官,掌管御用器物。楯:同"盾"。
③ 二千石:指代郡守、王国相。
④ 纂组:赤色绶带。泛指精美织锦。
⑤ 亡:无。
⑥ 侵牟:侵害掠夺。
⑦ 耗乱:昏乱不明。

纲十二月,雷,日如紫。五星逆行守太微,月贯天廷中①。

纲春正月,诏劝农桑,禁采黄金、珠、玉。

〔汉景帝驾崩〕

纲帝崩,太子彻即位。

纲尊皇太后为太皇太后,皇后为皇太后。二月,葬阳陵。

评汉初无为政治及文景之治:

　　汉文帝、景帝时期,统治者奉行黄老之学,采取休养生息政策,推行清静无为方针,轻徭薄赋,省刑约法。经过几十年努力,扫除秦之烦苛,重建了稳定的社会秩序,经济恢复的效果十分明显,史称"文景之治"。"无为而治"是汉初统治集团总结历史教训,顺应时代发展要求而进行的重大政策调整,给予后世许多启发:统治者需具备"治大国若烹小鲜"的行政智慧;社会稳定是经济文化发展的基本要求,需要统治者制定符合实际的治国方略。

周金泰　评注

陈侃理　审定

---

① 太微、天廷:均为星座名,象征帝王居所。古人认为二者被五星和月侵犯,是不利于皇帝的预兆。

纲鉴易知录卷一三

卷首语:本卷起汉武帝建元元年(前140),止元朔六年(前123),所记为武帝前期史事。经文景积累,武帝时期西汉进入全盛,政策从无为转向有为。内政方面独尊儒术,建中外朝,设察举制,行推恩令;外政方面终止和亲,抗击匈奴。此外,"汉之得人,于兹为盛",儒雅如公孙弘、董仲舒,质直如汲黯,定令如张汤,文章如司马相如,滑稽如东方朔,将帅如卫青、霍去病等,也将于本卷悉数登场。但连年征战导致国库空虚,为随后由盛转衰埋下了伏笔。

汉　纪

世宗孝武皇帝

〔董仲舒"天人三策"，建议"罢黜百家独尊儒术"〕

纲 辛丑，世宗孝武皇帝建元元年（前 140），冬十月，举贤良方正直言极谏之士，以董仲舒为江都相①。治申、韩、苏、张之言者②，皆罢之。

目 举贤良方正直言极谏之士，上亲策问之。广川董仲舒对曰③："臣谨按《春秋》之中，视前世已行之事，以观天人相与之际④，甚可畏也。国家将有失道之败，而天乃先出灾害以谴告之。不知自省，又出怪异以警惧之。尚不知变，而伤败乃至。以此见天心之仁爱人君，而欲止其乱也。自非大亡道之世者，天尽欲扶持而全安之。事在勉强而已矣⑤，勉强学问，则闻见博而知益明。勉强行道，则德日起而大有功。此皆可使还（xuán）至而立有效者也⑥。道者，所繇（yóu）适于治之路也⑦，仁、义、礼、乐皆其具也。故圣王已没⑧，而子孙长久，安宁数百

---

① 江都：国名，都今江苏扬州市西南。
② 申、韩、苏、张：申不害、韩非，代指法家；苏秦、张仪，代指纵横家。
③ 广川：县名，今河北景县西南广川镇。
④ 天人相与：即"天人感应"，关于天人关系的一种神秘观点。
⑤ 勉强：尽力而为。
⑥ 还：通"旋"，迅速。
⑦ 繇：通"由"。
⑧ 没：同"殁"。

岁,此皆礼乐教化之功也。夫周道衰于幽、厉,非道亡也,幽、厉不繇也。至于宣王,思昔先王之德,兴滞补敝,明文、武之功业,周道粲然复兴。故治乱兴废在于己,非天降命不可反也。臣闻:命者,天之令也;性者,生之质也;情者,人之欲也。尧、舜行德则民仁寿,桀、纣行暴则民鄙夭①,皆治乱之所生,故不齐也。王者欲有所为,宜求其端于天②。天道之大者在阴阳。阳为德,阴为刑,刑主杀而德主生,是故阳常居大夏而以生育长养为事,阴常居大冬而积于空虚不用之处,以此见天之任德不任刑也。王者承天意以从事,故任德教而不任刑也。今废先王德教之官,独任执法之吏,而欲德教之被四海,难矣!为人君者,正心以正朝廷,正朝廷以正百官,正百官以正万民,正万民以正四方。四方正,远近莫敢不壹于正,而无有邪气奸(gān)其间者③,是以阴阳调而风雨时,群生和而万物殖,诸福之物,可致之祥,莫不毕至,而王道终矣。今陛下贵为天子,富有四海,行高而恩厚,知明而意美,爱民而好士,可谓谊主矣④。然而天地未应,而美祥莫至者⑤,凡以教化不立,而万民不正也。夫万民之从利,如水之走下,不以教化堤防之,不能止也。古之王者,莫不以教化为大务。立学校以教于国,设庠序以化于邑,渐民以仁⑥,摩民以谊⑦,节民以礼⑧,故其刑罚

---

① 鄙夭:性情贪鄙,寿命不长。
② 端:端绪。
③ 奸:犯。
④ 谊主:明礼义的国君。"谊"同"义"。
⑤ 美祥:吉兆、祥瑞。
⑥ 渐:浸润。
⑦ 摩:同"磨",磨砺。谊:同"义",道义。
⑧ 节:节制。

甚轻而禁不犯者，教化行而习俗美也。圣王之继乱世也，扫除其迹而悉去之。譬之琴瑟不调，甚者必解而更张之，乃可鼓也①。为政而不行，甚者必变而更化之，乃可理也。古人有言曰：'临渊羡鱼，不如退而结网。'今临政愿治，不如退而更化②。汉得天下以来，常欲治，而至今不可善治者，失之于当更化而不更化也。"

上复策之，仲舒对曰："臣闻圣王之治天下也，少则习之学，长则材诸位③，爵禄以养其德，刑罚以威其恶，故民晓于礼谊而耻犯其上。武王行大谊，平残贼④，周公作礼乐以文之。至于成、康，囹圄(líng yǔ)空虚四十余年⑤。此教化之渐，而仁义之流也。至秦则不然，师申、韩之说，憎帝王之道，以贪狼为俗，诛名而不察实⑥，为善者不必免，而犯恶者未必刑也。是以百官皆饰虚辞而不顾实，外有事君之礼，内有背上之心，造伪饰诈，趋利无耻。是以刑者甚众，死者相望，而奸不息，俗化使然也。今陛下并有天下，莫不率服，而功不加于百姓者，殆王心未加焉。曾子曰：'尊其所闻，则高明矣。行其所知，则光大矣。高明光大，不在于他，在乎加之意而已。'愿陛下因用所闻，设诚于内而致行之，则三王何异哉！陛下夙寤晨兴⑦，务以求贤，亦尧、舜之用心也，而未云获者，士不素厉也。夫不素养士而欲求贤，譬犹不琢玉而求文

①鼓：弹奏。
②更化：改革政令教化。
③材诸位：根据才能授予职位。
④残贼：凶残暴虐的人。
⑤囹圄：监狱。
⑥诛：责。
⑦夙寤晨兴：早起，形容勤于政事。

采也。故养士莫大乎太学①。太学者，贤士之所关也，教化之本原也。愿兴太学，置明师，以养天下之士，数考问以尽其材，则英俊宜可得矣。郡守、县令，民之师帅②，所使承流而宣化也③。师帅不贤，则主德不宣，恩泽不流。臣愚以谓使诸列侯、郡守，各择其吏民之贤者，岁贡各二人，以给宿卫，且以观大臣之能。所贡贤者有赏，所贡不肖者有罚④。夫如是诸侯、吏二千石尽心于求贤，天下之士可得而官使也。毋以日月为功⑤，实试贤能为上，量材而授官，录德而定位，则廉耻殊路，贤不肖异处矣。”

上三策之，仲舒复对曰：“臣闻：天者，群物之祖，故遍覆包函而无所殊。圣人法天而立道，亦溥(pǔ)爱而亡私⑥。春者，天之所以生也；仁者，君之所以爱也；夏者，天之所以长也；德者，君之所以养也；霜者，天之所以杀也；刑者，君之所以罚也。孔子作《春秋》，上揆之天道，下质诸人情，书邦家之过⑦，兼灾异之变，以此见人之所为，其美恶之极，乃与天地流通而往来相应，此亦言天之一端也。天令之谓命，命非圣人不行。质朴之谓性，性非教化不成。人欲之谓情，情非制度不节。是故王者上谨于承天意，以顺命也。下务明教化民，以成性也。正法度之宜，别上下之序，以防欲也。修此三者，而大本举矣。人受命于天，固超然异于群生，入有父子兄弟之亲，出有君臣上下之谊，会遇相

---

① 太学：设在京城用以培养人才、传授儒家经典的最高学府。
② 师帅：表率。
③ 承流：接受和继承良好的风尚传统。
④ 不肖：不贤，无才能。
⑤ 日月为功：用时间长短计算功劳。
⑥ 溥爱：博爱，广布仁爱。
⑦ 邦家：国家。其中邦指诸侯封国，家指大夫封邑。

聚有耆(qí)老长幼之施,粲然有文以相接,欢然有恩以相爱。故孔子曰:'天地之性人为贵。'明于天性,知自贵于物,然后知仁谊,知仁谊然后重礼节,重礼节然后安处善,安处善然后乐循理,乐循理然后谓之君子。臣又闻之:聚少成多,积小致巨,故圣人莫不以晻致明①,以微致显。言出于己,不可塞也。行发于身,不可掩也。故尽小者大,慎微者著。积善在身,犹长日加益②,而人不知也。积恶在身,犹火销膏③,而人不见也。此唐、虞之所以得令名④,而桀、纣之可为悼惧者也⑤。夫乐而不乱,复而不厌者,谓之道。道者,万世亡敝。敝者,道之失也。先王之道,必有偏而不起之处,故政有眊(mào)而不行⑥,举其偏者以补其敝而已矣。三王之道,所祖不同,非其相反。夏尚忠,殷尚敬,周尚文者,所继之救当用此也。道之大原出于天,天不变道亦不变,是以禹继舜,舜继尧,三圣相授而守一道,亡救敝之政也。繇是观之,继治世者其道同,继乱世者其道变。今汉继大乱之后,若宜少损周之文致,用夏之忠者。夫天亦有所分予,予之齿者去其角,傅之翼者两其足,是所受大者不得取小也。古之所予禄者,不食于力,不动于末,与天同意者也。天子大夫者,下民之所视效,岂可以居贤人之位,而为庶人行哉!夫皇皇求财利,常恐乏匮者,庶人之意也。皇皇求仁义,常恐不能化民者,大夫之意也。若居君子之位,当君子

---

① 晻:同"暗"。
② 长日加益:春天白昼日益增加。
③ 销膏:灯烛燃烧时油膏渐渐变少。
④ 令名:美好的声誉。
⑤ 悼惧:恐惧。
⑥ 眊:眼睛看不清,引申为昏聩。

之行,则舍公仪休之相鲁,无可为者矣。《春秋》大一统者①,天地之常经,古今之通谊也。今师异道,人异论,百家殊方,指意不同,是以上无以持一统,法制数变,下不知守。臣愚以为诸不在六艺之科、孔子之术者②,皆绝其道,勿使并进,邪辟之说灭息③,然后统纪可一,而法度可明,民知所从矣。"天子善其对,以仲舒为江都相。

丞相卫绾因奏:"所举贤良,或治申、韩、苏、张之言,乱国政者,请皆罢。"奏可。

仲舒少治《春秋》,为博士,进退容止,非礼不行,学士皆师尊之。及为江都相,事易王。王,帝兄,素骄,好勇。仲舒以礼匡正,王敬重焉。尝问之曰:"越王句践与大夫泄庸、种、蠡伐吴④,灭之。寡人以为越有三仁,何如?"仲舒对曰:"昔鲁君问伐齐于柳下惠,惠有忧色,曰:'吾闻伐国不问仁人。此言何为至于我哉!'徒见问耳,犹且羞之,况设诈以行之乎? 夫仁人者,正其谊,不谋其利;明其道,不计其功。是以仲尼之门,五尺之童,羞称五伯⑤,为其先诈力而后仁义也。繇此言之,则越未尝有一仁也。"王曰:"善。"

评独尊儒术:

汉初经济凋敝,以道家黄老思想治国。汉武帝时,强化思想统一成为迫切需求。儒家所主张的仁义思想、君臣伦理,尤其是《春秋》公羊学

---

① 大:张大。

② 六艺:《礼》《乐》《书》《诗》《易》《春秋》。

③ 邪辟:不合正道。

④ 种:文种。蠡:范蠡。

⑤ 伯:通"霸",五伯即五霸。董仲舒所称五霸指齐桓公、晋文公、宋襄公、楚庄王、秦穆公。

所倡导的"大一统"理论,与武帝面临的形势相应,故取代道家成为新的正统学说。儒家思想从此成为帝制中国的主流意识形态。应予指出的是,汉武帝在实际政策的制定上,仍然带有相当大的灵活性,用人亦不拘一格,并非照搬儒家原则。将儒术与刑名法术相结合,形成了"儒表法里""王霸并用"的统治手段,对后世具有深远影响。

纲 春二月,行三铢钱。

纲 夏六月,丞相绾免。以窦婴为丞相,田蚡为太尉,赵绾为御史大夫,王臧为郎中令。迎申公为大中大夫。

目 上雅向儒术,婴、蚡俱好儒,推毂赵绾为御史大夫,王臧为郎中令。绾请立明堂①,荐其师申公。上使使者奉安车蒲轮②,束帛加璧迎之③。既至,问治乱之事,申公年八十余,对曰:"为治者不在多言,顾力行何如耳!"时上方好文词,见申公对,默然。然已招致,则以为大中大夫,舍鲁邸④,议明堂、巡狩、改历、服色事。

〔窦太后好黄老,打压儒学〕

纲 壬寅,二年(前139),冬十月,赵绾、王臧下吏,自杀。丞相婴、太尉蚡免。申公免归。以石建为郎中令,石庆为内史⑤。

目 太皇太后好黄老言,不悦儒术。赵绾请毋奏事东宫。太后大怒,阴求

① 明堂:古代帝王宣明政教的地方,朝会、祭祀、庆赏等多于此进行。
② 蒲轮:用蒲草裹轮的车子,转动时震动较小,常用于迎接贤士,以示礼敬。
③ 束帛加璧:束帛之上又加玉璧,表示贵重的礼物。
④ 鲁邸:鲁国在京城的官邸。
⑤ 内史:官名,掌治理京师。

绾、臧奸利事,以让上。因废明堂事,下绾、臧吏,皆自杀。婴、蚡免,申公亦以疾免归。

初,景帝以石奋及四子皆二千石,号奋为"万石君"。万石君无文学①,而恭谨无与比。子孙为小吏,来归谒②,必朝服见之,不名③。有过失,不责让,为便坐,对案不食。然后诸子相责,因长老肉袒谢罪,改之,乃许。子孙胜冠者在侧④,虽燕居必冠⑤。其执丧,哀戚甚悼。子孙遵教,皆以孝谨闻。及绾、臧获罪,太后以为儒者文多质少,今万石君不言而躬行,乃以其子建为郎中令,庆为内史。建在上侧,事有可言,屏人恣言极切。至廷见,如不能言者。上以是亲之。

纲春二月朔,日食。

纲三月,以许昌为丞相。

〔卫子夫入宫,卫青任大中大夫〕

纲以卫青为大中大夫。

目陈皇后骄妒擅宠而无子,宠浸衰。上尝过姊平阳公主,悦讴者卫子夫⑥,主因奉送入宫,恩宠日隆。子夫同母弟青,冒姓卫氏,为侯家骑

---

① 文学:儒家经典之学。
② 归谒:回家谒见。
③ 不名:不直呼其名,指待之以礼。
④ 胜冠:男子成年加冠,用以指成年。
⑤ 燕居:退朝而处,闲居。
⑥ 讴者:唱歌之人,后多指歌女。

奴。召为建章监、侍中①。既而以子夫为夫人,青为大中大夫。

纲夏四月,有星如日,夜出。

纲置茂陵邑②。

纲癸卯,三年(前138),冬十月,河水溢于平原③。

纲大饥,人相食。

纲秋七月,有星孛于西北。

纲闽越击东瓯,遣使发兵救之,遂徙其众于江、淮间。

纲九月晦,日食。

〔汉武帝扩建上林苑,东方朔力谏反对〕

纲帝始为微行④,遂起上林苑。

目上招选天下文学材智之士,简拔其俊异者宠用之⑤。庄助、朱买臣、吾
　丘寿王、司马相如、东方朔、枚皋、终军等,并在左右,每令与大臣辨
　论,中外相应以义理之文,大臣数屈焉。然相如特以辞赋得幸,朔、皋

————————

① 建章:宫名,故址在今陕西西安市西南。侍中:官名,汉为加官,加此可入侍宫禁,亲
　近皇帝。
② 茂陵:汉武帝陵,在今陕西兴平市东北。
③ 平原:郡名,治今山东平原县南。
④ 微行:便服私访。
⑤ 简拔:选拔。

不根持论①，好诙谐，上以俳(pái)优畜之②。朔时直谏，有所补益。

是岁，上始为微行，常入南山下射猎③，驰骛禾稼之地④，民皆号呼骂詈(lì)。鄠(hù)、杜令欲执之⑤，示以乘(shèng)舆物⑥，乃得免。又尝夜至柏谷⑦，逆旅主人疑为奸盗⑧，聚少年欲攻之。主人妪异上状貌，饮翁以酒而缚之，上始得脱。

又使吾丘寿王除上林苑⑨，属之南山。东方朔谏曰："夫南山，天下之阻，陆海之地也。山出玉、石、金、银、铜、铁、良材，百工所取给，万民所仰足也。又有秔、稻、梨、栗、桑、麻、竹箭之饶，土宜姜、芋，水多蛙、鱼⑩。贫者得以给足。今规以为苑，绝陂(bēi)池水泽之利⑪，而取民膏腴之地，上乏国用，下夺农桑，其不可一也。盛荆、棘之林，大虎、狼之墟，坏人冢墓，发人室庐，其不可二也。垣而囿之，骑驰车骛，有深沟大渠。夫一日之乐，不足以危无堤之舆⑫，其不可三也。"上悦，乃拜朔为大中大夫、给事中，然遂起上林苑。

上又好自击熊、豕野兽，司马相如谏曰："天子清道而后行，中路而驰，

---

① 不根持论：议论委随，不能持正，犹如树木无根。
② 俳优：以乐舞谐戏为业的艺人。
③ 常：通"尝"，曾经。南山：即"终南山"，指今陕西境内秦岭山脉中段。
④ 驰骛：奔驰。
⑤ 鄠：在今陕西西安市鄠邑区北。杜：在今陕西西安市东。
⑥ 乘舆：天子和诸侯所乘坐车子，此处泛指皇帝所用器物。
⑦ 柏谷：坞名，在今河南灵宝市西南朱阳镇。
⑧ 逆旅：旅店。
⑨ 除：治。
⑩ 蛙：同"蛙"。
⑪ 陂池：池沼，池塘。
⑫ 无堤之舆：比喻天子富贵无限。

犹时有衔橜(jué)之变①。况乎涉丰草,骋丘墟,前有利兽之乐,而内无存变之意,其为害也不难矣。夫轻万乘之重,不以为安乐,出万有一危之涂以为娱,臣窃为陛下不取。盖明者远见于未萌,而知者避危于无形,祸固多藏于隐微,而发于人之所忽者也。故鄙谚曰:'家累千金,坐不垂堂。'此言虽小,可以谕大。"上善之。

纲甲辰,四年(前137),夏,有风如血。

纲秋九月,有星孛于东北。

纲乙巳,五年(前136),春,罢三铢钱,行半两钱。

[汉武帝置五经博士]

纲置五经博士。

纲丙午,六年(前135),春二月,辽东高庙灾。

纲夏四月,高园便殿火。帝素服五日。

纲五月,太皇太后崩。

纲六月,丞相昌免,以田蚡为丞相。

目蚡骄侈,治宅甲诸第,田园极膏腴,多受四方赂遗。每入奏事,坐语移日②,所言皆听。荐人或起家至二千石③,权移主上。上乃曰:"君除

---

① 衔橜之变:车马倾覆的危险,比喻发生意外。
② 移日:日影移动,表示时间很久。
③ 起家:由平民出身而晋升为官员。

吏已尽未①？吾亦欲除吏。"尝请考工地益宅②，上怒曰："君何不遂取武库！"是后乃稍退。

綱秋八月，有星孛于东方，长竟天。

綱闽越击南越。遣大行王恢等将兵击之。

〔汲黯直谏〕

綱以汲黯为主爵都尉③。

目始黯为谒者，以严见惮。东越相攻，上使黯往视之。不至，还，报曰："越人相攻，固其俗然，不足以辱天子之使。"河内失火④，延烧千余家，上使往视之，还，报曰："家人失火，屋比延烧，不足忧也。臣过河南，贫人伤水旱万余家，或父子相食，臣谨以便宜，持节发仓粟以赈之。臣请归节，伏矫制之罪。"上贤而释之。以数切谏，不得留内，迁为东海太守⑤。好清静，择丞史任之⑥，责大指而已⑦，不苟小。黯多病，卧阁内不出。岁余，东海大治。召为主爵都尉。其治务在无为，引大体，不拘文法。为人性倨，少礼，面折，不能容人之过。时天子方招文学，尝曰："吾欲云云。"黯对曰："陛下内多欲而外施仁义，奈何欲效唐、虞之治乎！"上怒，罢朝，谓左右曰："甚矣汲黯之戆

———————

① 除：任命官职。
② 考工：官署名，属少府，掌器械。
③ 主爵都尉：列卿之一，掌封爵之事。
④ 河内：郡名，治今河南武陟县西南。
⑤ 东海：郡名，治今山东郯城县西。
⑥ 丞史：丞及史，泛指长官之僚属。
⑦ 大指：亦作"大旨"，大要。

也！"群臣或数黯①,黯曰："天子置公卿辅弼之臣,宁令从谀承意,陷主于不义乎！且已在其位,纵爱身,奈辱朝廷何！"黯多病,赐告者数②,不愈。庄助复为请告,上曰："汲黯何如人哉?"助曰："使黯任职居官,无以逾人,然至其辅少主,守成深坚,招之不来,麾之不去,虽自谓贲、育③,亦不能夺之矣。"上曰："然。古有社稷之臣,至如黯,近之矣！"

〔初令郡国举孝廉〕

纲 丁未,元光元年(前134),冬十一月,初令郡国举孝、廉各一人。

评察举制度：

　　察举制是汉代重要的人才选拔制度。其选拔标准是德行和才能,与家世没有直接关系,从而冲破了贵族血缘制及军功爵制的藩篱,开辟了平民入仕的渠道,扩大了官吏的来源,呈现出"群士慕向,异人并出"的勃勃生机。但由于制度尚非健全,人为因素对选才结果有决定性影响,致使权门世家逐渐把持察举,不可避免地产生了任人唯亲、唯财、唯势等流弊。

目 从董仲舒之言也。

纲 遣将军李广、程不识将兵屯北边。

———————————

① 数:列举过错。
② 赐告:汉代官吏休假制度,假期满后,赐予续假。
③ 贲、育:孟贲和夏育,皆古代勇士。

目广与不识俱以将兵有名当时。广行无部伍、行陈①，就善水草舍止，人人自便，不击刁斗自卫②，莫府省约文书。然亦远斥候③，未尝遇害。不识正部曲、行伍、营陈，击刁斗，治军簿至明，军不得休息，亦未尝遇害。然匈奴畏李广之略，士卒亦多乐从广而苦程不识。

纲夏五月，诏举贤良文学，亲策之。

纲戊申，二年（前133），冬十月，帝如雍，祠五畤。

〔汉武帝好方士〕

纲始亲祠灶，遣方士求神仙。

目李少君以祠灶却老方见④，上尊之。少君善为巧发奇中。言："祠灶则致物⑤，而丹砂可化为黄金，蓬莱仙者可见⑥，见之，以封禅则不死。"于是天子始亲祠灶，遣方士入海求蓬莱安期生之属⑦，而事化丹砂诸药齐为黄金⑧。久之，少君病死，天子以为化去，不死。而海上燕、齐怪迂之士，多更来言神仙事矣。

纲立太一祠。

---

① 部伍：军队编制单位，"无部伍"是说李广行军时队伍散乱无序。
② 刁斗：行军用具，夜间可用以打更，白天可当锅煮饭。
③ 斥候：侦察敌情的哨兵。
④ 却老：祛老，长生不老。
⑤ 物：或药物，或鬼物，或祥瑞之物。
⑥ 蓬莱：古代传说中的海上仙山，或言在渤海中。
⑦ 安期生：仙人名。
⑧ 齐：通"剂"。

綱 夏六月,遣间诱匈奴单于入塞,将军王恢等伏兵邀之①,不获,恢以罪下吏,自杀。

目 马邑豪聂壹,因大行王恢言:"匈奴初和亲,亲信,边可诱以利,伏兵袭击,必破之道也。"上召问公卿,王恢以为击之便。上从恢议,以韩安国、李广、王恢为将军,将车骑、材官三十余万,匿马邑旁谷中。阴使聂壹亡入匈奴,谓单于曰:"吾能斩马邑令、丞,以城降,财物可尽得。"于是单于穿塞,将十万骑入武州塞②。得雁门尉史,知汉兵所居。单于大惊,乃引兵还。汉兵追至塞,弗及,乃皆罢兵。上怒,下恢廷尉,恢自杀。自是匈奴绝和亲,然尚贪乐关市,嗜汉财物,汉亦关市不绝以中其意。

〔窦婴之死〕

綱 庚戌,四年(前131),冬十二月晦,杀魏其侯窦婴③。

目 初,孝景时,窦婴为大将军,田蚡乃为诸郎。已而,蚡日益贵幸。婴失势,宾客益衰,独颍阴灌夫不去。婴乃厚遇夫,相为引重。夫刚直使酒,数因醉忤蚡。蚡乃奏案夫家属横颍川,得弃市罪。婴上书论救,上令与蚡东朝廷辩之④。上问朝臣:"两人孰是?"唯汲黯是婴,韩安国两是之,郑当时是婴,后不敢坚。太后怒,不食,曰:"今我在也,而

---

① 邀:阻拦截击。
② 武州:县名,今山西左云县,一说今山西偏关县。
③ 魏其:侯国名,今山东临沂市河东区。
④ 东朝:太后之朝。

人皆藉吾弟①,令我百岁后,皆鱼肉之乎!"上不得已,遂族灌夫,使有司案治婴,得弃市罪,论杀之。

纲春三月,丞相蚡卒。

纲夏四月,陨霜杀草。

纲五月,以薛泽为丞相。

〔河间献王刘德修学好古,实事求是,献书朝廷〕

纲辛亥,五年(前130),冬十月,河间王德来朝,献雅乐,对诏策。春正月,还国卒。

目河间献王修学好古,实事求是,以金帛招求四方善书,得书多与汉朝等。时淮南王安亦好书,所招致率多浮辨。献王所得,皆古文先秦旧书,《周官》《尚书》《礼》《礼记》《孟子》《毛氏诗》《左氏春秋》之属。采礼乐古事,稍稍增辑至五百余篇,被服造次必如儒者,山东诸儒多从之游。是岁十月来朝,献雅乐,对三雍宫及诏策所问三十余事②,推道术而言,得事之中,文约指明。正月,王薨,谥曰献。

〔唐蒙、司马相如通西南夷〕

纲通南夷,置犍(qián)为郡③。通西夷,置一都尉。

———

① 藉:践踏凌辱。
② 三雍宫:辟雍、明堂、灵台。
③ 犍为郡:治今贵州遵义市。

目番(pó)阳令唐蒙上书曰①:"南越王名为外臣,实一州主也。今以长沙、豫章往②,水道多绝。窃闻夜郎精兵可十余万③,浮船牂(zāng)牁④,出其不意,此制越一奇也。请通夜郎道,为置吏。"上乃拜蒙为中郎将,将千人,从筰(zuó)关入⑤,见夜郎侯多同,厚赐之,约为置吏。多同听约。蒙还报,上以为犍为郡。

时邛(qióng)、筰君长闻南夷得赏赐多⑥,欲请吏。上问司马相如,相如曰:"邛、筰、冉、駹(máng)近蜀,易通,为置郡县,愈于南夷。"上乃拜相如为中郎将,建节往使,因巴、蜀吏币物以赂西夷,皆请为内臣。除边关,关益斥,西至沫、若水,南至牂牁为徼(jiào)⑦,为置一都尉。

纲秋七月,大风拔木。

〔陈皇后行巫蛊事被废〕

纲皇后陈氏废。

目后以祠祭厌(yā)胜⑧,媚道⑨。事觉,册收玺绶,退居长门宫,供奉如

————————

① 番阳:县名,今江西鄱阳县。
② 豫章:郡名,治今江西南昌市。
③ 夜郎:部族邦国名,分布在今贵州西部和南部。
④ 牂牁:指牂牁江。
⑤ 筰关:要隘名,在今四川合江县。
⑥ 邛:部族邦国名,分布在今四川凉山州一带。筰:部族邦国名,分布在今四川阿坝州、甘孜州、雅安市一带。
⑦ 牂牁:郡名,治今贵州福泉市。徼:边界,边境。
⑧ 厌胜:古代巫术,以诅咒制胜,压服人或物。
⑨ 媚道:以巫祝之术取悦于人。

法。窦太主惭惧,稽颡(sǎng)谢①,上慰谕之。

初,上尝置酒主家,主见所幸卖珠儿董偃,上使之侍饮,常从游戏、驰逐,观鸡鞠②,角狗、马,上大欢乐之。因为主置酒宣室,使谒者引内偃。中郎东方朔辟戟而前,曰:"董偃有斩罪三,安得入乎!"上曰:"何也?"朔曰:"偃以人臣私侍公主,一也;败男女之化,乱婚姻之礼,伤王制,二也;陛下富于春秋,方积思于六经,而偃以靡丽奢侈,极耳目之欲,乃国家之大贼,人主之大蜮(yù)③,三也。"上默然,良久曰:"吾业已设饮,后而自改。"朔曰:"不可。夫宣室者,先帝之正处也,非法度之政,不得入焉。淫乱之渐,其变为篡。"上曰:"善。"诏更置酒北宫,引偃从东司马门入。赐朔黄金三十斤。偃宠由是日衰。

〔张汤、赵禹定律令,汉廷自此用法严苛〕

纲 诏大中大夫张汤、中大夫赵禹定律令。

目 上使张汤、赵禹共定律令,务在深文④。拘守职之吏,作见知法⑤,吏传相监司。用法益刻自此始。

纲 八月,螟⑥。

———————————

① 稽颡:跪拜礼,屈膝下拜,以额触地,表示极度虔诚。

② 鸡鞠:斗鸡和蹴球。

③ 蜮:蜮虫,传说在水里暗中害人的怪物,常含沙射人影。

④ 深文:制定或援用法律条文苛细严峻。

⑤ 见知法:知他人犯罪而不举,以故纵论处。

⑥ 螟:食苗心之虫。

〔公孙弘曲学阿世〕

纲 以公孙弘为博士。

目 是时征吏民有明当世之务,习先圣之术者,县次续食①,令与计偕②。菑川人公孙弘对策曰:"臣闻尧、舜之时,不贵爵赏而民劝善,不重刑罚而民不犯,躬率以正而遇民信也。是故因能任官,则分职治。去无用之言,则事情得。不作无用之器,则赋敛省。不夺农时,不妨民力,则百姓富。有德者进,无德者退,则朝廷尊。有功者上,无功者下,则群臣逡(qūn)③。罚当罪,则奸邪止。赏当贤,则臣下劝。凡此八者,治之本也。故民者,业之则不争,理得则不怨,有礼则不暴,爱之则亲上,此有天下之急者也。礼义者,民之所服也,而赏罚顺之,则民不犯禁矣。气同则从,声比(bì)则应④。今人主和德于上,百姓和合于下⑤,故心和则气和,气和则形和,形和则声和,声和则天地之和应矣。故阴阳和,风雨时,五谷登,六畜蕃,山不童⑥,泽不涸,此和之至也。臣闻:仁者,爱也;义者,宜也;礼者,所履也;智者,术之原也。四者,治之本也,得其要则天下安乐,不得其术则主蔽于上,官乱于下,此事之情也。"策奏,天子擢为第一,拜博士,待诏金马门⑦。

① 县次续食:各县依次接续饮食。
② 计:上计,地方向中央呈报施政情况,作为官员考课依据。偕:俱,指令所征之人与上计者俱来。
③ 逡:退让,这里形容群臣有次第。
④ 比:和。
⑤ 和合:和睦同心。
⑥ 童:山无草木。
⑦ 待诏:征召之人,未有正官,故称待诏。金马门:汉代宫门名,在未央宫内。

齐人辕固,年九十余,亦以贤良征。弘仄目事固①,固曰:"公孙子,务正学以言,无曲学以阿世!"诸儒多疾毁固②,遂以老罢归。

弘每朝会议,开陈其端,使人主自择,不肯面折廷争。于是上大悦之。尝与汲黯请间,黯先发之,弘推其后,天子常悦其言,皆听弘。尝与公卿约议,至上前,皆倍其约以顺上旨。汲黯廷诘弘多诈不忠。弘谢曰:"知臣者以臣为忠,不知臣者以臣为不忠。"上益厚遇之。

纲 壬子,六年(前129),冬,初算商车。

纲 春,匈奴寇上谷③,遣车骑将军卫青等将兵击却之。

目 匈奴寇上谷,遣卫青等四将军击之。李广军败,为胡所得,络盛置两马间④。广佯死,暂腾而上胡儿马⑤,夺其弓,鞭马南驰,遂得归。下吏,当死,赎为庶人。两将军亦无功,唯青得首虏多,赐爵关内侯。青虽出于奴虏,然善骑射,材力绝人,遇士大夫以礼,与士卒有恩,众乐为用,有将帅材,故每出辄有功。

纲 夏,大旱,蝗。

〔汉武帝定二千石不举孝廉罪法,为察举制提供保障〕

纲 癸丑,元朔元年(前128),冬,定二千石不举孝廉罪法。

---

① 仄目:斜着眼睛看,表示畏惧。
② 疾毁:嫉妒毁谤。
③ 上谷:郡名,治今河北怀来县西南。
④ 络盛:用网状物装着。
⑤ 暂:突然。

目 诏曰："朕深诏执事①,兴廉举孝,庶几成风,绍休圣绪②。夫十室之邑,必有忠信,三人并行,厥有我师。今或至阖郡而不荐一人,是化不下究③,而积行之君子壅于上闻也。且进贤受上赏,蔽贤蒙显戮,古之道也。其议二千石不举者罪!"有司奏:"不举孝,不奉诏,当以不敬论。不察廉,不胜任也,当免。"奏可。

纲 皇子据生。春三月,立夫人卫氏为皇后,赦。

纲 秋,匈奴入寇,以李广为右北平太守④。

目 匈奴号广曰"汉之飞将军",避之,数岁不敢入右北平。

〔主父偃、严安、徐乐上书〕

纲 以主父偃、严安、徐乐为郎中。

目 临菑人主父偃,上书阙下,朝奏,暮召入。所言九事,其八事为律令,一事谏伐匈奴。其辞曰:"《司马法》曰:'国虽大,好战必亡。天下虽平,忘战必危。'夫怒者逆德也,兵者凶器也,争者末节也。夫务战胜穷武事者,未有不悔者也。昔秦吞战国,务胜不休,使蒙恬将兵攻胡,辟地千里。百姓靡敝⑤,不能相养,盖天下始畔秦也。夫匈奴难得而制,非一世也。行盗侵驱,天性固然。虞、夏、殷、周,固弗程督。今上

---

① 执事:有职守之人,官员。
② 圣绪:帝王的统绪。
③ 下究:下达。
④ 右北平:郡名,汉初治今天津市蓟州区,疑此时移治今内蒙古宁城县。
⑤ 靡敝:残破凋敝。

不观虞、夏、殷、周之统，而下循近世之失，此臣之所大忧，百姓之所疾苦也。"

偃同郡严安亦上书曰："今人用财侈靡，逐利无已，犯法者众。臣愿为民制度，以防其淫。昔秦王意广心逸，欲威海内，北攻胡，南攻越。天下大畔，灭世绝祀①，穷兵之祸也。今徇西南夷②，建城邑，深入匈奴，燔其龙城③。此人臣之利，非天下之长策也。"

无终徐乐上书曰④："臣闻天下之患，在土崩不在瓦解。陈涉起穷巷，奋棘矜(qín)⑤，偏袒大呼⑥，天下从风，此其故何也？由民困而主不恤，下怨而上不知，俗已乱而政不修。此三者，涉之所以为资也，此之谓土崩。吴、楚七国，号皆万乘，威足以严其境内，财足以劝其士民，然不能西攘尺寸之地，而身为禽者，此其故何也？当是之时，先帝之德未衰，而安土乐俗之民众，故诸侯无境外之助，此之谓瓦解。间者，关东谷数不登，民多穷困，重之以边境之事，推数循理而观之，民宜有不安其处者矣。不安，故易动。易动者，土崩之势也。故贤主独观万化之原，明于安危之机，修之庙堂之上，而销未形之患，其要期使天下无土崩之势而已矣。"

书奏，召见，谓曰："公等皆安在，何相见之晚也！"皆拜为郎中。偃尤亲幸，一岁中凡四迁，为中大夫。大臣畏其口，赂遗累千金。或谓偃

----

① 绝祀：断绝祭祀，指亡国。
② 徇：攻占掠取。
③ 龙城：匈奴祭天、大会诸部处。
④ 无终：县名，今天津市蓟州区。
⑤ 棘矜：戟柄。"棘"通"戟"。
⑥ 偏袒：裸露肩臂。

曰:"太横矣!"偃曰:"吾生不五鼎食①,死即五鼎烹耳②!"

纲甲寅,二年(前127),冬,赐淮南王安几杖,毋朝。

〔汉武帝实行推恩令,削弱诸侯王国实力〕

纲春正月,诏诸侯王得分国邑封子弟为列侯。

目主父偃说上曰:"古者诸侯不过百里,强弱之形易制。今诸侯或连城数十,地方千里,缓则骄奢,易为淫乱,急则阻其强,而合从以逆京师。以法割削之,则逆节萌起。然诸侯子弟或十数,而適嗣代立,余无尺寸之封,则仁孝之道不宣。愿陛下令诸侯得推恩分子弟,以地侯之,彼人人喜得所愿,上以德施,实分其国,不削而稍弱矣。"上从之。

纲匈奴入寇,遣卫青等将兵击走之。遂取河南地,立朔方郡③,募民徙之。

纲三月,徙郡国豪杰于茂陵。

目主父偃说上曰:"天下豪杰并兼乱众之民,皆可徙茂陵,内实京师,外销奸猾,此所谓不诛而害除。"上从之。轵(zhǐ)人郭解④,关东大侠也,亦在徙中。卫青为言:"郭解家贫,不中徙。"上曰:"解,布衣,权至使将军为言,此其家不贫。"卒徙解家。解平生睚眦杀人甚众⑤,上

---

① 五鼎食:列五鼎而食,形容高官贵族的豪奢生活。
② 五鼎烹:古代一种酷刑,用鼎镬烹煮罪人。
③ 朔方郡:治今内蒙古杭锦旗。
④ 轵:县名,今河南济源市。
⑤ 睚眦:发怒时瞪眼睛,借指极小的仇恨。

闻之,下吏捕治,所杀皆在赦前。轵有儒生侍使者坐,客誉郭解。生曰:"解专以奸犯公法,何谓贤!"解客闻,杀此生,断其舌。吏以此责解,解实不知。吏奏解无罪,公孙弘议曰:"解,布衣,为任侠行权,以睚眦杀人,解虽不知,此罪甚于解杀之,当大逆无道。"遂族郭解。

〔主父偃之死〕

纲燕王定国、齐王次昌皆有罪,自杀,国除。诛齐相主父偃,夷其族。

目燕王定国与父姬奸,夺弟妻。杀肥如令郢人①,郢人家告之,主父偃从中发其事。公卿请诛之,定国自杀,国除。

　齐厉王次昌亦与姊通。偃尝欲纳女于齐王,不许。因言于上曰:"临菑殷富,非亲爱子弟不得王。今齐王属疏,又与姊通,请治之。"于是拜偃为齐相。至齐,急治王后宫宦者,辞及王。王惧,自杀。上闻,大怒,以为偃劫其王令自杀,乃征下吏。偃辞不服,上欲弗诛,公孙弘曰:"齐王自杀,国除,偃本首恶,不诛之无以谢天下。"乃族诛之。

纲以孔臧为太常。

目上欲以孔臧为御史大夫,辞曰:"臣世以经学为业,乞为太常,典臣家业,与从弟侍中安国,纲纪古训,使永垂来嗣。"上乃以为太常,其礼赐如三公。

纲乙卯,三年(前126),冬,以公孙弘为御史大夫。春,罢苍海郡②。

―――――――――――

① 肥如:县名,今河北卢龙县。
② 苍海郡:武帝在东北所设边郡,治所不详,一般推测在今朝鲜东北部,亦有观点据出土封泥推测在今辽宁普兰店汉城一带。

目时通西南夷,东置苍海,北筑朔方之郡。公孙弘数谏,以为罢敝中国以奉无用之地,愿罢之。天子使朱买臣等难以置朔方之便,发十策,弘不得一。乃谢曰:"山东鄙人,不知其便若是,愿罢西南夷、苍海,而专奉朔方。"上乃许之。

弘为布被,食不重肉①。汲黯曰:"弘位三公,奉禄甚多,为此,诈也。"上问弘,弘谢曰:"有之。臣诚饰诈,欲以钓名。且无黯忠,陛下安得闻此言。"上以为谦让,愈益厚之。

纲以张骞为大中大夫。

纲夏六月,皇太后崩。

〔张汤治狱〕

纲秋,以张汤为廷尉。

目汤为人多诈,舞智以御人。汲黯数质责汤于上前,曰:"君为正卿,上不能褒先帝之功业,下不能抑天下之邪心,安国富民,使囹圄空虚,何空取高皇帝约束纷更之为②!"黯时与汤论议,汤辨常在文深小苛。黯忼厉守高③,不能屈,忿发,骂曰:"天下谓刀笔吏不可以为公卿,果然! 必汤也,令天下重足而立,侧目而视矣!"

纲罢西夷。

---

① 食不重肉:吃饭不用两道肉食,形容饮食节俭。
② 纷更:纷乱变易。为:句末疑问助词。
③ 忼厉:刚直严厉。

〔公孙弘任丞相,丞相封侯自此始〕

纲丁巳,五年(前124),冬十一月,丞相泽免,以公孙弘为丞相,封平
　津侯①。

目丞相封侯自弘始。时上方兴功业,弘于是开东阁以延贤人②。弘外宽
　内深。诸尝有隙,无远近,虽阳与善,后竟报之。汲黯常面触弘,弘欲
　诛之以事,乃言上曰:"右内史界部中多贵人、宗室③,难治,非素重臣
　不能任,请徙黯为右内史。"上从之。

〔卫青任大将军〕

纲春,匈奴寇朔方,遣卫青率六将军击之。还,以青为大将军。

目匈奴右贤王数侵扰朔方,天子令将军卫青等出右北平击之。右贤王
　饮,醉。青等夜至,围之。右贤王惊,溃围北去。得裨王十余人④,众
　万五千余人,畜数十百万,于是引兵还。天子使使者持大将军印,即
　军中拜青为大将军,诸将皆属。尊宠于群臣无二,公卿以下皆卑奉
　之,独汲黯与亢礼。人或说黯曰:"大将军尊重,君不可以不拜。"黯
　曰:"夫以大将军有揖客⑤,反不重邪!"青闻,愈贤黯,数请问国家朝

① 平津:侯国名,今河北盐山县。
② 开东阁:阁指小门,东向开之,避当庭门而引接宾客,以别于掾史官属。
③ 右内史:秦汉京畿地区由内史治理,以官名为政区名,辖境相当于今陕西关中平原,
　景帝时分为左右内史。
④ 裨王:小王。
⑤ 揖客:长揖不拜之客。

廷所疑,遇黯加于平日。青虽贵,有时侍中,上踞厕而视之①。丞相弘燕见②,上或时不冠。至如汲黯见,上不冠不见也。上尝坐武帐中,黯前奏事,上不冠,望见黯,避帷中,使人可其奏。其见敬礼如此。

〔置博士弟子〕

纲 夏六月,为博士置弟子五十人。

目 诏曰:"盖闻导民以礼,风之以乐。今礼坏乐崩,朕甚悯焉。其令礼官劝学兴礼,以为天下先!"于是丞相弘等奏:"请为博士官置弟子五十人,复其身。第其高下,以补郎中、文学掌故③。即有秀才异等,辄以名闻。又吏通一艺以上者,请皆选择以补右职④。"上从之。自此公卿、大夫、士、吏彬彬多文学之士矣。

纲 秋,削淮南二县。赐衡山王赐书,不朝。

目 初,淮南王安好读书属文,招致宾客多轻薄士,常以厉王迁死感激安。安乃治战具,积金钱。郎中雷被愿奋击匈奴,安斥免之。是岁,被亡之长安,上书自明。事下廷尉,踪迹连安,诏削二县。安耻之,为反谋益甚。安与衡山王赐相责望,礼节间不相能。赐闻安有反谋,恐为所并,亦结宾客为反具。当入朝,过淮南,为昆弟语,除前隙,约束反具。上书谢病,上赐书,不朝。

_____

① 踞厕:厕指床边侧。帝王见大臣御坐为起,踞厕者表示轻视。
② 燕见:帝王退朝闲居时召见臣子。
③ 文学掌故:官名,掌典章故事,备咨询。
④ 右职:重要的职位。

〔卫青击匈奴〕

纲 戊午,六年(前123),春二月,遣卫青率六将军击匈奴。

目 大将军青出定襄①,公孙敖、公孙贺、赵信、苏建、李广、李沮咸属,斩首
　　数千级而还。

纲 夏四月,卫青复率六将军击匈奴,前将军赵信败降匈奴。

目 青复将六将军出定襄,击匈奴,斩首虏万余人。右将军建、前将军信
　　并军逢单于兵,与战一日余,汉兵且尽。信将其余骑降匈奴。建尽亡
　　其军,脱身亡,自归。议郎周霸曰:"自大将军出,未尝斩裨将。今建
　　弃军,可斩以明威。"青曰:"青幸得以肺腑待罪行间,不患无威。职虽
　　当斩将,然以臣之尊宠,而不敢自擅诛于境外,于以见为人臣不敢专
　　权,不亦可乎?"遂囚建诣行在所②,诏赎为庶人。
　　青姊子霍去病,年十八,善骑射,为票姚校尉③,与轻勇骑八百,直弃大
　　军数百里赴利,斩捕首虏过当④。于是封为冠军侯⑤。校尉张骞以知
　　水草处,军得不乏,封博望侯⑥。信教单于益北绝幕,以诱罢汉兵,徼
　　极而取之⑦,毋近塞。单于从之。

———————————

① 定襄:郡名,治今内蒙古和林格尔县。
② 行在:帝王巡幸所居之地。
③ 票姚:劲疾貌,武官名号,后多特指霍去病。
④ 过当:斩捕敌军数量超过己方损失。
⑤ 冠军侯:取"功冠全军"之意,武帝为霍去病专设的列侯爵号,封国在今河南邓州市一
　　带。
⑥ 博望:侯国名,张骞封地,今河南方城县。
⑦ 徼极:伺其疲困而拦截。

纲 六月,诏民得买爵赎罪。置武功爵。

目 是时汉比岁击胡①,斩捕首虏之士受赐黄金二十余万斤,而汉军士马死者十余万,兵甲转漕之费不与焉。于是大司农经用竭②,不足以奉战士。乃诏令民得买爵赎罪,置赏官,名曰武功爵,级十七万。买爵至千夫者③,得先除为吏。吏道杂而多端,官职耗废矣。

周金泰 评注

李　霖 审定

---

① 比岁:连年。

② 大司农:列卿之一,掌租税钱谷盐铁和国家财政收支。

③ 千夫:汉武帝所置武功爵第七级。